教育部人文社会科学研究一般项目
项目批号09YJA860002

心理学视野中的网络舆论引导研究

XINLIXUE SHIYE ZHONG DE WANGLUO YULUN YINDAO YANJIU

曹　茹　王秋菊　著

人　民　出　版　社

责任编辑：孙兴民
装帧设计：盛世华光
责任校树：张　彦

图书在版编目（CIP）数据

心理学视野中的网络舆论引导研究 / 曹茹　王秋菊 著.
–北京：人民出版社，2013.10
ISBN 978–7–01–012691–3

I. ①心…　II. ①曹…　③王…　III. ①互联网络–舆论–研究–中国
IV. ① G219.2

中国版本图书馆 CIP 数据核字（2013）第 240114 号

心理学视野中的网络舆论引导研究
XINLIXUE SHIYEZHONGDE WANGLUO YULUN YINGDAO YANJIU

曹　茹　王秋菊　著

人民出版社 出版发行
（100706　北京市东城区隆福寺街 99 号）

保定市北方胶印有限公司印刷　新华书店经销

2013 年 10 月第 1 版　2013 年 10 月北京第 1 次印刷
开本：880 毫米 ×1230 毫米 1/32　印张：11.375
字数：265 千字　印数：0,001–3,000 册

ISBN 978–7–01–012691–3　定价：36.00 元

邮购地址 100706　北京市东城区隆福寺街 99 号
人民东方图书销售中心　电话（010）65250042　65289539

‖对网络舆论研究的两点看法（代序）

刘京林

随着互联网的迅猛发展和网民数量的急剧增长（据权威机构统计至2012年6月我国网民人数已达5．38亿），网络舆论已经成为影响我国社会舆论的格局、走向及政府决策的重要力量。对网络舆论的研究，已经成为学界、业界的一个重要的研究课题，涉及对我国网络舆论传播的特征、发展的阶段、生成的模式、传播的形态、社会的影响力等多个方面。但是专门从心理学视域做比较全面、系统的梳理，并深刻地阐释网络舆论形成的心理机制；网络舆论偏差的心理成因；网民心理对网络舆论的影响；网络舆论从非理性向理性的演变过程；网络舆论引导的心理学理论和心理策略等问题的著作并不多见。河北大学新闻传播学院曹茹教授的新著《心理学视野中的网络舆论引导研究》，在一定程度上填补了这方面的空白。该著作的问世，除了反映作者具有较扎实的传播学与心理学基础理论和基本知识外，还显示出作者对心理学和心理现象有较高的悟性。

借为曹茹教授这本专著写序的机会，谈谈自己在学习和研究网络舆论中的两点不成熟的看法，愿与同行切磋、交流、共进。

在形形色色、不断变化的网络舆论中蕴含着“一种看不见的力量”[①] 这种力量来自公众舆论所要“表达的信念，即信任什么，遵从什么，不信任什么，反对什么，信念和信仰的总合是舆论的潜质”。[②] 作为舆论的引导者必须善于透过社会舆论的表象，准确地抓住这种“看不见的力量”，不懈地挖掘并解决形成“这种潜质”的社会的政治、经济、文化等方面更深层次的社会矛盾、社会问题以及社会主流意识和前进的方向，主动地、及时地调整社会关系和自我行为，引导、化解社会矛盾，变消极力量为积极力量，持续推动改革开放健康、深入地发展。

一、网络舆论[③]与社会心理从本质上看是什么关系？

网络舆论（简称为舆论，下同）与社会心理从本质上看至少存在两种关系，一是种属关系，一是表征与内涵的关系。

（一）种属关系

“舆论”首先应当是“舆论学”研究的问题，或许它还与社会学、政治学等其他学科有关。但是从学者们对舆论的界定看，无疑将之归入社会心理学更为妥当。

在心理学词典中，对舆论是这样界定的：“舆论（public opinion）亦称公众意见。指在人们共同关心的问题上，社会大

---

①刘建明等著：《舆论学概论》，中国传媒大学出版社 2009 年 4 月出版，第 13 页。
②刘建明等著：《舆论学概论》，中国传媒大学出版社 2009 年 4 月出版，第 32 页。
③网络舆论是社会舆论的一个组成部分，分析网络舆论与社会心理的关系也可视为社会舆论与社会心理的关系，本文将网络舆论和社会舆论混用。

众意见的总合，常表现为多数人对此的态度和评价。”① “公众对社会事件公开、一致的意见。从中可以看出公众的价值取向、知识水平、道德水平、需要和期望。”②

在对舆论作进一步诠释时，所使用的词语，如态度、知觉、观点、信念、意愿、情感、理智、决断、能力等，也多属于心理学范畴。③

再查阅社会心理这个概念，会发现“舆论”被明确地置于其中。社会心理“指某一社会群体共同具有的心理现象，如风俗、传统、时尚、舆论、暗示、感染、模仿、从众等。”④

从以上对舆论和社会心理的界定中可以得出结论：舆论与社会心理是种属关系，即舆论是社会心理的一个组成部分。

（二）表征与内涵的关系

虽然舆论是社会心理的一个组成部分，但是社会舆论并不等于社会心理。二者之间还有一层表、里关系即表征与内涵的关系。有研究者曾多维度地分析了舆论与社会心理的关系：从舆论议题的形成看，舆论是社会心理与社会现实共振的结果；从舆论产生的条件看，舆论是人们心理互动的结果，是社会心理与意见环境相互作用的结果；从形成机制看，舆论形成的机制是社会心理，任何舆论都必然经历复杂的社会心理过程；从反映论的角度看，网络舆论暴力是社会暴力的反映和延伸；从社会心理对舆论的重要性上看，社会心理和舆论就像钱币的两

---

①黄希庭主编：《简明心理学辞典》，安徽人民出版社2004年9月出版，第481页。

②林崇德主编：《心理学大辞典》，上海教育出版社2003年12月出版，第1597页。

③刘建明等著：《舆论学概论》，中国传媒大学出版社2009年4月出版，第24—26页。

④车文博主编：《当代西方心理学新词典》，吉林人民出版社2001年10月出版，第323页。

个面，它们共生共有，互为因果。

以上这些分析都有道理，而且也都涉及舆论和社会心理的关系，但似乎还没有将二者的本质关系点透。德国社会学家诺依曼于1980年出版的《沉默的螺旋：舆论——我们的社会皮肤》，以及我国社会心理学家沙莲香教授2003年提出的“舆论，是对社会心理阶段性、流动性的表征”，回答了这个问题。“皮肤”和“表征”这两个关键词非常准确、形象地道出舆论与社会心理的本质关系，即皮肤与内脏、表征与内涵的关系。皮肤可以保护内脏，同时也可以反映出内脏的状态。表征与内涵的关系是表、里关系，是内在与外化的关系。社会心理是一种群体的潜在的心理状态，人们往往不会意识到它的存在。只有在某种条件的激发下，如负载着这种社会心理的社会事件出现，并被群体强烈关注，社会心理才会外化为舆论，人们可以通过可视、可听、可触等方式感受到群众内心的呼声。认识到这一点对舆论的引导者十分重要，他们需要透视舆论的表象，分析人们的内心诉求，探寻社会问题的症结，进而有针对性地为百姓排忧解难。

二、判断社会舆论是否代表社会心理（或曰民意）最重要的依据是什么?

对网络舆论是否能代表民意（在这指大多数民众），至少有两种观点。一种认为，“网络舆情[①]并不完全等同民意”，“网络舆情与现实民意之间有巨大的差异”[②]。另一种认为，

---

①网络舆论和网络舆情的内涵基本一样，相比较而言，舆情是对某一时段在一定社会范围内出现的舆论状况的表述。本文对网络舆论和网络舆情做同一概念处理。

②曹林：《别在被放大的网络舆情中误读中国》，《中国青年报》2013年5月3日。

“网络现在已经是最重要而且使用非常普遍的表达途径之一，为什么网络声音会不代表民意呢?”① 两种观点针锋相对。他们各自的依据是什么呢？主要有两点。一是看人数多少；二是看网络的特点。除外，还有其他一些文章提出网民的年龄、文化水平和素质等因素。用这些理由判断网络舆情能否代表民意，虽然都有一定的道理，但是都没有抓住问题的要害。我认为，判断网络舆情是否代表民意最重要的依据是网络舆论是否触及了社会心理这个层面；是否折射出社会的主要矛盾，是否体现出社会发展的方向。

（一）人数的多少

坚持网络舆情不能完全等同民意者认为：“中国有十多亿人，上网的人毕竟不是多数，而且，多数上网的人其实也并不发言，这使得网络舆情的代表性很有限。”② 而另一方则予以反击：“稍有统计学常识者就能判断出，这是个可笑的认识。如果样本太少了，当然代表性不够强。可中国网民已高达五六亿人，网上发言的也有上亿，代表性怎么就‘很有限’呢?《中国青年报》经常搞民意调查，参与调查者一般也就一两千人，难道那样的舆情才代表性更强?”③ 人数的多寡的确是判断网络舆情能否代表民意的一个重要条件，因为舆论是“所有的或绝大部分的人们，在相同的明确的结论基础上的理智和情感的统一。”④ 但它不是决定性的条件，所谓群氓就是例证，而且真理掌握在少数人手里的情况也并不罕见。以人数的多少做判断还会引出另一个新的问题。即多少人才算是多数?

①李清：《网络舆情能否代表民意?》，《羊城晚报》2013 年 6 月 24 日。
②曹林：《别在被放大的网络舆情中误读中国》，《中国青年报》2013 年 5 月 3 日。
③李清：《网络舆情能否代表民意?》，《羊城晚报》2013 年 6 月 24 日。
④刘建明等著：《舆论学概论》，中国传媒大学出版社 2009 年 4 月出版，第 26 页。

我们知道，人数的多少是个相对的概念，而不是一个绝对值。有研究者认为，公众意见是“公众的共同知觉和信念构成一定社会范围内的优势意见。”① 这里的“一定的社会范围”就是强调了网络舆论的地域性和对象性。由于网络舆论所代表的地域不同（如是全世界的、一个国家的或国内某个地区的）和对象的差异（如不同的阶级、阶层），所以网络舆论所谓多数的数值是很不一样的，对其的代表性就要具体问题具体分析，单纯强调人数的多少，有时很难说明它能否真正代表民意。

在确定了“一定的社会范围”的前提下，又该如何判断网络舆论的民意代表性？研究者通常的方法是采用民意测验。从舆论产生的历史过程看，有一些学者对民意测验的结果持怀疑态度。如赫伯特·布鲁默认为：“尽管进行了大量关于舆论的测验研究，但是具有普遍性的舆论，如果不是完全缺乏，也是极少量的。”更有甚者，像奈克尔认为，“公共舆论是一种看不见的力量，无法度量。”② 这种说法虽然太过悲观，但是在现实中，对同一问题的调查得出相反结论的情况并不少见。如有媒体报道，中国社会科学院做的《中国新媒体发展报告》得出“微博用户整体学历偏低，高中以下的占到七成多”③ 的结论引发网友对数据可信度的质疑。也有的调研报告得出的数据相反。比如，对中国网民年龄高低有不同的说法，有的认为“中国网民低龄化，很容易被煽动。”④ 但也有调查发现，“网

①刘建明等著：《舆论学概论》，中国传媒大学出版社2009年4月出版，第23页。
②刘建明等著：《舆论学概论》，中国传媒大学出版社2009年4月出版，第13页。
③孙静：《微博用户学历低是咋统计出来的》，《中国青年报》2013年6月27日。
④王辰瑶：《自信与隐忧：互联网时代新闻从业者的自我形象认知》，《电视研究》2010年第12期。

民的统计学特征偏城镇、较高学历，年轻人和低收入人群。”①。这说明想通过民意测验的方法来准确判断民意不是一件容易的事情。当然，正如高考的弊端人人皆知，但是在没有找到更能体现公平竞争的办法之前，高考也不失为一种相对公平的选择一样，民意测验不但是需要的，而且对了解社情民意，对政府改进工作还是起到了积极的作用。只是我们对民意测验的结果可以作为政府决策的重要参考，而不能完全依重它。重要的还是要深入实际调查研究，才能真正了解民意。

（二）网络的特点

有人认为，网络舆论因网络的特点（虚拟性、匿名性、自由性、便捷性、草根性等）和网民的素质低（容易非理性占上风）、文化水平低（辨别能力弱）、年龄低（容易被煽动）的结合，在网络上“极端的声音更容易得到传播，温和理性的声音反而被淹没；极端民粹主义和极端民族主义的情绪化声音更容易得到传播，建设性的意见反而成为沉默的螺旋；对抗性的声音和对立性的观点得到了最大程度的呈现，沟通性的声音反而被弱化；负面的声音集中呈现，正面的声音只是虚弱地存在。”② 于是得出结论，网络的声音具有欺骗性和局限性。虽然网络舆论存在不少问题，但这并不等于所有的网络舆论都不能代表民意。尤其是中国的网络舆论有着鲜明的中国特色。有位电视编导认为，在国外根本不会把网上的东西当真，但我们有些主流媒体不能报道的事情，网络给爆出来了，这样就会

---

①祝华新：《“两个舆论场”的由来和融通之道》，《南方传媒研究》2012 年 11 月 27 日。

②曹林：《别在被放大的网络舆情中误读中国》，《中国青年报》2013 年 5 月 3 日。

逼着主流媒体做出改变,[①] 同时也会倒逼有关政府部门及时解决现实存在的问题。仅以2003年“网络舆论年为例”，在这一年里，网络舆论在“孙志刚事件”、“刘涌案”、“宝马撞人案”以及“美伊战争”、“反腐倡廉”“学术腐败”、“三农问题”、“教育乱收费”等问题的讨论中发挥了不可忽视的作用。网络舆论在关注弱势群体、争取民众利益、揭露腐败、抨击贪官污吏，在对我国政治体制改革和民主法治建设等方面起到了巨大的推动作用。显然这类网络舆论完全可以代表民意。

总之，网络本身的特点和网民人数的多少、文化水平、年龄及素质的高低，都不应作为判断网络舆论能否代表民意的最重要的依据。

（三）是否反映人民群众的根本利益是网络民意代表性的最重要的判断依据

虽然网络已经成为最重要的而且使用非常普遍的表达民意的途径之一，虽然网民的人数、文化程度和年龄等都会对网络舆论的民意代表性产生或多或少的影响，但是这些都不是最重要的条件。我认为判断网络舆论能否代表民意，主要看该舆论是否代表了广大人民群众的根本利益，是否反映出某个时期人们主要的社会心理（社会心态）；是否反映出社会的主要矛盾；是否反映出社会的主流意识形态和发展方向。

网络事件（或曰社会热点问题）往往是引发网络舆论的导火索，其重要性不言而喻。然而如果孤立起来看每一个网络事件似乎与网民（非当事者）不存在直接的利害冲突。比如

①王辰瑶：《自信与隐忧：互联网时代新闻从业者的自我形象认知》，《电视研究》2010年第12期。

富士康员工跳楼、我爸爸是李刚、彭宇事件、“表哥”、“房嫂”、郭美美炫富、缝肛门事件等等。但是为什么这些事件能够在网上掀起巨大的舆论浪潮？为什么它们能牵动亿万民众的心？其最重要的原因就在于这些内容各异的网络事件触动了社会心理这个深层次的问题，触及到转型期社会矛盾的对抗性，如因社会不公引起的仇富、仇贵心理，因腐败引起的仇官心理；因医疗制度的缺陷引发的医患关系紧张；因社会保障体系和政治体制改革的滞后，引发的对高房价、高物价、低工资等的不满。

以“李某涉轮奸案”为例。此事件发生已近半年了，但至今仍“高烧未退”，社会公众对此表现出空前的围观热情。“公众为何盯住一个‘坏孩子’的新闻不放？这一事件的背后，反映出怎样的社会心态？”“社会舆论紧咬李某事件不放，更重要的原因有深层次的社会心理从中发酵所致。如今，舆论对社会公正的焦虑在四处蔓延，为诸多舆论炉膛提供燃料。因他是名人之后，李某的特殊背景容易引发公众的仇恨想象，点燃起失控的社会怨恨。李家在这一舆论事件中的不当表现，偏偏又一步步地验证了公众心中的固化仇富、仇贵的想象。”①

当然网络事件所引发的网络舆论并非对社会都是负面影响。如中科院于建嵘教授在新浪微博上发出的“随手拍解救乞讨儿童”的呼吁，一呼百应，形成了强大的社会舆论，反映出网民对乞讨儿童的同情，彰显出人们的大爱精神。又如在网络上发起的各种公益活动都显示出强大的社会正能量。而有些网络信息如某著名演员怀孕了及她的日常生活中的琐事，虽

①张涛甫：《李某案发酵成无解的舆论事件》，《环球时报》2013年7月29日。

然点击量数以千万计，但它们只是人们茶余饭后的谈资，不会构成网络舆论。这便进一步印证了舆论的内涵：“舆论是否存在，取决于民众的内心呼唤和要求，他们的理想和追求一致形成了共同意见。”① 网络舆论是否代表大多数人民群众的根本利益这个试金石最终可以甄别谣言，剔除八卦类新闻，有助于使网络舆论这个民间舆论场和官方舆论场密切合作，推动社会矛盾的化解和草根民众利益诉求的实现，促进社会的稳定与和谐发展。

（作者为中国传媒大学教授、博士生导师）

①刘建明等著：《舆论学概论》，中国传媒大学出版社 2009 年 4 月出版，第 34 页。

‖ 作者序

正当此书书稿进入尾声的时候，白贵院长电话告我：经学校批准，传播心理研究所（由我牵头）正式成立！这一消息，好像是专为本书书稿完成而来；本书书稿就此完成，又好像是专为传播心理研究所成立的献礼而至。

从新闻学起步，撞入传播学，又从传播学不知不觉地走入传播心理学，这就是我的学术之路。我曾经以为，传播学是新闻学的基础；后来又发现，心理学是传播学的基础。当我懵懂地感到我是多么需要心理学营养的时候，中国传媒大学（当时为北京广播学院）为我打开了一扇门（2003 年我考取该校传播心理专业博士），让我遇到了我的恩师刘京林教授。刘老师是我国传播心理学的主要创建者。在耳提面命的三年里，我触摸到了老师在新闻学、传播学与心理学之间构建起的桥梁。我深深地被这个桥梁所吸引，也为这座桥梁引发的学术新境界而兴奋。2006 年 7 月，我完成了博士论文《新闻从业者职业倦怠研究》，获博士学位。现在回看这篇博士论文，它的确显得有些稚嫩，但它的开拓性是毋庸置疑的。毕业后，回到河北大学继续从教。学校如故，而我却有新生的感觉，因为我有了一种新的学术追求——传播心理学。这本书是为完成教育部项目"基于网民心理的网络舆论引导研究"而作，也是近年来在传播心理学方向上思考的点滴成果。

一、社会心理——舆论的直接生产者

舆论的根源在于社会矛盾，但社会矛盾不直接生产舆论；各种媒体是意见交流的平台，并非意见的生产者；意见的来源是每个人的头脑，而最终使意见成为舆论的是社会心理。社会心理才是舆论的直接生产者。

社会心理，是在特定时期弥漫于整个社会的心理状态，表现为普遍的情绪基调、态度倾向、价值取向等。社会心理总是随着社会境况的变化而变化，"变化"是社会心理的总体趋势；面对社会境况的变化，社会心理总会经历"适应与不适应、顺应与抵制"的矛盾冲突；同时，不同利益群体间的矛盾在社会境况变化的背景下也更为突出。舆论，正是社会心理变化与冲突的表现，社会心理的变化与冲突是舆论的根源。而"社会动荡引发舆论蔚然，舆论蔚然引发思想变迁，思想变迁引发社会变革"成为现代社会发展的基本脉络。

转型中的中国遇到革命性的互联网，无疑会加大社会的动荡指数，"舆论蔚然"是不可避免的。媒体，作为一种社会存在（社会境况的一个要素），对社会心理具有很大的影响力；媒体，作为人的精神活动（信息、新闻、评论、舆论）又受制于社会心理，是社会心理的反映。网络的自媒体性使网络成为真正的大众化媒体或平民化媒体，广大网民也自称为"草根"。广大网民借助网络强大的扩散与沟通功能，使网络逐渐形成了草根心理场——推崇草根英雄、关注弱势群体、争取民众权益、揭露腐败、抨击贪官污吏等，这样的心理场便决定了网络舆论的主旋律——抨击时弊、痛恨贪官污吏与为富不仁、为草民鼓与呼。

当然，正如心理问题总是与人相伴一样，网络的草根心理场也会时常出现一些偏差甚至偏激，如暴力倾向、群体极化、偏听偏信、玩世不恭、冷漠等，这也便成为网络舆论诸多问题的根源所在。

二、认知图式——一种对网络舆论的干扰

舆论，表现为一系列的意见或态度，而意见或态度的来源是认知。认知，即人脑对客观存在的反映过程。这个反映过程的发生，很大程度上依赖人们头脑中的图式。图式，是个体对反复出现的经验加以抽象、概括而形成的认知结构或认知模式。图式，是认知的机制与工具，只有借助图式大脑才会对认知对象进行归类、选择、解释与判断等一系列认知活动。然而，人们头脑中的图式往往都是有偏差的。图式就像滤色镜一样，使人的认知活动难免出现偏差甚至误区。

每一个热点事件即舆论事件都会在公众头脑中形成某种图式，一系列类似的舆论事件都是相关图式的反映，而相关图式在每一次舆论事件中都会得到相应的强化。图式，是一种倾向，一种观念、态度或情感，是一种思维方式；图式，帮助人们对客观事物（包括人）作出反应、理解、解释与判断，是认知活动的向导。但是，图式也经常对认知活动起干扰甚至误导的作用，使认知出现偏差甚至进入误区。例如，近年来，有关医院或医生的负面舆论比较多，以至当无辜的医护人员被患者杀害时，网络舆论却出现一片“叫好声”。很多网民对事实的真相可能并不是很清楚，但是，由个人体验、道听途说特别是媒体中不断的有关医院及医护人员的负面报道所形成的有关

医院及医护人员的非正面的图式却是十分清晰和牢固。很多网民跟着“叫好”，正是基于这样的图式。

三、情绪宣泄——推动与干扰网络舆论的双刃剑

情绪，是人的需要是否得以满足在心理上的反应。如果需要得到一定的满足，个体就会体验积极的情绪，如愉快、高兴、向往等，心理趋于平衡；如果需要得不到应有的满足，个体就会体验消极的情绪，如抑郁、悲观、愤恨等，心理失去平衡。情绪会产生大量的心理能，成为人认知与行为的动力；而过多的心理能需要通过心理调节机制得以消化。宣泄，是调节情绪的重要方法之一。宣泄的渠道有多种，如体育锻炼、唱歌跳舞、购物、攻击、倾诉等。网络空间，因其互动性、多媒体性和自媒体性具有较强的心理调节功能，如聊天、游戏、社交网站、博客、微博、购物等；网络空间，因其自由性和虚拟性，“情绪宣泄”成为其心理调节的主要方式。又因情绪的感染性和网络粘连性，网络上的“情绪宣泄”往往一发不可收，呈现很大程度的夸张和泛滥之势。这种过度的情绪宣泄，在增强网络舆论的热度与强度的同时，也将网络舆论置于非理性的危险中，加大了网络舆论的风险系数。

当众网民向着同一个对象集中地情绪发泄时，便启动了舆论；借助情绪的感染力，网络舆论迅猛发展。在这个过程中，以情绪为主导的网络舆论在网络群体效应的催化下，极易出现极化现象，即出现舆论的极端或偏激。好在网络媒体具有较好的自我调节功能，当网络舆论出现极端或偏激的同时，总会有理性的声音予以棒喝或警醒，使得网络舆论经历短暂的喧嚣后会逐渐趋向理智。

四、网络舆论引导——系统的心理策略

按照社会建构理论的观点，一切社会存在，一方面被他者建构，另一方面也是他者的建构者。一切社会舆论都是特定环境下的舆论，这个特定环境一是社会状态，二是社会心态，社会心态诉诸社会矛盾便形成了舆论。因此，对舆论的根本性引导有两种，一是调节社会矛盾，二是调适社会心态。当然，调节社会矛盾更为根本，但是，矛盾是社会的常态，旧的矛盾被解决了，新的矛盾又出现了。调节社会心态，不是、也不可能消除舆论，但却可以使舆论趋于理性、积极性与建设性。

心理需要调节吗？需要。因为人的心理也像人的身体一样，会不舒服，会出问题。刻板印象、成见、偏见、自卑、自大、傲慢、轻信、消极、焦虑、恐惧、冷漠等心理问题，不仅会扰乱人的正常思维，使人难以做出正确的判断，也会扭曲人的行为。当然，这里所说的心理问题不是心理医生眼里的心理问题，这些心理问题多数也不足以构成对心理健康的威胁，但是，却足以影响社会舆论的健康状况。当我们努力探寻网络舆论存在的许多问题（暴力倾向、谣言、负面偏向、围观、恶搞等），发现了隐藏其后的网民心理——心理失衡、浮躁、看客心理、弱势心理等。

心理需要调节吗？需要。因为在人的心理中，同时存在着积极与消极两种力量。这两种力量此消彼长。积极的成分多了，消极的成分就少了；反之亦然。桌子上有半瓶水，青年甲进来，高兴地大喊：“真幸运，还有水喝！”他喝了水唱着歌出去了；桌子上还是半瓶水，青年乙进来，失望地说：“怎么只有半瓶水！”他喝了水发着牢骚出去了。当然不是水的问题，而是心态问题。我们可以对乙说：A 大家都一样，都是半

瓶水；B 有的人连半瓶水都没得喝；C 这是某某（最好是领导）没舍得喝专门留给你的。A 会让乙心理平衡，B 会让乙有满足感，C 会让乙生感激之情。在这三种心理下，肯定不会有牢骚，因为这三种心理都是积极的。

当然，让意见、新闻、信息诉诸舆论从而影响舆论，也可以实现舆论引导。但是，如果善用人的心理，就会事半功倍；如果不符合或违背人的心理，就会事倍功半甚至适得其反。首因效应、近因效应、自己人效应、名人效应、视觉偏好、破窗效应等常见的心理效应，在舆论引导中如果运用得当，可收到意想不到的效果。舆论引导中的“先声夺人”是基于“首因效应”，改变坏名声的“舆论重建”借助“近因效应”而实现，平民化引导因“自己人效应”而生效，舆论领袖的作用是迎合了“名人效应”，制止谣言、无聊围观的最简单也是十分有效的方法就是“信息切割”，即第一时间关闭或屏蔽无良有害信息，避免“破窗效应”。

课题的研究历时三年多，成书过程一年有余。时间还是仓促，因为我们所面临的毕竟是一个崭新的课题。本书定有很多不足之处，诚望各界学者、朋友提出宝贵意见。

作者　曹茹

2013－5－10　于河大紫园

目 录

第一章　绪论

信息如江河，在我们身边川流不息，不舍昼夜。有些信息悄无声息地走了，如飘零之落叶；有些信息则狂奔而来，掀起万丈波涛，发出震耳的涛声一片——这就是舆论。

舆论，是“社会上大多数人对某一有争议的问题所形成的一致的观点或态度”。舆论代表着民心相背，“得民心者得天下”的古训从未走远。有人群的地方就会有舆论，小到一个家庭、家族，大到一个组织、单位、社区、民族或国家。舆论的根源在于社会矛盾，舆论的形成在于社会心理的互动。

第一节　舆论与心理学

一、心理学是一切精神学科的基础

从古至今，世界上就两门学问，一是关于自然的学问，被称为自然科学；二是关于人的学问，即人文社会科学。自16世纪至19世纪，自然科学不仅以其惊人的创造力受到人们的尊重，也以其规范、精准的研究手段令人折服。相形之下，19世纪的人文社会科学，不仅要对许多新的社会、政治、经济等问题作出解答，还面对人文社会科学能否成为“科学”、能否像自然科学那样系统、可靠的质疑。狄尔泰，这位“十九世纪后半叶最伟大的思想家”、“人文社会科学领域的牛顿”，在其开始自己的哲学研究之初，就对人文社会科学体系及其方法论发生了兴趣，试图将研究人的问题的所有学科集中起来，建立一门精神科学，并使之与自然科学相区别。1883 年，狄尔泰出版了他的扛鼎之作《精神科学引论》（第一卷）。在这本书中，狄尔泰论述了精神科学的目标、精神科学的内容、精神科学的研究方法等问题。他把历史和社会的“实在”作为精神科学的研究对象，把研究历史与社会的真实性作为精神科学的研究目标，精神科学的各个具体学科就成为这门科学的不同环节。①

关于精神科学的构成体系，《精神科学引论》（第一卷）中极有价值的一个观点，就是认为心理学是精神科学的基础学科。“分析生命单元，也就是说，把具有生理方面和心理方面的个体，叫作使社会和历史得以构成的成分；而对这些生命单元的研究则构成了各种精神科学中最根本的一组精神科学。”②个体既是生理与心理的同一体，也是构成社会与历史的基本元素，既然精神科学要研究社会和历史的真实性，那么，作为研究人的心理学就必然成为精神科学的基础。狄尔泰早在 1865 年发表的《哲学科学的逻辑与体系纲要》一文中就设想“不同于自然科学的精神科学将统一于心理学或人类学”③，而心理学则将成为精神科学中第一种精神科学，也是最根本的精神科学，因为“对于社会—历史实在的分析所能够导致的那些最简单的结果，都可以在心理学领域找到。”④

---

①参见谢地坤著：《走向精神科学之路——狄尔泰哲学思想研究》，江苏人民出版社 2003 年 9 月出版，第 2 页。

②威廉·狄尔泰著，童奇志、王海鸥译：《精神科学引论》（第一卷），中国城市出版社 2002 年 1 月出版，第 52 页。

③谢地坤著：《走向精神科学之路——狄尔泰哲学思想研究》江苏人民出版社 2003 年 9 月出版，第 24 页。

④威廉·狄尔泰著，童奇志、王海鸥译：《精神科学引论》（第一卷），中国城市出版社 2002 年 1 月出版，第 60 页。

早在古希腊时期，先哲们就意识到探索人心灵的重要性。从希腊哲学的最初阶段看，宇宙学明显地占有支配地位。到了赫拉克里特就有所改变，赫氏站在宇宙哲学思想与人类哲学思想的分界线上，他虽然像一个自然哲学家那样说话，而他确信“不先研究人的秘密而想洞察自然的秘密那是根本不可能的。如果我们想把握实在并理解它的意义，就必须把自我反省的要求付诸实现。”① 对于赫拉克里特来说，他的哲学可以用一句话来概括“我已经寻找过我自己”。这种人类学的哲学思想到了苏格拉底时代臻于成熟，苏格拉底所有探究的唯一指向就是人的世界，他的哲学是严格的人类哲学。

物质世界与人的精神世界具有同一性。历史，不是简单地意味着“过去的存在”，历史通过“心理化”总是顽强地活在当下，心理才是人类文明的活化石。当下，是心理的大厦；当下，又不断冲击着心理世界，心理事件迭出。心理的不平与动荡，通过言行必然波及外部世界或物质世界。

常言说，“性格即命运”，可以理解为性格即历史，性格即未来。性格，英文为“character”，原意为印记、特色、记号、标志，主要用来表示事物的特征。《辞海》对性格的解释是“人格的重要组成部分。人的态度和行为方面的较稳定的心理特征，如寡断、刚强、懦弱等。在生理素质的基础上，在社会实践活动中逐渐形成和发展。”

性格有先天的成分，也赖于后天的磨练和培养。儿时一些铭心刻骨的心理事件往往成为性格形成中的关节点。我国著名心理学家岳晓东在《少年我心》一书中，讲述并评析了自己

①【德】恩斯特·卡希尔著，甘阳译：《人伦》，上海译文出版社 2003 年 11 出版，第 7 页。

儿时“输赢玻璃球”的故事：11岁的岳晓东很是着迷那个年代在男孩子中流行的“弹玻璃球”的游戏。他好不容易拥有了十余颗各色花样的玻璃球。没想到，在和同院一个比他矮半头的小孩的“角斗”中，他不仅输掉了所有的玻璃球，还欠了人家十八个玻璃球。听着身后人们对那个孩子的一片欢呼声，岳晓东的眼泪夺眶而出。回到家，看着那个装玻璃瓶的空盒子，难过得大哭了一场。在以后的一个月中，岳晓东每天在家里苦练弹射玻璃球的功夫，从几厘米都射不准到几十厘米之外都弹得准。一个月后，复仇的机会终于来了。那个孩子流着鼻涕向他讨债，他说服那孩子再接着玩，无论输赢都一并还债。他们找了僻静的地方开始赌球，不一会儿，岳晓东就将他所欠的玻璃球都赢了回来。他开心极了，一扫因上次输玻璃球而生的满脑子晦气，放声高唱“太阳出来了——”

岳晓东这样评析他的这次经历：“在输赢玻璃球这件事情上，我的收获不仅在于赢回了那十八颗玻璃球，扫去了笼罩在心头一个月之久的阴云，也在于我学会了怎样在困难面前不弯腰、不低头，想方设法加以克服的本领。由此，这次经历强化了我性格中坚毅的一面，使我以后面临生活挫折时，都会从此次经历中吸取精神力量。”①

个人性格如此，民族性格亦如此。民族性格，“是一个民族表现在行为举止、思维方式及精神气质上的心理特点的总和”②。民族性格成于民族之命运特别是民族初始之遭遇，民族命运又多半缘于民族性格。以美利坚民族为例，自由主义是

①岳晓东著：《少年我心——一个心理学者对自我成长的回顾与分析》，上海人民出版社2007年5月出版，第8页。

②赵荣、张宏莉：《“民族性格”及其特点的辩证解析》，《黑龙江民族丛刊》2010年第2期。

美利坚民族最突出的个性。是什么造就了美利坚民族这样的个性？是“移民”。美利坚民族的历史，是一部大规模移民的历史，没有移民就没有美国。个人主义的产生与移民密不可分。美利坚式的个人主义，意味着不听从他人的安排或控制，坚持对自己的生活有选择的权利，其核心是“我的一切由我自己负责”。从移民过程看，“由于是个人或一家一户向西迁徙，就形成了个人独立的个性，这种特性，成为美国人生活中占主导地位的东西，直到今天基本上也是如此。”① 在移民的早期阶段，环境非常艰苦，移民必须依靠个人奋斗、白手起家来努力维持其生存和发展，在这种情况下，宣扬“个人拼命地干就能得救”成为必然，个人主义遂成为移民中的主导倾向。最后，成功的经历也容易滋生出个人主义。他们从欧洲来到北美洲后，开垦出自己的土地，种出自己的庄稼，心满意足，从而不把一切权威放在眼里，培养起了过分自负的性格。② 谈到俄罗斯的民族个性，最突出的一点就是双重性：他们既有国家观念、主张专制主义，又渴望有随心所欲的自由，有无政府主义的状态；他们崇尚暴力，有时近乎残忍，但又善良、温和、不无人道；他们的灵魂浸透了个人主义、强烈的个人意识，但又充满无个性的集体主义；他们时而谦逊恭顺，时而又会放肆无礼。③ 这种双重性格的形成显然与其跨越欧亚两洲的地理位置、曾经被东方帝国（蒙古帝国）统治后又面向欧洲的改革有关，俄罗斯愿意把自己归属欧洲，但欧洲却从来没有把它当

①缪尔·埃利奥特·莫里森著：《美利坚合众国的成长》，天津人民出版社 1980 年出版，第 4 页。

②参见赵晓兰：《移民与美利坚民族性格》，《天津师范大学学报（社会科学版）》2002 年第 2 期。

③参见荣洁：《俄罗斯民族性格与文化》，《俄罗斯中亚东欧研究》2005 年第 1 期。

作欧洲国家。而实际上，罗斯人既不是纯正的欧洲人，也不是纯正的亚洲人……东西方两种因素在俄罗斯人心中始终进行着争斗。

中国人的性格比较复杂，或者可以说是复合型人格。进入20世纪以来，特别是改革开放以来，中国人的性格发生了诸多变化。不过，在中国人的个性中至少有一点一直没有改变，并且也一直得到世界公认，这就是“勤劳刻苦”的民族性格。1894年美国传教士雅瑟·亨·史密斯出版的《中国人的性格》一书，对中国人的习惯性勤劳以及遍及各类人（从天子到布衣、从青壮年到童叟、从苦力到官僚）的勤劳刻苦甚为惊讶和赞赏。史密斯不禁预测：“所罗门有一句经济学格言——勤劳致富。如果这一格言是正确的，那么，中国人无疑将是世界上最兴旺的民族。”今天的中国无疑正在印证史密斯的预测。

二、心理学的普遍应用

精神科学做为一个完整的学科虽然还未能如狄尔泰所愿得以创立，但是，迄今为止，几乎所有的人文学科甚至包括一些自然科学都纷纷与心理学建立联系，仅形成专业门类的就有：工业心理学、工程心理学、金融心理学、投资心理学、消费心理学、法律心理学、犯罪心理学、临床心理学、管理心理学、组织心理学、教育心理学、人事心理学、广告心理学、新闻心理学、传播心理学、公共关系心理学、体育心理学、文化心理学、成功心理学、影响力心理学等等。有人的地方，就有心理学。

传播领域的心理学除了以上提到的广告心理学、新闻心理学和传播心理学外，还有读者心理学、阅读心理学、电视观众心理学、媒介心理学、网络心理学等。所有的传播活动（包括人际传播、群体传播、组织传播、大众传播、网络传播）对于一个个体而言都是心灵的构建者，所以，有关传播的研究不是研究传播中的心灵，就是研究基于心灵的传播。商人想的是人们需要什么，广告学研究的是如何让商品激发消费者的需要与兴趣；新闻学不仅研究新闻怎么写、怎么制作，更要研究什么可以成为新闻、新闻如何被受众解读、新闻如何影响人们对社会的认知与态度。而传播学的创立和发展，心理学始终扮演着理论基石或理论指导的重要角色。著名传播学者罗杰斯认为“传播学1900年以后在美国的崛起，相当程度上受到进化论、精神分析理论和马克思主义这些欧洲理论的影响。”① 在西方，从事传播学研究的许多著名学者都具有较深厚的心理学知识背景。

拉斯韦尔、拉扎斯菲尔德、卢因、霍夫兰被尊为传播学的四位奠基人，拉扎斯菲尔德、卢因、霍夫兰都是名副其实的心理学家。拉扎斯菲尔德其实是一位多学科的学者，有时他自称为数学家（他曾在维也纳大学获得数学博士），有时他称自己为社会心理学家，中年以后他认为自己是个心理学家。尽管他并不认为自己主要是个传播学者，但他对传播问题的关注和研究，对传播学领域来说的确具有开创性。20、30年代，拉扎斯菲尔德领导的广播研究项目，40年代初领导的“伊里县调查”，使其无愧于“大众媒体传播效果研究方面非同一般的开拓者”。卢因，曾是柏林大学一位著名的实验心理学家，1936年逃亡美国后成为美国的一位社会心理学家，并开创了群体传播中的经典实验，他的群体动力学理论，有助于将群体置于传

①【美】E·M·罗杰斯著，殷晓蓉译：《传播学史——一种传记式的方法》，上海译文出版社2002年3月出版，第5页。

播理论和传播研究之中。如果说拉扎斯菲尔德开创了调查方式的大众传播效果研究，霍夫兰则是开创了实验的大众传播效果研究。霍夫兰将说服研究引入传播学，又将实验方法引入传播学。他所开创的说服研究自 50 年代至今一直是传播研究引人瞩目的领域。拉斯韦尔，虽然是被作为政治学家来培养的，但他多方面的兴趣与好奇心，使其对社会学、精神分析、历史、社会心理学和传播都多有涉猎。拉斯韦尔受其叔叔的影响，早在青少年时代就对精神分析发生了兴趣，这种兴趣在成为芝加哥大学政治学教师时变得非常强烈。拉斯韦尔结识了一些精神分析家，并在 1927 年花了 6 个月的时间追随梅奥——一位英裔澳大利亚的医生和精神病学家学习精神分析方法。他把精神分析的访谈方法用于精神病的访谈研究，他还试图将精神分析理论与行为主义联系起来，而他最终开创了政治心理学领域。他 1930 年的著作《精神病理学与政治学》是将心理学与政治学联系起来的关键之作，他用精神分析理论来解释为什么有些政治领导人成为了鼓动家，而其他人则成为了管理者。①

像拉斯韦尔这样尽管不是心理学家但却具有心理学知识背景的传播学学者或传播学的先驱人物还有许多。20 世纪初创立于美国芝加哥大学的社会学学派——芝加哥学派对传播问题的研究对传播学的发展至关重要。这个学派的社会学研究更像是社会心理学研究，并且非常重视对传播问题的研究，因为这个学派形成的一个共识就是“要成为社会的存在、人类的存在，就需要传播”②。芝加哥学派最终构建了“一个以人类传

①【美】E·M·罗杰斯著，殷晓蓉译：《传播学史——一种传记式的方法》，上海译文出版社 2002 年 3 月出版，第 215—217 页。

②【美】E·M·罗杰斯著，殷晓蓉译：《传播学史——一种传记式的方法》，上海译文出版社 2002 年 3 月出版，第 142 页。

播为中心的人格社会化的理论概念体系”[①] 库利、杜威、米德和帕克作为这个学派最重要的四位学者，都不同程度地涉猎心理学。杜威，在芝加哥大学的十年（1894—1904）主要致力于心理学，他将心理学运用于教育和哲学问题。米德和杜威的关系非常密切，在莱比锡大学学习期间，米德曾师从 W·冯特学习手势理论。米德与库利一起开创了社会心理学，在社会学家眼中，米德就是一位社会心理学家。库利发明了“镜中自我”的概念，米德则论证了自我是如何构成的，即没有人天生就有一个自我，也不是本能地发展起来的，而是通过与他人的互动得以发展起来的。米德曾经讲授一门颇受欢迎的博士课程“高级社会心理学”。至于被誉为“传播学的第一个理论家”的帕克，曾是杜威的学生，也曾追随实验心理学领域的 W·冯特以前的学生 H·明斯特尔贝格学习。

传播学是一门典型的交叉学科，它的创立与发展借助于心理学、社会学、社会心理学、人类学、文化学、符号学、语言学、控制论、信息论等多学科的知识，或者说诸多人文社会学科正是在传播学中得以交汇。在这些学科中，尤以心理学、社会心理学和社会学对传播学的影响最大、最直接。传播学研究的诸多成果的原理、研究方法，都直接来源于心理学或社会心理学。经验学派的传播效果研究基本上是心理学、社会心理学主导的研究。70 年代以前，效果研究的基本模型就是从在心理学中占有权威地位的行为主义理论衍生而来的。心理学的行为主义认为，人的行为不是受其意识的支配，而只是对外部环境的刺激作出的反应，即条件反射（S－R）。20 世纪 30 年代

①【美】E·M·罗杰斯著，殷晓蓉译：《传播学史——一种传记式的方法》，上海译文出版社 2002 年 3 月出版，第 142 页。

流行的"魔弹论"，正是弗洛伊德学说和行为主义理论相结合的产物。这种理论认为大众传播作为环境刺激就像射出的"魔弹"一样，而受众就像靶子一样，无论他们处于何种社会地位，也无论他们所受的教育有多高，大众传播的"魔弹"都会穿透他们的思想防线，改变他们的想法和行动。在魔弹论看来，"理性形同虚设，完全不能抵制强大信息的侵入。受众没有能力对这些讯息进行筛选或批判。讯息渗透进他们的潜意识，改变了他们的思维方式和感知方式。"① 1940 年，拉扎斯菲尔德进行的伊里县调查，目的是证实魔弹论的观点，但是研究结论却令人失望。因为伊里县调查采用了社会调查、态度测试等实证研究方法。至于二战中霍夫兰所进行的说服研究，研究课题可以归入心理学的学习研究，其研究方法也是心理学研究的常用手法——实验室控制实验法。70 年代以后的效果研究的转向，很大程度上是因为认知心理学的崛起。议程设置论是这种转向的标志性研究，认为"大众传播尽管不能决定人们怎么想（态度），却可以决定人们想什么（认知）。"这就是说，大众传播虽然很难使受众改变原有的态度，却可以影响人们的认知（如决定人们知道什么、不知道什么，什么是重要的或比较重要的。）。后来的研究又认为大众传播通过影响人们想什么，可以影响人们怎么想。沉默的螺旋理论、知沟理论、培养理论、第三人效果、框架理论等都是从心理层面研究大众传播效果的理论。"沉默的螺旋"理论认为人们从众、害怕孤立的心理是舆论形成的机制；知沟理论认为人的认知能力的差异是造成信息社会"知沟"的根本原因；第三人效果揭

①斯坦利·巴兰、丹尼斯·戴维斯著，曹书乐译：《大众传播理论：基础、争鸣与未来》，清华大学出版社 2004 年 10 月出版，第 80 页。

示的是一种心理效应，即人们因担心大众传播中的某种信息或某个信息对别人产生影响而采取相应措施或行为；框架理论是基于心理学中“基模”或“图式”的概念，阐释了由概念、成见、态度倾向、情感、思维模式组成的“框架”对大众传播内容的构建作用，以及对受众理解大众传播内容的影响。

除了效果理论，传播学中还有许多理论都包含着心理学的原理。如，丹斯的螺旋模式，基于人的认知能力及认知特点描绘了人类传播的无限放大即信息在传播中几何状增长的态势，从根本上解释了信息社会“信息沟”或“知识沟”的问题。纽科姆的 ABX 模式，运用心理学中的心理平衡原理，揭示了人际传播中的一种基本态势。马莱茨克模式作为描述大众传播过程的一个综合图景，着重描绘出影响传者与受者的各种社会、心理因素。心理因素有传者与受者的自我形象、传播者与受者的人格。以技术决定论著称的麦克卢汉，在继承英尼斯“媒介偏倚”观点的同时，进一步剖析了长期使用某种媒介会使人的感官乃至心理失去平衡、产生相应的偏倚的问题。

美国心理学家 Richard jackon Harris 在其讲授大众传播心理学课程讲义的基础上写就的《媒介心理学》，主要探讨了媒介作为人们认知的主要来源，如何影响了人们对现实世界的认知，继而影响人们现实世界的行为。作者从认知心理学和媒介研究的基本理论出发，将认知心理学和媒介理论有机融合，讨论了媒介中的广告、体育、音乐、新闻、政治、暴力、色情、价值观等对人们认知现实的影响。德国社会心理学家马莱茨克的《传播心理学》一书正在翻译当中。

在我国，传播心理学经过近 30 年的建设和发展已经成为一门自成体系的学科。据 2010 年中国传媒大学传播心理研究所的一项调查，在国内 412 所设有新闻传播学专业的高校中有

184 所院校开设了传播心理学课程（包括新闻心理学、传播心理学、广告心理学、影视心理学、受众心理学、网络心理学等），占总数的 44.66%。在 2000—2010 年的十年间，中国传媒大学、广西大学、四川省社科院新闻研究所、华中科技大学、上海复旦大学等科研教育机构共为社会培养传播心理学专业硕士生 138 人，博士生 11 人。2006 年国家民政部正式批准传播心理专业委员会为中国社会心理学会下属的一个二级学会。2006 年中国人民大学舆论研究所成立了我国第一个致力于用实验法对传播心理进行研究的工作室。在这十年中，我国出版的传播心理学的专著达 56 本，其中国内地第一套传播心理研究系列丛书（刘京林等编著《传播中的心理效应解析》、曹茹著《新闻从业者职业倦怠研究》、丁迈著《典型报道受众心理的实证研究》、倪桓著《手机短信传播心理分析》、闫欢著《电视与未成年人心理》、何其聪著《食品安全报道的受众心理研究》和姚玉琴著《鄂温克人与电视》）于 2008—2010 年间相继出版，受到学界的广泛关注和好评。①

三、钱币的两面——舆论与心理学

共同生活在一个社区、单位、地区或国家，使我们拥有了某些共同的事业（事物）、共同的利益、共同的关注，同时，彼此间也会产生利益冲突、立场相左、意见各异。于是，在传播层面，人们一方面从各自的利益、立场出发，表达着自我的诉求、主张或意见，寻求他者的呼应与认同，另一方面又在社会认同机制的作用下，寻找并最终形成各种意见中的最大

①据刘京林：《我国传播心理学研究十年回顾与思考》，第七届全国新闻与传播心理研讨会暨中国社会心理学传播心理专业委员会第四届年会论文。

"公约数"，这便形成了舆论。所以说，公共事物尽管是舆论的本源，但是形成舆论的机制却是社会心理。任何舆论，都必然经历复杂的社会心理过程，因为即使是在网络时代，有幸能够了解事实真相的人微乎其微，而大众要么人云亦云，要么凭着自己的经验、别人的被符号化的经验去理解和判断。

1940 年，拉扎斯菲尔德伊里县的调查结果是，53% 的选民的投票意向是"早期决定者"——态度一直未改变，24% 的人的投票意向是逐渐形成者——他们最终选择了极易预知的选择并坚持下去，15% 的人是"犹豫不决"者，只有 8% 的人是"转变意见者"。"逐渐形成者"、与"犹豫不决者"可归为态度的微小改变者，总计为 39%。那么，是什么因素使选民的态度发生改变或微小的调整，尽管涉及的人数不到总人数的一半，调查发现，大众传播并不直接影响人们的投票决定，人际因素特别是身边的"意见领袖"或"舆论领袖"是影响人们投票决定的直接因素。1943 年，拉扎斯菲尔德派了一个团队去伊利诺伊州的迪凯特城，访谈了 700 多名主妇，询问她们的消费决定。通过"滚雪球式"的访谈，鉴别出"意见领袖"并发现这些意见领袖的特征。1955 年拉扎斯菲尔德与卡茨合著的《个人的影响》一书把"人们如何使用媒介"概念化并发展为"两级传播"理论。

拉扎斯菲尔德为我们描绘了个人意见形成的复杂的社会图景。在这个图景中，意见领袖被浓墨重彩地加以突出。意见领袖不仅被周围的人追随，也追随他的追随者，即意见领袖和他的追随者互相追随；意见领袖并不是绝对的领导者，在他所擅长的领域，他（她）是意见领袖，而在其他领域，他（她）又成了意见领袖的追随者。在这里，关键是意见领袖与其追随者的互为追随，意见领袖的研究价值并非在于"意见领袖的品质”、“如何成为意见领袖”以及“如何影响意见领袖”，而在于“意见领袖本身就是舆论”“意见领袖的群化”。换言之，意见领袖在舆论的研究中，可以被视为“舆论的标本”来使用，而不是仅仅当作舆论中的一种现象或一个问题来研究。

“议程设置论”是被作为一种效果理论由麦克姆斯和肖首先提出来的，实际上它与舆论有关，与意见领袖有关。麦克姆斯和肖用实证的方法证明“大众传媒的议程或议题与公众议程或议题”有着极高的相关性，并推断是大众传媒的议程或议题影响了公众的议程或议题，后来的研究大多证明他们两人推断的合理性。议程设置的效果，可以被理解为一种舆论的效果或者前舆论效果。“议程”虽然还不是舆论本身，但是，当许多人或公众不约而同地思考同一个问题时，就开启了舆论酝酿的过程。大众传媒控制着人们的议程或议题，就控制了舆论的源头、本源——公共事物，使舆论在媒体设定的范围内发生。有意思的是，媒体的这种控制是不易为外人察觉的，不明真相的大众在不知不觉中进入了媒体的“圈套”。不仅如此，媒体在对具体议题的构建上，通过洗牌作弊式的手法，使某一议题或某一事件按照媒体的意图被重新结构化，即议题或事件的某些部分被突出，某些部分被忽略或弱化，或者构成议题、事件的元素间的关系被改变，从而使某一议题、事件的面貌甚至属性发生了变化，变得与本真的议题、事件相去甚远，最多有点“像”而已，这就是李普曼在他的《舆论学》一书中描绘的“拟态环境”，即由大众传媒提供的信息环境。从效果的角度看，大众传媒不仅左右了人们想什么（认知），也通过改变制造拟态环境——改变议题、事件的面貌甚至属性，左右了人们的怎么想（态度），显示了大众传媒强大的舆论效果。但从舆论的角度看，这未必是好事。因为，大众传媒也可能蒙蔽公众，误导舆论。网络出现以后，大众传媒垄断公众议题的情况被打破，但是，议题仍然是形成舆论的关键所在。

德国传播学者伊丽莎白·诺尔－诺依曼于1974年提出的“沉默的螺旋”理论，则从社会心理的角度，揭示了舆论形成的心理机制。她认为，人们在发表自己的意见之前，需要观察意见环境，如果发现自己的意见属于多数，就敢于大声说出，如果发现自己的意见属于少数，就沉默下来。这样，就会造成多数意见的声音越来越强，甚至比实际的情形还强；而少数意见则越来越弱，甚至比实际情形还弱，直至沉默。这样，多数意见便成长为舆论。由此看来，舆论是否多元、言论自由的氛围只是外因，更重要的还是在社会生活中，人们由于害怕孤立而自行放弃了异质性的言论。应该说，“人类有观察环境中意见分配状况的能力，称为‘准统计官能’。”① 这种能力在人际交往、群体交往较多的社会，也许能够得以正常发挥，当然也不排除权势之徒掩人耳目、混淆视听。在大众传播时代，人们干脆放弃对周围意见环境的观察，或者把大众传媒当作多数意见或就当作舆论本身了。尽管这一理论自提出以来，受到了不少批评，但却没能动摇其理论根基——社会心理或群体心理对舆论的重要性。

谈到社会心理，就不能不提勒庞和他的《乌合之众》。美国社会心理学大师奥尔波特在《社会心理学手册》（Handbook of Social Psychology，ed. by Gandner Lindzey，1954）中大胆断言：“在社会心理学这个领域已经写出的著作中，最有影响者，也许非勒庞的《乌合之众》莫属。”在这本书中，勒庞更多的是用直觉而非系统科学的阐述，剖析了个体一旦投入群

①许正林著：《欧洲传播思想史》，上海三联书店2005年4月出版，第546页。

体，便表现出与其作为个体时完全不同的行为特征，即群体心理。弗洛伊德认为勒庞“对群体心态做出了出色的心理学说明”。从众心理（勒庞称之为群体精神统一性的心理学规律）、简单化的思维方式、轻信、群体无意识、责任感弃置、本能的英雄崇拜等，这些看上去都似乎比较负面甚至令人憎恶，但勒庞认为群体心理所导致的结果很复杂，用勒庞的话说：“它可以让一个守财奴变得挥霍无度，把怀疑论者改造成信徒，把老实人变成罪犯，把懦夫变成豪杰。”勒庞也不否认群体的暴力倾向，但他的眼光却是极为广阔而深远的，他指出，作为“暴民”的人应是指群体中的人，而非孤立的人，这样的群体可以是黑社会或聚散无常的暴民团体，却不可能成为影响历史变迁的主角，它必须多多少少“为信仰而战”，也就是说它的形成必须是为了某些简单而明确的信仰。群体在这些信仰的激励下，很容易表现出极为崇高的献身精神和不计名利的举动。群体所能达到的崇高程度，是孤立的个人绝对望尘莫及的。①

在舆论这一社会运动中，“舆论领袖”是至关重要的角色，正如群体领袖对于群体的重要性。勒庞清醒地意识到：缺了英雄的群体在大多数情况下只能算是一些朝生暮死的“群氓”，而追随一个头领似乎是人的本能，“只要有一些生物聚集在一起，不管是动物还是人，都会本能地让自己处在一个头领的统治之下。”②“在每个社会领域，从最高贵者到最低贱

①参见古斯塔夫·勒庞著，冯克利译：《乌合之众——大众心理研究》，中央编译出版社2004年1月出版，第15页。

②古斯塔夫·勒庞著，冯克利译：《乌合之众——大众心理研究》，中央编译出版社2004年1月出版，第96页。

者，人只要一脱离孤独状态，立刻便处在某个领袖的影响之下。”[①] 勒庞认为领袖人物在使群体形成一致意见方面具有重要的作用，“他（领袖，作者注）的意志是群体形成意见并取得一致的核心，他是各色人等形成组织的第一要素，他为他们组成派别铺平了道路。”[②] 勒庞从一些著名的修士、宗教人物和革命者身上悟出了群体领袖所具有的特质，那就是“有着狂热的信仰，能够打动群众的灵魂”。基于对群体心理的认识，勒庞归纳出领袖动员的三个有效手段：断言、重复和传染。做出简洁有力的断言，不理睬任何推理和证据，是让某观念进入群众头脑最可靠的办法之一。一个断言越是简单明了，证据和证明看上去越贫乏，它就越有威力。断言还必须被重复，否则，断言不会发生作用。重复的力量来源于这样一个事实：从长远看，不断重复的说法会进入人们的无意识，而我们的行为动机正是在这里形成的。到了一定时候，人们会忘记这个说法的具体情境，最终对它深信不疑。如果一个断言得到了有效的重复，就会形成所谓的流行意见，强大的传染过程就此启动。传染，纯粹是一种群体效应。在群体中，人们很容易接受群体意见，几乎不假思索地、更无需论证。群体意见就好像电流一样，只要有导体（传播），就能顺利流动（对群体意见的接受）。这种传染力的形成，除了前面提及的群体的特征（从众、轻信、无意识等），勒庞还归于人的模仿性、个人名望（如领袖人物）。

总之，人文社会学科的根本问题都是人，心理学、社会心

---

①古斯塔夫·勒庞著，冯克利译：《乌合之众——大众心理研究》，中央编译出版社2004年1月出版，第98页。

②古斯塔夫·勒庞著，冯克利译：《乌合之众——大众心理研究》，中央编译出版社2004年1月出版，第96页。

理学是打开人的世界的一把金钥匙。“当我们研究传播时，我们必须研究人”——这也是研究传播学的密钥。舆论，无论作为一种社会现象，还是作为一种传播现象，“社会心理”都是无法回避、也不可能回避的问题，因为，社会心理与舆论，正像钱币的两面，它们共生共存，又互为因果。

第二节　中国网络舆论发展与现状

网络舆论，指网民作为舆论主体，在网上表达的舆论。中国网络舆论发端的标志是1998 年6 月印尼排华事件后全世界华人（包括国内）在网上发起的“黄丝带运动”，而作为一支重要的舆论力量进入公众视野则始于2003 年。在这一年里，网络舆论在“孙志刚事件”“刘涌案”“宝马撞人案”及“美伊战争”“反腐倡廉”“学术腐败”“三农问提”“教育乱收费”等问题的讨论中发挥了不可忽视的作用，以至2003 年被称为“网络舆论年”。[①] 网络舆论在中国政治当中的作用也初步显现。2003 年的非典时期，新华社首次披露中央高层领导对网络的重视。胡锦涛总书记在视察广东时，对一位参与防治非典的一线医生说：“你的建议非常好，我在网上已经看到过。”而温家宝总理视察北大抗非典工作时说：“我在网上看到同学们在留言中表达了同全国人民一起抗击非典的决心，令人感动。”据报道，中央和国务院设有专门机构，每天从网上搜集重要信息，以“互联网舆情”形式提供给领导人，参考网络舆论成为一种“公开的内参”。2008 年6 月20 日，中共

①曹茹、白树亮：《试论现阶段我国网络舆论的特点》，《河北大学学报（哲学社会科学版）》2011 年第4 期。

中央总书记胡锦涛到人民日报社视察，通过人民网“强国论坛”同网友们在线交流，对网络舆论给予充分肯定，他说：网友们提出的一些建议、意见，我们是非常关注的。通过互联网来了解民情、汇聚民智，也是一个重要的渠道。2009 年 2 月 28 日，温家宝总理到中国政府网和新华网，与网友聊天达 1 个多小时。据媒体统计，2009 年年全国“两会”期间，30 个省市、区 106 名官员，以及 23 个中央单位 30 名官员先后与网友互动。“网络问政”、“网络监督”、“网络两会”成为流行一时的热词。作为以“民间舆论”或“草根舆论”为主体的网络舆论，借助于网络平台，显示了“伸张正义、鞭挞时弊”的巨大力量，但是，网络及网络舆论毕竟还处在成长期，自身还存在诸多的不完善，网络的使用者和管理者都还需要时间去认识、掌握网络的知识与规律。

一、我国网络舆情走势

虽然网络和网络舆论还未进入成熟期，但是，近十年的探索期即未成年期却至关重要，其重要性就如同儿童期对于一生的重要性一样：奠定人生的基石或基调（包括信念、价值观、习惯、性格等）。在这十年中，每一个舆论事件，都包含着某种预示，都存在着某种可能性。因为，在每一个网民心中，都有成为“模板”或“模式”的可能，这些模板或模式一旦形成，未来就可能批量生产，历史就会重演。这就是所谓：“只有历史告诉我们‘人是什么’，也只有人告诉我们‘历史怎样才是可能的’。”所以，非常有必要为网络舆论存档，以便书写网络舆论的历史，从历史中研究网络舆论主体——网民的心理，基于心理才可以掌握舆论的走向和规律。

穆建刚等学者把我国网络舆论的研究分为三个时期：

1. 滥觞期：2003 年；2. 发展期：2004—2006 年；3. 繁荣期：2007 年至 2008 年，并归纳了这三个时期的研究主题：1. 有关网络舆论本体的探讨，即网络舆论是什么；2. 网络舆论主体方面的研究（对网民的研究）；3. 有关网络舆论特点及功能的研究；4. 网络舆论控制研究；5. 网络舆论监督研究；6. 网络舆论与其他学科的交叉研究。[①] 显然，在这六个主题的研究中，都没有涉及网络舆论的史学角度的研究，这至少说明这方面的研究比较少。聂德民、宋守华对 2002—2010 年维普中文科技期刊数据库中涉及“网络舆论”的 740 篇论文进行分析，740 篇论文的研究主题被归纳为 9 个主题：网络舆论的概念、生成、演变及特征；网络舆论的风险与和谐社会建设；突发事件、群体事件与网络舆论暴力；主流与草根、政府与民间之间的关系；网络舆论监督与网络舆论控制；网络舆论的引导策略或疏导方式；网络舆论与大学生及高校思想政治；网络舆论与司法审判或法治建设；网络舆论研究综述、反思及分析报告，在这 9 个主题中也没有“网络舆论的历史性”研究。笔者在中国学术期刊网中键入“网络舆论事件”，在获得的 27 篇论文中，有《1998—2009 重大网络舆论事件及其传播特征探析》、《十年间我国网络舆论的发展与引导》、《网络舆论凸现的社会问题及对策》等三篇具有网络舆论的史学价值。值得注意的是，一些对网络舆论事件的个案研究，也具有一定的网络舆论史学价值。更庆幸的是，近两年舆情监测受到重视，一些舆情监测机构不断发布舆情报告。如喻国明主编的《中国舆情年度报告》（2010），杜俊飞主编《沸腾的冰点——

①穆建刚、刘立红、连水仙：《近年来我国网络舆论研究的历史性回顾》，《宁波广播电视大学学报》2008 年第 4 期。

2009 中国网络舆情》，喻国明主编《中国社会舆情年度报告》（2011），杜俊飞主编《危如朝露：2010—2011 中国网络舆情报告》等，另有人民网辟有“舆情”频道，每日公布一天的舆情统计数据，并不定期地对一定时期的舆情进行盘点与分析。

（一）1998—2008 我国网络舆情的基本走势

《1998—2009 重大网络舆论事件及其传播特征探析》（钟瑛，余秀才，2010）一文，对 1998 至 2009 年 160 起重大网络舆论事件进行系统分析，分析结果显示：

1. 网络舆论的时间特征：中国重大网络舆论事件，在时间上呈波浪状不断上扬的发展态势，2009 年有所回落。其间，2003 年、2007 年，特别是 2008 年，上升态势明显。这正印证了通常所说的：2003 年是网络舆论年，2007 年是网络民意年，2008 年是网络舆论监督年。这些具有标志性的年份，在网络舆论事件的数量上皆有明显表现，在 160 起重大网络舆论事件中，发生在 2003 年的有 9 起，发生于 2007 年的有 17 起，发生于 2008 年的有 58 起。

2. 网络舆论的空间分布：重大网络舆论事件更为频发的地域以东部地区与大城市为最，而且，城市越发达受网络舆论关注的程度越高。以方位而言，频发顺序是：东部、中部、西部；以发达程度而言，频发顺序是：大城市、中小城市、农村偏远地区。

3. 重大网络舆论事件所涉群体：受关注度最高的是国家与社会管理者阶层（涉 48 例事件，占 30%），其次是专业技术人员阶层，列第三位的是私营企业主阶层。

4. 重大网络舆论事件所涉类型：网络舆论事件关注的类型较为广泛，但主要集中在政治与民生方面。政治方面，官员腐败与政府管理密切相关，共占整个案例的 21.5%，显示出网民对政治生活的关注。

5. 网络舆论对事件解决的多向作用：在 160 起重大舆论事件中，起正向作用的案例 106 起，比例为 66%，起中性作用的案例为 39 起，比例为 24%，起负向作用的案例有 15 起，比例为 10%。

6. 网络舆论事件中媒体影响力：网络媒体主导事件发展的案例有 80 起，占 50%，传统媒体起主导作用的 14 起，占 9%，多种媒体共同作用的 66 起，占 41%，手机媒体的主导作用尚不明显。

7. 网络舆论事件的信源：48% 的网络舆论事件由传统媒体率先报道，33% 源自网络媒体，4% 源自手机媒体，15% 各类媒体同时报道，难以分辨先后。此项研究，为我国网络舆论描摹出了一个动态的框架：时间维度上的波浪起伏、空间上的偏东部、群体指向上的权钱化、问题指向上的民生化。

那么，这样一种舆论图景很可能是公众或网民社会印象或社会判断的反映，同时，这样一个框架也会左右网民对社会的进一步感知、理解与判断。

（二）2009—2011 我国网络舆情走势

喻国明主编《中国社会舆情报告》（2010）对 2009 年度的舆情进行了统计、归纳和评述，发现或归纳出一些新的舆情态势。报告显示，2009 年网络舆论议题最为集中的三个议题是：政府官员的违法乱纪行为、涉及司法系统和城管队伍的、涉及代表特权和垄断的政府部门和央企，说明 2009 年的网络舆论延续了“集中于民主政治”的趋势。诸多新趋向有：中国网民是“通情达理的，他们在乎的是尊重和态度”，确定了网民的正面形象；“官方网络舆论场”和“民间网络场”的形成并多有冲突的态势；基层党委政府处置网络舆论群体事件手段薄弱，等等。

杜俊飞主编的《危如朝露——中国网络舆情报告》（2010—2011），对2010年80例网络舆论事件进行分析，发现了一些网络舆情的新特点：微薄成为网络舆情的新型载体、官民关系紧张、社会公信力下降、中部网络舆情关注度上升、网络问政成为大趋势等。

有关部门发布我国2010年网络舆情报告，报告中包含了一些值得关注的舆情新动态。舆情新动态有：农民工新生代权利意识觉醒，同时亟须心理救助；社会不公状况加剧，草根暴力表达蔓延；微博客改变网络舆论载体格局；论坛、博客爆料功能弱化，新闻跟帖数量减少；"全民造词运动"推动"词媒体"登上舞台；网络"意见领袖"的作用凸显和立场分化；商业利益渗透互联网；争取政府的话语权，鼓励体制内"意见领袖"，等等[①]。对这些网络舆情新动向的报告与分析，一方面说明网络舆论经过前几年的发展已经走出幼稚期，开始进入自觉性发展期；另一方面，也说明网络舆情分析能够把握舆论的本质和走向，更为专业了。

2011年网络舆情发布，也有一些新动向。中国传媒大学舆论研究所发布的《2011中国网络舆情指数年度报告》，除了继续发布年度热点事件、舆情分布情况（行业分布），还发布了"2011年网络舆情引爆能力排行榜"和"2011年舆情应对十大优秀案例"，对于研究和实施网络舆论引导有很好的借鉴作用。

---

①祝华新、单学刚、胡江春：《2010年中国互联网舆情分析报告》，http：//news.sina.com.cn/m/2010－12－30/155421735654.shtml 新浪网 2010－12－30。

二、我国网络舆论的特点

"网络舆论特点"是有关网络舆论研究的基本问题之一，相关研究的基本视点为网络舆论的意见指向与表达形态。笔者拟从舆论的基本结构因素即舆论本体（意见）、舆论客体（引发舆论的事件）和舆论过程分析我国网络舆论的特点。

（一）网络舆论本体：有缺陷的公共领域与有偏向的民意表达

网络舆论本体，即网民通过网络表达所形成的对某公共事务的意见。网络舆论本体的特征是学者们关注的重要问题之一，在有关网络舆论特点的探讨中，多半集中于对网络舆论本体特点的探讨。丰富性、多元性、透明性、分散性、波动性、难控性等都是被反复提及的网络舆论的特征，这些特征的提出也都具有一定的依据。而关于网络舆论与民意的关系问题即"网络舆论的民意特征"则少有论及，这一特征应该是所有特征中最重要的特征。网络舆论的民意特征如何？网络舆论是否民意表达？要回答这个问题最科学的方法就是民意测验。还可以用以下方法来回答：一是看网络舆论是否主张"公共利益"；二是看网络空间是否符合"公共领域"的要求。

18 世纪，卢梭首次提出了"公意"的概念，并将其与众意加以区分，他认为"公意只是着眼于公共的利益，而众意则着眼于私人的利益，众意只是个别意志的总合。"这里的"公意"相当于"民意"，民意与众意的区别就在于是否主张、维护公共利益。公共利益是一个极为复杂、很难界定的概念，对其最基本的理解是"多数人共享的利益"，保护公共利益的最终目的是为了保护每一个人的利益。公众，只有公众是公共利益的主体，国家利益、政府利益都不能代替公众利益。那么，我国目前的网络舆论是否主张、维护公共利益了呢?

自 1998 年至今，网络舆论可谓层出不穷、蔚为壮观，网络舆论虽然是鱼龙混杂，其中不乏娱乐、恶搞、辱骂甚至人身攻击之声，也不乏无聊、怪诞、哀怨之鸣，这些声音有时也竟能集聚成舆，释放出很大的能量。但是，在网络舆论中，能够形成网络舆论洪流的还是那些承载着民意的网络舆论。有学者基于对网络舆情的观察、监测，发现了网络舆论的八个易燃点：涉“官”与涉“腐”、涉“富”或贫富差距、涉及社会公平与正义、涉及民族主义及宗教信仰、对外关系，涉及伦理道德、民生，涉及公共安全、重大事故、自然灾害环境污染，涉及“星闻”“绯闻”及知名企业、敏感地域，这八个易燃点几乎都与公共利益紧密相关。网民不仅把关注点指向危害公共利益的公共事件，网民的意见几乎是一律地对不当公权力的愤慨、声讨和对公民权利、公共利益的申张和捍卫。网民们总是能够透过具体的人和事，直指公共利益问题。

但是，网络舆论能够主张、维护公共利益，并不说明网络舆论就不存在问题。通过观察和分析发现，我国现阶段的网络舆论，还存在着一些比较明显的偏向，如城市偏向、负面偏向、情绪偏向等。城市偏向，是指网络舆论多集中于与城市有关的议题，也多反映城市居民的利益诉求，诸如住房、贫富差距、富二代、分配不公、教育不公、学术腐败、校园血案等热点话题所汇集的基本上是城市话语，似乎广大的农村没什么问题。而实际上农村的问题并不少，有的问题甚至比城市还严重，如分配不公问题、教育不公问题。负面偏向，是指网络舆论多数指向社会负面甚至夸大负面的倾向。在近一两年的网络舆论中，负面指向的舆论远大于正面指向的舆论，而且“批评之声”比较“刺耳”。情绪偏向，是指网络舆论中有着比较多的情绪意见，网民的情绪表达由于网络的聚合与放大效应，在网络舆论的某些时刻显得比较突出。这些偏向对网络舆论的民意表达形成干扰，使网络舆论产生一定程度的民意偏离。为什么呢？

“人民必须拥有一个‘公共领域’才能实现真正的民意表达”。“公共领域”是当代德国著名思想家尤根·哈贝马斯提出的一个重要概念，它是指介于公共权力领域与私人领域之间的一个公众对一般社会问题进行平等交流和批判的领域。公共领域的形成必须具备三个要件：一是“公共领域”的参与主体是公众即私人集群；二是以平等为基础的交流、讨论；三是理性精神。网络是不是理想的公共领域？不是，网络还只是有缺陷的公共领域。缺陷何在？缺陷一，作为“公共领域”参与主体的网民虽然有4亿之众，但其内部结构存在比较明显的比例失衡之处，比如，我国农村人口与城市人口的实际比例大致是7：3，而网民中城市网民占到72.6%，农村网民仅占27.4%；缺陷二：由于网络的自由性和个人表达的无障碍性，“情绪出口”成为网络的重要功能之一，网络成为理性与非理性混杂的居所，理性与非理性在网络中此消彼长，理性时常面临非理性的挑战。当然，网络作为公共领域的优势还是很明显的：一为能聚集数以百万、千万甚至万万计的庞大的网民队伍；二为在网络中网民们真正能够平等、自由地交流；三为理性的声音通过网络也得到了张扬。网络还在发展中，网络必将不断被完善。如果网络能够克服自身的缺陷，成为真正的公共领域，网络舆论也就很可能成为真正的民意表达。

（二）网络舆论客体：附着多种因素的可视性

舆论客体是引发、承载舆论本体的社会公共事务，具有公共性、现实性和争议性。正如前文所说，并不是所有具有公共性、现实性、争议性的公共事务都能够成为舆论的客体，只有那些引起公众广泛关注的公共事务才能成为舆论客体。在以媒体组织或媒体传播者为主导的大众传播时代，媒体通过设置议题即通过选择、集中等传播手段使某个议题或公共事件得以突出，从而产生议题设置效果——公众关注、重视被媒体突出的议题，并对此议题纷纷发表意见。进入网络时代以后，尽管由网民和媒体共同设置议题的效果进一步增强，议题的数量也越来越多，但是形成议题或成为网络舆论客体的难度却加大了。

首先，舆论客体的视觉冲击力。从最早的网络红人“芙蓉姐姐”到一夜走红的“凤姐”，她们都其貌不扬，但都有惊人之举。“芙蓉姐姐”以大胆的 POSE 曲线和暴露从众网友的“Show”中脱颖而出，“凤姐”则以其层出不穷的雷人狂言与其相貌形成强烈反差吸引了众网友的注意，这位来自农村、25 岁、身高 1.46 的超市收银员自称“7 岁博览群书，懂诗画、会弹琴，精通古汉语”、“前后 300 年无人超越，非清华北大毕业 1.75 米以上的研究生不嫁”。还有一些人因地位平凡或在一般人眼里地位低微却相貌“出色”在网上引发关注而一路蹿红，如“糖葫芦西施”“90 后最美售票员”、“犀利哥”。很多事件本身所具有的视觉冲击力因素都成为引发舆论的必备因素。如引发网络舆论风潮的重庆“最牛钉子户”事件，就与一照片有密切关系。在此之前“拆迁钉子户”已经屡见不鲜，媒体也时有报道，这家重庆的“钉子户”在网上走红之前，当地媒体也有报道，但都没引起网民的关注。三月初，在网上各大论坛开始流传一个帖子，题目是《史上最牛的钉子户》，帖子的内容就是一张图片：一个被挖成 10 米深大坑的楼盘地基正中央，孤零零地立着一栋二层小楼，犹如大海中的一叶孤舟。重庆网友将其命名为“史上最牛的钉子户”。可以说是这幅极具视觉冲击力的照片引发了这场舆论风暴。类似的情况还有许多，如“华南虎照”事件、闫德利事件、北京站售票员大量出票事件、成都公交燃烧、中华女事件等，有些热点事件虽然不是首先由视觉冲击引发的，但在事件过程中，一些视频、图片的迅速跟进起到了推波助澜的作用。还有一些网络热点事件虽然不具备富有视觉冲击力的图像，但被冠以富有视觉感应力的语言标签，也很具感召力，如“跨省追捕”“开胸验肺”“躲猫猫”“楼脆脆”“临时性强奸”“6 连号”等。

其次，视觉冲击力的附着因素。具有视觉冲击力的人物、事件能够引发人们的关注，这是引发舆论的第一步。而要真正成为具有生命力的网络舆论的客体，还需要可视性以外的其他因素的加入。这些附着因素可归纳为：社会价值与社会敏感因素、分歧性因素；冲突性因素、新奇反常因素、曲折性因素等等。社会价值与社会敏感因素，是指某人某事具有一定的社会意义并触及了某种比较敏感的社会问题；分歧性因素，指大家的对某人某事的观点存在着诸多的不一致；冲突性因素，就是围绕着某人、某事存在着比较显著的矛盾冲突包括利益冲突、态度冲突、行为冲突等；新奇反常因素，指围绕某人某事存在着一些违反常态的一些现象或问题，令人好奇；曲折性因素，指人物的命运、事件的发展过程一波三折，总有新情况发生，让人牵挂，盼水落石出。

在这些附着性因素中，“社会价值与社会敏感”因素是唯一必要因素。很多网络红人不能走太远，有的是因为缺乏社会价值（如芙蓉姐姐），有的则是虽有一定的社会价值但没有触及社会敏感（如糖葫芦西施、最美 90 后售票员）。“犀利哥”算是走得比较远一点的红人，因为他有一定的社会价值——引导人们关注弱势群体，也算是触及了一点社会敏感——对久违的“犀利”的渴望。至于热点事件，几乎无一例外地都包含了这一因素，有些热点事件仅具备这一要素。当然，在具备这一必要因素的前提下，再具备其余因素中的一个或几个，舆论的时空跨度将大为增强。仅以“华南虎照”事件为例，这场由一张小小照片引发的舆论风潮在网上持续了将近一年的时间，恐怕是目前持续时间最长的网络舆论。作为舆论客体的华南虎事件几乎占尽了所有附着性因素。其社会价值和社会敏感因素在于“追求真相”和“政府的公信力”，挺虎派与打虎派的观点对立、利益对立具有鲜明的冲突性，围绕虎照和虎照拍摄者周正龙的言行可谓疑窦丛生、反常怪异，而对虎照真假的鉴定过程和周正龙的命运也可谓一波三折。

（三）网络舆论过程：非理性过程与理性趋向

网络舆论的理性与非理性问题可以说是有关网络舆论讨论中的焦点问题之一，这个问题也关乎对网络舆论本质特征的认识问题。多数人认为网络舆论存在比较突出的非理性问题，在对网络舆论的“非理性”进行分析、探讨的过程中，出现了“网络暴民”“网络暴力”的说法。的确，网络舆论的非理性表现曾一度很突出，“铜须门”“虐猫”“史上最毒后妈”“卖身救母”等一系列网络舆论事件连续发生，在这些事件中，网民的盲目性、极端性、情绪性等非理性的表现比较明显。但是，在非理性之外，网民也有着理性的诉求与表现。

那么，网络舆论究竟是理性的，还是非理性的？回答这个问题的关键是回答者的立足点或视点。任何舆论都表现为从酝酿、产生、发展、形成到衰弱、消亡的过程，在这个过程中既存在着理性因素，也存在着非理性因素。舆论就像一条河，如果仅截取它的一个横截面或一瞬，看到的很可能是要么理性、要么非理性；如果登高纵览，看到的则大不一样：网络舆论既不是完全理性的，也不是完全非理性的，而是呈现出“非理性的过程和理性的趋向”的特征。这就是说，不能静止地看待网络舆论中理性与非理性，而是把理性与非理性放在网络舆论的动态过程中去考察。所谓“非理性过程”即非理性主要存在于网络舆论发生、发展到形成的过程中，或者说网络舆论在形成过程中总是免不了伴随着非理性的因素；所谓“理性趋向”指理性是网络舆论发展的最终归宿，或者说网络舆论最终体现为理性。如，2007 年“孕妇之死”事件中，刚开始网络舆论的重点集中在声讨肖志军和医院的不作为上。但随着《新京报》和央视等媒体的深入调查分析，网友的意见逐渐呈现多元化趋势，在这种多元化的舆论氛围中，网友从对事件的情绪发泄转而到反思现实生活中医患关系恶化的根源，呼吁建立和谐的医患关系，真正触及事件的解决之道，从而使得网络舆论更加地理性化。

从近两年我国网络舆论的情况看，多数网络舆论都是理性收场，一些重大的网络舆论所形成的观点、意见得到社会和政府的重视，对中国社会的和谐发展发挥了重要作用。有学者以参与式观察、内容分析和问卷调查的方法，对某件网络舆论个案进行实证研究，结果发现：在网络舆论的爆发期，网民的言论以非理性言论为主；舆论的发展期，理性的言论逐渐增强，与非理性的言论进行交锋；舆论平息期，理性言论逐渐增强，非理性的言论逐渐减弱，理性声音唱主角①。这一个案具有典型性。

①孙凤、郑欣：《理性与非理性之辩：网络集群行为的产生及其演变》，《南京邮电大学学报》2009 年第 3 期。

第三节　网络舆论与网民心理

舆论代表着民意，网络舆论在很大程度上反映着民意。网络舆论的主体是网民，网络舆论的形成是网民心理的互动过程。网民心理因网络环境或网络生态的作用，形成了有别于真实环境下的社会心理。网络舆论的形态、走向、特点，都有网民心理作用和影响。

一、网民心理

网民心理，指网络使用者在网络生活中形成的心理或行为。网民心理是网络心理的重要组成部分，网络心理“是指因网络传播而引起的人的心理和行为的发生、发展的特点及其规律”①，在很多时候，人们把“网络心理等同于网民心理”。实际上，网络心理至少包括网民心理、意见领袖心理、网络媒体从业者心理、网络管理者心理等，但除了网民心理，对其他群体的网络心理的研究极少。

迄今为止，学界对网民心理的研究在网络研究中所占分量还比较轻。尽管一些学者意识到网民心理的重要性，但从网民心理角度研究网络舆论的成果也比较少。对网民心理的研究可归纳为网民的一般心理、网络群体心理以及特定网络环境中的网民心理三个方面。

（一）网民一般心理

所谓网民一般心理，即所有网民所具有的共同心理及其特

①刘京林：《中国网络心理研究综述》，《湖南大众传媒职业技术学院学报》2009年第5期。

征。对网民一般心理的研究是三个方面研究中数量最少的，有代表性的论文也不多。这方面的研究主题可分为：网民的心理特点、网民的心理趋向、网民的心理问题。

探讨网民一般心理最早的一篇论文《网民心理初探》（李春华等，1998）阐述了网民上网的动机，并分析了各类网民的心理特点。文章认为，网民上网的动机主要有：自我实现需要、社交需要、休闲消遣需要，这三种需要其实并非网民的特殊需要，作为传统媒体的受众也有这些需要。文章把网民分为精英型、社交型、娱乐型、平均型和沉溺型五种。精英型网民“对网络服务的要求更高”；社交型网民很可能存在程度不等的社交心理障碍，而网络的隐匿性使原有的社交心理障碍消失，他们便更多地有随心所欲的快感；娱乐型是放松、享受生活的一类网民，上网是这类网民最偏爱的娱乐方式；平均型是理智使用网络、计算机说平平平、上网偏低的一类网民；沉溺型往往是智商不低、情商较低、意志薄弱、责任感差、有明显的社会逃避倾向的一类网民。这篇论文反映了网络发展初期在网民中出现的一些心理现象。

随着网络的发展，网民人数的剧增和网络生活的加深，网民心理更为复杂多样，网民心理对网络生活的影响也越来越明显。《网民心理特征分析》（毕宏音，2006）一文把网民心理特征概括为九种：渴求新知的心理；猎奇探究的心理；彰显个性的心理；娱乐时尚的心理；减压宣泄的心理；跟风从众的心理；平等参与的心理；渴望创新的心理；追求自我实现的心理。这九种心理特征主要还是依据心理学的相关理论提出的，对网民网络心理生活的实际参照不足。《从一起网络谣言看网民态度的基本特征》（王恩界，王盈，2010）一文则通过个案分析，归纳出了网民的几种心理特征：“窥私欲”泛滥；轻信负面信息；泛政治化；道德批评的极端传统化，这四种心理特征都是具有消极倾向的心理现象，可能不具普遍性，但有一定的代表性。

对网民心理倾向、网民心理问题的研究数量极少，还未成型，在此不作归纳。

（二）网民的群体心理

中国网民人数已经突破5亿，早已成为网络社会，网民也分化出具有相对独立性和稳定性的多种群体。网民群体可分为草根群体和精英群体，按照网络活跃程度可分为一般网民和网络意见领袖，按照社会特征可分为学生网民、白领网民和蓝领网民，按照居住地可分为城市网民与农村网民，按照行政区又可分为多层次、多种类的区域性网民，如东部较发达区的网民、中部一般发达区的网民、西部欠发达区的网民。

不同网络群体的网民具有不同的心理。对各种网民群体心理的研究还比较少，研究数量相对较多的是对学生网民群体的心理研究，其次是对网络意见领袖心理与行为的研究，其他网民群体的心理研究几乎还没有。

在我国网民中，学生网民人数一直占有绝对优势。中国互联网信息中心发布的统计报告显示，前些年学生网民约占网民总体的三分之一，近两年学生网民也占总网民的四分之一。这可能是对学生网民心理研究较多的原因所在。对学生网民心理的研究多集中于对大学生网民的心理研究，研究主题主要有：大学生上网的动机、大学生网络心理特点、大学生网络心理问题与心理健康。求社会支持、获得心理满足、获得充分的自由被认为是大学生上网的主要动机，这三个动机的确反映了青年学生的特点。苗青等所作《大学生网络交往调查研究》以问卷调查辅以访谈的方法，获得较为可靠的数据，在数据基础上归纳出大学生网络心理特点，即网络依恋心理、多样化心理、弱势心理、尝试求新心理、求同心理、情感心理、美化心理及性别差异心理。网上沉溺（主要包括网恋与恋网）、人际交往受阻、感情冷漠（王蔚，彭永新，2001）被认为是大学生上网产生的主要心理问题，对网瘾即网络沉溺的研究比较多。大学生网络成瘾的心理表现有：信息选择失度、情感自我迷失、道德意志弱化、行为角色混淆、网络人格异常（丘杰，2003）。学校的学习生活环境（集体生活中相互传染）、角色转换不适应（如大一学生对网络的依赖程度最高）、心理特质（孤独、抑郁、内向、敏感、自我管理与约束能力差、纪律性不强、渴望成功和自我实现等）是大学生网络成瘾的主要原因（刘成运，陈岳虹，2008）

意见领袖在网络中扮演着举足轻重的角色，对意见领袖的研究比较受重视，但对网络领袖心理的研究还很少。《意见领袖存在的深层心理动因》（侯利强，2006）一文认为“信息占有与再生产为意见领袖带来快感”、“‘赢得尊重’为意见领袖带来成就感”和“英雄情结”是成就网络舆论领袖的主要心理动因。意见领袖应该具备哪些基本素养？消息灵通、政治敏感、专业性敏感、熟悉网络技术与规则、网络参与度高、良好的表达能力和沟通能力、鼓动力或感染力等是被反复提及的作为网络意见领袖应具备的素养。有学者对微博中的意见领袖做了专门探讨，认为粉丝超过 1 万的微博主便可被看作是意见领袖，微博上的意见领袖基本可以分为四类：娱乐型、评论型、专业型、综合型，并认为微博时代的意见领袖有低俗化倾向。（朱宏，王丽，2011）。也有学者专门探讨“大学生网络意见领袖”问题，涉及大学生意见领袖的作用、影响等。

（三）特定网络环境中的网民心理

网络是一个丰富多彩的世界，无数网站和网页为网民构建了形形色色的网络生活空间，不同的网络空间构建了各自不同的场域、行为方式和心理。这方面的研究范围很广，包括聊天心理、论坛心理、博客心理、微博心理、网络游戏心理、社交网络心理、网络舆论心理等，这些方面都有所研究，但成果数量都还比较少。

网络聊天心理主要指网络聊天的动机、网络聊天对网民心理与行为的影响。这方面的研究以研究青少年或大学生网络聊天为主，研究课题还不多。网络聊天中“匿名心理”对青少年社会化的影响、网络聊天中的信任与谎言问题都有相关研究成果。《试析博客传播中的自我暴露心理》（申凡，肖丹，2011）分析了导致博客自我暴露的心理因素和网络环境因素；《大学生博客行为的心理分析》（肖潇，丁成标，2007）分析了大学生博客依赖心理。《大学生微博心理及对心理健康教育的启示》（李春伟，张熹，2012）一文分析了大学生微博使用心理，即宣泄情绪、满足自尊、调整自我以及“微博控”心理，有的论文还分析了微博受众使用微博的心理、微博广告受众心理等。对网络狂欢心理、网络游戏心理、网络购物心理等课题也有一定的研究成果。网络舆论心理方面的研究在下文中详细论述。

二、网民心理对网络舆论的影响

网民心理是影响网络舆论的重要因素。早在上个世纪70年代，德国社会心理学家诺依曼就提出了“沉默的螺旋理论”，认为个人意见的表达是一个社会心理过程，“害怕孤立”的心理使人不敢说出不属于多数意见的意见，这就一方面使一方的意见（被认为是多数）声音越来越大，而另一方（被认为是少数）的意见越来越沉默下去。"沉默的螺旋理论"揭示了由于"从众心理"的作用，舆论可能反映多数人的意见，也可能反映"假像多数"人的意见。

但是，"沉默的螺旋理论"是否适用于网络呢？有学者提出"反沉默螺旋"的概念，认为网络舆论具有"反沉默螺旋"的特征。反沉默螺旋，指在网络社会中自我高度确信为"少数派"者通过网络发言引发网民的反向思维，从而使"沉默的螺旋"迅速倒戈，形成"反沉默螺旋模式"。有些论文以个案分析，说明网络舆论中的"反沉默螺旋"现象，如有文章认为，在"华南虎照"事件中，"打虎派"与"挺虎派"的交锋与对峙持续了很长时间，尽管"打虎派"在网上一开始就占有明显的或绝对的优势，但"挺虎派"的声音一直存在①。然而，也有学者认为在网络舆论中"沉默的螺旋"依然存在，或者说因"畏惧孤立"而沉默的心理依然在部分网民中存在。

在有关网络舆论的探讨中，网络舆论非理性问题受到较多的关注，一些研究论文也往往从网民心理的角度分析导致网络舆论非理性的原因。自我认同、固有成见、好奇心与窥视欲、争做"舆论领袖"的强烈欲望被认为是导致网络舆论非理性的个体心理原因，而群体压力与趋同心理、群体暗示与匿名心理、被认为是导致网络舆论非理性的群体心理②。

①华汝国、顾淑臻：《浅论"虎照事件"传播中的"反沉默螺旋"》，人民网—传媒频道 2008－01－21/18：32。

②郭晶：《网络非理性舆论中的网民心理探析》，《河南工业大学学报（社会科学版）》2011 年第 4 期。

三、本书的研究框架

本书以七章的篇幅，以问卷调查、个案分析、文献分析等方法对网民的基本心理与行为进行描述与归纳，并基于网民心理系统阐述了网络舆论形成的机制、网络舆论的偏差问题、群体及群体心理对网络舆论的重要影响、意见领袖对网络舆论的影响、网络舆论的引导和网民的媒介素养等。这个研究框架既不是以网络舆论为框架的心理学解读，也不是以心理学为框架的舆论学剖析，本书的框架可以概括为网络舆论中的心理问题研究，着眼于网络舆论中与心理关系密切的问题。

《第二章　网民的心理与行为》通过问卷调查，归纳了网民的触媒取向、网络发言的动机、方式、发言内容的偏好、对各种信源的信任取向及对社会群体的信任取向等。网络不仅是网民用的最多的媒体，也是他们最信任的媒体；微博的使用率最高，但微博使用的舆论意识不强；论坛的使用率低于微博，但使用论坛的舆论意识却强于微博，提醒我们不能忽视论坛的舆论功能。网民低估自己在网络舆论中的作用，再加上网络环境与网络技术的作用，在行为上便显示出随意性、从众性的特点。这就提醒我们，对网络舆论的引导是个系统工程，需从网络环境、网络技术的改善和网民的媒介素质教育等多方面做起。

《第三章　网络舆论形成的心理机制》从网络舆论的启动、议题的形成和网民争议这三个层面分析了网络舆论形成的心理机制，认为网络舆论启动中非理性因素具有促动作用，对非理性因素不能一概否定；人的知觉的选择性、显著性特征为议题的形成提供了认知基础，而社会心理与社会现实的共振使议题得以形成；网络争议显示出热烈或激烈的特点，是由于网络环境使网民“自我表现”“认同心理”“追求心理平衡”等心理更为突出的表现。

《第四章　网络舆论偏差的心理动因》通过归纳梳理中外学者对舆论的认识与评价，说明“舆论作为一个终极的结论，总会放射出真知与真理的光辉。而舆论作为一个过程，总是伴随着真理与错误的纠缠，总会出现这样那样的偏差。”本章把网络舆论偏差的表现归纳为“网络舆论暴力、过度人肉搜索、和情绪化表达”三种情况，而导致这些网络舆论偏差的心理因素可归纳为“轻信、剧情、曲解和偏恶”等心理偏差，并分析了导致这些心理偏差的深层心理——认知图式。

《第五章　群体效应与网络舆论》把“网络群体”看作是构成网络舆论主体即网民的基本单位，阐述了网络群体心理对网络舆论的多方面的影响。网络舆论的“热舆论”“热效能”现象是群体认同效应在网络中得以强化的结果；群体的非理性效应——网络围观，以其正义的激情形成了对非正义的舆论监督；而群体图式的偏差和群体极化效应也导致网络舆论的偏见。而要破除网络群体的负效应，应从防止网络群体过分封闭化入手，强化对意见领袖的多元化建构，树立政府网站、主流媒体的权威性。

《第六章　网络舆论中的意见领袖》阐述了作为网络舆论形成与发展重要机制的意见领袖，在网络舆论兴起、发展中发挥的功能或扮演的角色，以及不同类型意见领袖的特质及不同的影响与作用。众多网络意见领袖有着各自鲜明的个性与风格，但他们却都具备一些最基本的素养，如新闻敏感强、思想敏锐、社会威望高、善于表达等。

《第七章　网络舆论引导与网民心理》以积极心理学为理论框架，阐明网络舆论引导的可行性；分析了网络舆论存在的突出问题及其社会心理根源。政府与媒体是实施网络舆论引导的中坚力量，构建对待网络舆论的积极心态是正确引导网络舆论的前提，这些积极心态括包宽容心态、坦诚心态、主动心态等；对网络舆论的引导也首先从构建网民的积极心态入手，网民的积极心态包括平和的心态、宽容的心态、信任心态、自律心态等。其次，要善于利用心理效应引导舆论，如首因效应、近因效应、自己人效应、名人效应、视觉偏好、破窗效应等。

《第八章　网络舆论与网民的媒介素养》依据本次问卷调查的相关数据以及现有的相关研究成果，分析了我国网民媒介素养方面存在的诸多问题，如责任意识淡薄，“真实性”原则淡漠、情绪化、自律意识差、独立批判性差等，并分析了产生这些问题的根源即网民对媒介的认知偏差和理念偏差。本章第三节进一步阐述了在我国实施网络媒介素养教育的必要性，以及实施网络媒介素养教育的理念、方式与原则。

本章小结

心理学是所有人文社会学科的母体，舆论学早已吸收了心理学的营养。意见，作为舆论的本体，在很大程度上是民意的反映，所谓民心所向；舆论的运动，作为舆论形成的过程，是各种社会心理交互作用的过程；网络舆论引导，作为一种社会控制，对社会心理、网民心理的洞悉、构建与介入，是实施网络舆论引导的根本。已有的关于网民心理的研究、对网络舆情的分析，为本书系统研究网民心理与网络舆论的关系、探索以网民心理为基础的网络舆论引导策略提供了必要的保障。

第二章　网民的行为与心理

网民的“行为与心理”作为网络舆论重要动因或分析网络舆论的重要依据，是本项研究的基本命题之一。行为与心理互为表里——行为是心理的表现，而心理是行为的依据。本课题拟通过对网民的问卷调查，获知网民的基本网络行为、与网络舆论相关的网络行为，从而分析网民的心理。为了了解网民的意见表达行为与心理特点，我们设计了调查问卷。该调查问卷的 α 系数为 0.745，表明此表的内部一致性为佳。调查问卷涉及网民媒体接触行为、网民网络发言的情况、网民对网络言论的看法、网民信任取向、网民社会印象五部分内容，KMO 值分别为为 0.502、0.44、0.444、0.637、0.752。采用了分层抽样与滚雪球抽样相结合的方法，共发放问卷 650 份，回收有效问卷 540 份。其中学生占 49.6%，党政事业单位领导党政事业单位一般职员占 6.1%，企业、公司管理人员占 6.5%，企业、公司一般职员占 10%，专业技术人员占 7.6%，工人 4.6%，个体户、自由职业占 6.9%，商业服务人员占 1.1%，无业、失业者占 4.6%，其他 0.9%。

第一节　网民的媒体接触与网络的使用

一、网民的媒体接触时间

网民的媒体接触指网民接触媒体的时间、接触媒体的动机、接触媒体的方式、媒体偏好等。在上网、读报、看电视、读书、听广播这五项中，被调查对象平均每天用于上网的时间最长。问卷中“你每天平均用于媒体的时间?”：“0 小时”记为1，“1 小时以下”记为2，“1－2 小时”记为3，“2－3 小时”记为4，“3－4 小时”记为5，“4 小时以上”记为6。调查结果显示，网民平均每天接触时间均值为3.58，标准差为1.337；其次是读书均值为3.04，标准差为1.372；平均每天接触时间第三是电视，均值为2.23，标准差为1.166；网民平均每天用于媒体的时间均值、标准差、方差、偏度、峰度见下表2－1：

表2－1　网民用于媒体接触的时间

您使用媒介的时间	均值		标准差	方差	偏度		峰度	
	统计量	标准误	统计量	统计量	统计量	标准误	统计量	标准误
上网时间	3.58	.058	1.337	1.788	.529	.105	－.893	.210
看电视的时间	2.23	.050	1.166	1.359	.919	.105	.671	.210
读报时间	1.79	.031	.720	.518	1.095	.105	3.152	.210
听广播的时间	1.54	.034	.798	.637	2.091	.105	6.566	.210
读书的时间	3.04	.059	1.372	1.884	.724	.105	－.285	.210

从表2－1可以看出，读书时间（均值为3.04）仅次于上网时间（均值3.58），远高于看电视、读报和听广播的时间，可能与样本中学生比例较大有关。

二、网民如何使用博客

博客是网民意见表达的重要方式之一。据《第28次中国互联网络发展状况统计报告》显示，截止到2011年6月，我国博客用户数量达到了3.18亿，在2010年底的用户数量基础上增加了2318万，实现了7.9%的涨幅，并且在使用率上达到了65.5%，成为互联网信息获取应用方式中仅次于即时通讯的第二大方式。但是，随着微博等新平台的出现，博客的使用率有所降低，具体见表2－2。

表2－2　网民的博客使用率

		频率	百分比	有效百分比	累积百分比
你如何使用博客？	几乎不用	270	50	50.2	50.4
	偶尔用	130	24.1	24.2	74.5
	不经常	80	14.8	14.9	89.4
	经常	57	10.6	10.6	100
合计		540	100		

从表2－2可以看出，在参与本次调查的540网友中，几乎不用的占50%，偶尔用的占24.1%，不经常用占14.8%，经常用占10.6%。未来博客的走向如何，还有待观察。

表2－3　网民是否在意自己博客的点击率

		频率	百分比%	有效百分比%	累积百分比%
您是否在意您的博客的点击率？	一点不在意	243	45	45.3	45.4
	不太在意	161	29.8	30	75.4
	一般	90	16.7	16.8	92.2
	比较在意	33	6.1	6.1	98.3
	很在意	9	1.7	1.7	100
合计		540	100		

从表2－3可以看出，大多数网友不在意自己的博客的点击率。表示一点不在意的占45.3%，表示比较在意和很在意的不到10%。可见，大多数网民写博客的舆论意识并不强。

这在下一个问题的结果得到了印证。

从图 2－1 可以看出，大多数网友写博客的主要目的是为了与更多的人分享和自娱自乐，也有小部分网友是为了表达自己影响别人，或显示自己的才华，或让更多的人认识、欣赏自己，或作为一个公民向政府、社会谏言、或宣泄一下情绪的工具。

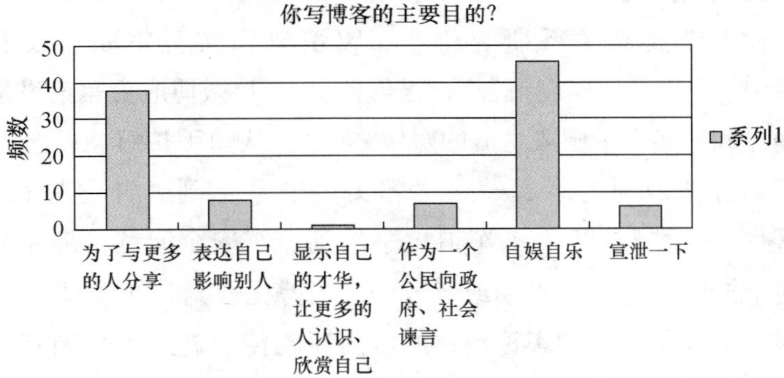

图 2－1　使用博客的主要目的

博客作为一种自媒体，其在网络空间所发布的信息，呈现出自由化和多元化的特点，也是一种更为迅速、便捷的民意表达。尽管网民在博客使用上影响舆论的意识并不强，但博客在一定程度上对于传统媒体掌握的舆论形成与舆论引导形成了冲击，在某种程度上成为了一种干预现实的力量。这种干预力量有时是正面的，具有建设性；有时是负面的，具有破坏性。当我们能够很好的使用它的时候，它会成为舆情引导、舆论监督的有效手段。当它失去应有的控制的时候，又会成为别有用心者泄愤和报复的工具。

三、网民微博使用行为及特点

据中国互联网络信息中心（CNNIC）发布的《第29次中国互联网络发展状况统计报告》显示，截至2011年12月底，我国微博用户数达到2.5亿，较上一年底增长了296.0%，网民的微博使用率为48.7%。微博用一年时间发展成为近一半中国网民使用的重要互联网应用。① 2011年12月20日，上海交通大学公共关系研究中心、舆情研究实验室联合发布《2011中国微博年度报告》，报告称2011年微博成为舆论风暴中心和事实上中国最主流的媒体之一②。从随手拍解救行乞儿童到各种捐助的召起、从“郭美美炫富”到“开房局长”事件、从“7·23”动车追尾事故到校车安全问题，都在微博上酝酿、发酵、推动或者改变。微博凭借其“裂变式”的传播形成了巨大的舆论场，中国的新闻传播进入了名副其实的“微博时代”。目前，微博在客观上发挥了较为强大的舆论功能，这种功能的发挥要具有稳定性、长久性，有赖于微博使用者的意志与行为。那么，微博使用者的意志与行为如何？

1. 网民使用微博的动机

网友使用微博的目的主要为了增长见闻和思想交流，其次为打发时间、发布信息，第三是交友和排解寂寞，具体如下图2－2：

①《第29次互联网报告：网民互联网应用状况》，http://tech.163.com/12/0116/12/7NT123EH00094MD5.html 网易科技频道2012－01－16。

②吴凯、王剑锋：《2011中国微博年度报告》，http://tech.hexun.com/2011－12－21/136531967.html 和讯网2011－12－21。

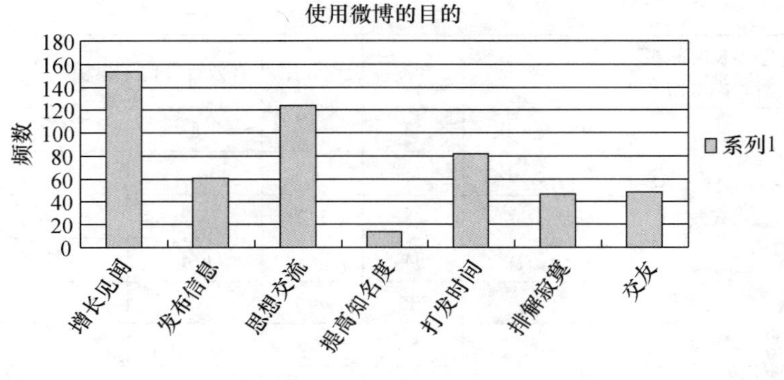

图 2－2　使用微博客的动机频数图

在调查的 540 名网友中，为增长见闻开设微博占 28. 33%，发布信息占 11. 30%；思想交流占 22. 96%，提高知名度占 2. 59%，打发时间占 15. 55%，排解寂寞占 8. 70%，交友占 9. 07%。前三项都与网络舆论有关，合计为 62. 59%，说明网民在使用微博上的舆论行为倾向还是比较突出的。

大部分网友微博更新的频率并不高。一个月更新一次微博的网友占 38. 5%，半个月更新一次微博的网友占 10. 6%，十天更新一次微博的网友占 6. 2%，一周更新一次微博的网友占 10. 5%，四五天更新一次微博的网友占 8. 0%，两三天更新一次微博的网友占 14. 1%，一天一次占 5. 2%，一天数次占 6. 3%，具体如下表 2－4：

表 2－4　网民微博的更新频率

您多长时间更新一次微博?		频率	百分比	有效百分比	累积百分比
有效	一个月一次	208	38. 5	38. 9	38. 9
	半个月一次	57	10. 6	10. 7	49. 5
	十天一次	33	6. 1	6. 2	55. 7
	一周一次	56	10. 4	10. 5	66. 2

续表

您多长时间更新一次微博?		频率	百分比	有效百分比	累积百分比
有效	四五天一次	43	8	8	74.2
	两三天一次	76	14.1	14.2	88.4
	一天一次	28	5.2	5.2	93.6
	一天数次	34	6.3	6.4	100
	合计	535	99.1	100	
缺失	系统	5	0.9		
合计	540	100			

2. 网民微博的粉丝量

大部分的网友粉丝量较少。其中80.9%的网友粉丝量在100以下，13.0%的网友粉丝量在101—1000之间，3.1%的网友粉丝量在1001—5000，1.8%的网友粉丝量在5001—10000之间，1.1%的网友粉丝量在10000以上，具体如下表2-5：

表2-5 网民微博粉丝量的频数表

		频率	百分比	有效百分比	累积百分比
有效	100名以下	437	80.9	81.7	81.7
	101——1000	70	13	13.1	94.8
	1001——5000	17	3.1	3.2	97.9
	5001——10000	10	1.8	1.8	98.9
	10000以上	6	1.1	1.1	100
合计		540	100		

绝大部分网友不在乎粉丝量的多少。不在乎粉丝的多少占48.7%，不太在乎占23.7%，很在乎只占2.2%。

从网民微博更新频率的情况和网民微博的粉丝量情况看，多数网民在微博中的角色定位还是“被动的参与者”，具有一定程度的“看客”心理。

3. 网民微博的关注量

被调查者中，75.4%的网友关注范围在100以下，13.1%的网友关注范围在101—200之间，6.5%的网友关注范围在201—300之间，1.7%的网友关注范围在301—400之间，0.6%的网友关注范围在401—500之间，2.87%的网友关注范围在500以上。

网友的关注对象多为草根用户，其次是朋友的微博，第三为媒体微博，具体如下图：

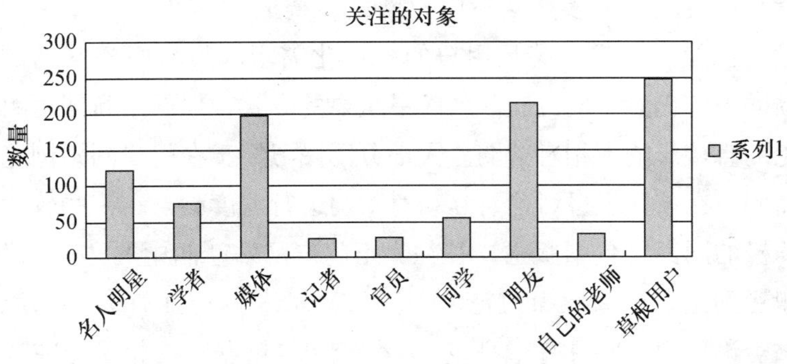

图2－3　网民微博关注对象的频数图

从图2－3可以看出，网民的关注从高到低依次是草根用户（45.93%）、朋友的微博（40%）、媒体微博（36.60%）、名人明星的微博（22.60%）、学者微博（14.70%）、同学微博（10.19%）老师微博（5.90%）、官员微博（5.10%）、记者微博（5.00%）。由此可以看出，对网民容易形成影响力的依次是：草根网友、朋友、媒体、名人明星、学者、同学、官员、记者。从中也可以看出网民“非权威”“或非精英”心理，即不崇拜权威、不崇拜精英的心理。当然，这与目前一些权威或精英的道德表现、专业表现欠佳的实际情况也有关系。

四、网民对网络论坛的使用情况

网络论坛在微博出现之前，在较长一段时间内，在网络舆论中扮演者重要角色。很多网络舆论的发起、发酵以及扩散都离不开网络论坛，如天涯论坛、强国社区、凯迪社区等。网络论坛虽然是虚拟的，但其对网民的影响、对网络舆论的影响却是实实在在的。

web2.0 时代，门户网站影响力相对减弱，因为网民获取信息的方式更加多样化，门户网站传统的“编辑－发布－阅读”的模式，难以满足用户的多样化需求。虽然门户网站的新闻内容仍然是网民获取新闻最重要的方式，但网站新闻对舆论的直接影响力相对减弱。大部分网民习惯于在门户网站浏览新闻，在论坛通过讨论、互动对新闻进行深度参与。一些较为积极的网民（包括版主）往往会把门户网站新闻中的“亮点”搬运到论坛，供大家讨论。当然，论坛中也经常有大量的原贴。论坛中一些具有“亮点”“焦点”“热点”的帖子，在较短的时间就会集聚大量的“人气”，继而形成有一定强度的舆论，借助网络的“蝴蝶效应”，论坛舆论很快在网络中扩散。传统媒体的跟进，使网络舆论迅速扩展为社会舆论。近些年来，许多重大的新闻事件，如“周久耕案”、“局长香艳日记”、“杭州飙车案”都发源于网络社区，网络社区以不可抵挡的态势聚合人气，形成舆论场。

本次调查结果显示，部分网友经常光顾网络论坛。7.0%每天都去网络论坛，20.6%的网友有时去网络论坛，21.5%的网友偶尔去网络论坛，33.9%的网友基本不去网络论坛。16.9%的网友很少去。搜狐社区、新浪论坛、强国论坛、天涯论坛等成为网友经常光顾的论坛，具体如下图 2－4：

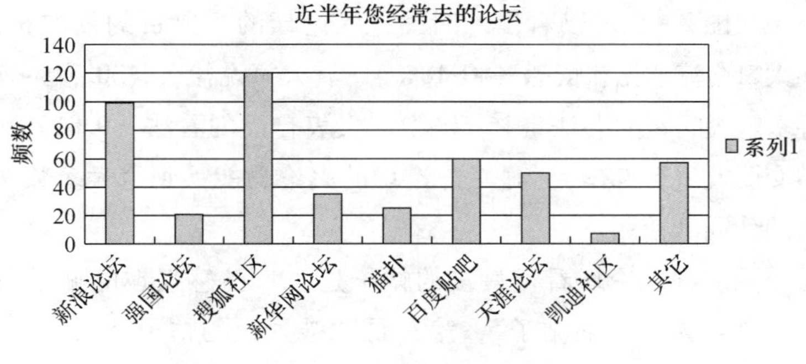

图2－4　网民常去的论坛频数图

13.30%的网友经常光顾新浪论坛，2.10%的网友经常光顾强国论坛，22.20%的网友经常光顾搜狐社区，6.48%的网友光顾新华网论坛，4.62%的网友经常光顾猫扑；11.10%的网友经常光顾百度贴吧，9.25%的网友光顾天涯论坛，1.30%的网友光顾凯迪社区，光顾其他论坛的网友占10.60%。

网友进入论坛的目的呈多样性，大部分网友进入论坛的目的是“和大家交流意见和情感”，还有部分网友是“看大家说什么”，具体如下图2－5：

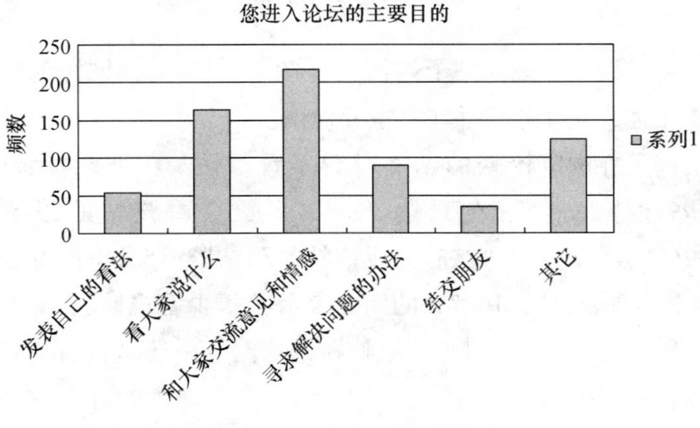

图2－5　网民进入论坛的动机频数图

从图 2－5 可以看出，网民进入论坛的主要目的依次是：和大家交流意见和情感（40. 18%）、看大家说什么（30. 37%）、寻求解决问题的办法（16. 60%）、发表自己的看法（9. 81%）、结交朋友（6. 48%），显然，论坛的舆论功能得到绝大多数网民的认同和使用。

网友进入论坛看得最多的帖子是“自己感兴趣的帖子”，其次是“人气旺的帖子”，第三是“被置顶的帖子”。具体如下图：

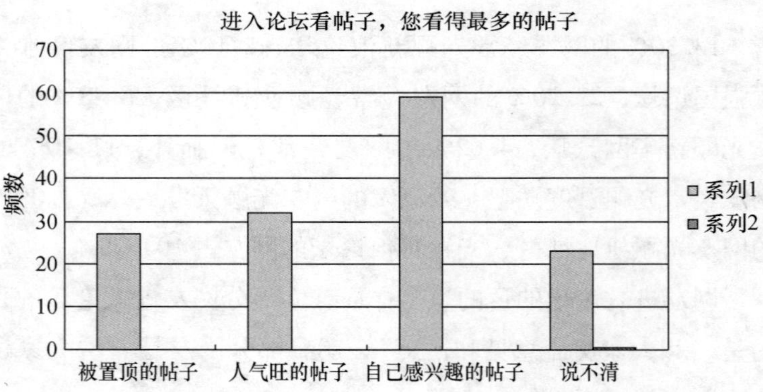

图 2－6　网民浏览论坛帖子的频数图

从网民浏览论坛帖子的情况（图 2－6）看，网民的自我意识较强，从众心理并非占主导地位。

网民在浏览论坛的帖文时看不看跟帖？在被调查者中，21. 9% 的网友表示在看帖子时“多数会看该帖的跟帖”，37. 2% 的网友表示“有时会看该帖的跟帖”，15. 2% 网友表示“基本不看跟帖”，16. 7% 的网友表示“很少看跟帖”，必看跟帖的网友占 7. 6%。可见，跟帖在论坛舆论中还是占有比较重要的位置。

网民如何评价自己在论坛中的角色？大部分的网友认为自

己是论坛中的“过客”和“微不足道的”。在被调查的网友中，54.4%认为自己是“论坛中的过客”，30.0%认为自己“在论坛中是微不足道的”，4.1%的网友认为自己“在论坛中有一定人气”，3.9%的网友认为自己“在论坛中经常能够影响他人”，6.6%的网友认为自己“是论坛的积极参与者”。这种心理在一定程度上反映了网络现实，即一个普通的网民在网络中得到认同或追捧是很不容易的；同时，网络的影响力来自每一个人，网民个体对自己的影响力多数处在不自觉的状态。

第二节　网民的网络发言及对网络言论的看法

互联网技术的发展不仅为新闻传播提供渠道和平台，也使得网友获得了更多的言论空间，在某种程度上缩小了不同社会群体成员“信息沟”的差距。在网络中，每个网友都可以成为对公共事件进行发言的“新意见阶层”的一员，突破了个体属性（如年龄、职业、受教育程度）的限制，这对于实现公众的知情权和言论表达权的意义无疑是重大的。微博、论坛、博客、新闻跟帖、SNS社交网络等已成为网友交流思想与表达意见渠道与平台。

一、网民网络发言特点

1. 网民的发言渠道

参与调查的网友中，25.18%网友通过微博表达意见，20.55%网友通过论坛表达意见，11.66%网友通过新闻跟帖表达意见，10.18%网友通过博客表达意见，通过SNS社交网络表达意见的占7.20%。详情如下图2－7：

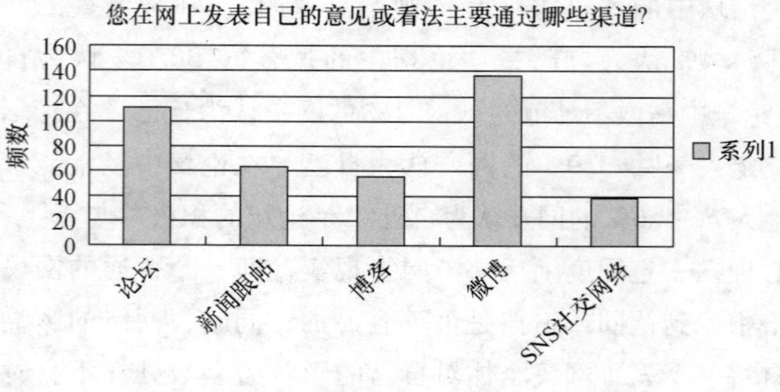

图 2－7　网民对发言渠道的选择频数图

除了图 2－7 所显示的发言渠道，可能还有其他渠道。中国青年报社会调查中心一项调查显示：对全国 30 个省（自治区、直辖市）的 3282 人进行的调查中，在使用微博客的人群中，87.3% 的人会上微博对公共事件发表意见。网络传播研究学者闵大洪认为："如果后续环节充分，一条微博可以做到核裂变式的广泛传播。"尽管微博具有去"中心化"、信息碎片化的特点，但对于公共性突发事件的"围观"现象并不少见，完全可以发挥动员和组织的作用，形成一定的舆论场域。

2. 网民发言的方式

多数情况下网友的网络发言是有感而发。在被调查的网友中，"有感而发，不想那么多"的网友占 58.7%，"深思熟虑后谨慎发言"的占 30%，认为"没必要认真考虑凑热闹发言"的占 13.6%。由此可以看出，网民发言的直率、坦白，也说明网民发言的情绪化特征。

然而，多数网民却表示喜欢"客观冷静型和乐观型发言"。在对网上言论的喜好上，被调查的网友中，52.0% 的网友喜欢“客观冷静型的发言”，30%的网友喜欢“乐观型的发言”，6.9%的网友喜欢“愤世嫉俗型发言”，喜欢其他类型发言的网友占11.1%。详情如下表2－6：

表2－6　网民对网络发言喜好的频数表

		频率	百分比	有效百分比	累积百分比
您喜欢哪种网络发言类型？	乐观型	162	30	30	30
	客观冷静型	281	52	52.2	82.3
	愤世嫉俗型	37	6.9	6.9	89.2
	其他	60	11.1	10.8	100
合计		540	100		

从表2－6可以看出，多数网民对网络发言的理性选择是“理性发言”，这与前面“多数网民喜欢有感而发”似乎有些矛盾。这说明，人的行为是具体的、情境化的。也就是说，行为对象的性质、特点或行为对象对行为人的刺激程度、周围人的行为，以及网络对网民行为的设置，很可能超越了网民对自己行为的理性控制。由此看出，改善网络生态环境，的确是迫在眉睫的事情。

二、网民对网络言论的看法

1. 网络舆论是否反映民意

大部分网民认为网络舆论能代表民意。在被调查的网友中，43.7%的网友认为网络舆论“一般能反映民意”，25.9%的网友认为网络舆论“多数能反映民意”，14.4%的网友认为网络舆论“少数能反映民意”，11.39%的网友认为网络舆论“能反映民意”，认为网络舆论“不能反映民意”的占4.4%。网民对网络舆论抱有基本肯定的态度。详情见表2－7：

表 2－7　网民对网络舆论是否反映民意的评价频数表

		频率	百分比	有效百分比	累积百分比
有效	1 不能	24	4. 4	4. 5	4. 5
	2 少数能	78	14. 4	14. 5	18. 9
	3 一般能	236	43. 7	43. 8	62. 7
	4 多数能	140	25. 9	26	88. 7
	5 能	61	11. 3	11. 3	100
合计		540	100		

2. 网民的网络发言是否有责任感

在被调查者中，29. 6% 的人认为网民的网络言论“多数是负责的”，43. 0% 的人认为网民的网络言论“一般是负责任的”，22. 4% 的人认为网民的网络言论“少数是负责的”，2. 2% 的网友认为网民的网络言论“都是负责的”，2. 5% 的网友认为网民的网络言论“没有负责的”。可以看出，网民对网民责任心的评估是比较高的，认为网民在进行网络发言上还是比较负责任的。

网民发言是否存在随大流的现象？在被调查者中，7. 4% 的网友非常同意“网上发言也是‘随大流’”的说法，31. 3% 的网友同意“网上发言一般会‘随大流’”的说法，26. 9% 的网友不太同意“网上发言也是‘随大流’”的说法，4. 3% 的网友不认为“网上发言也是‘随大流’”。总之，有将近 7 成的被调查者认同网上发言属于“随大流”，约 3 成被调查者不认同网上发言属于“随大流”。由此可见，在网络中“从众心理”依然是存在。网民们在网络发言中，一方面受到从众心理的影响，另一方面也认为别人的发言具有从众性。详情见表 2－8：

表 2－8　网民网络发言“随大流”看法的频数表

		频率	百分比	有效百分比	累积百分比
有效	1 很同意	40	7. 4	7. 4	7. 4
	2 比较同意	163	30. 2	30. 2	37. 6
	3 一般	169	31. 3	31. 3	68. 9
	4 不太同意	145	26. 9	26. 9	95. 7
	5 不同意	23	4. 3	4. 3	100
合计		540	100	100	

在网络发言中，网民能否站在客观、公正的立场上？在被调查者中，1. 3% 的网友认为“网民发表言论都能站在客观、公正的立场”，18. 1% 的网友认为“网民发表言论多数能站在客观、公正的立场”，45. 0% 的网友认为“网民发表言论一般能站在客观、公正的立场”，33. 7% 的网友认为“网民发表言论少数能站在客观、公正的立场”，1. 5% 的网友认为“网民发表言论没人能站在客观、公正的立场”。可见，约 65% 的被调查者认为多数网民能够站在客观、公正的立场发表意见。

综合以上被调查者对网民发言的责任心、“随大流”、客观公正的立场的评价，似有矛盾之处：网民一方面认为自己的发言是负责的、客观公正的，一方面又是“随大流”的。“随大流”实际上是不负责任的态度。之所以出现这种自相矛盾的评价，可能与文化有关。在很多中国人的心目中，“随大流”被认为是很正常，“随大流”可能并不被认为是不负责任的表现。

3. 网民发言的动机

网民们在网上写博客、发帖子、跟帖子的动机是什么？调查结果如下图 2－8：

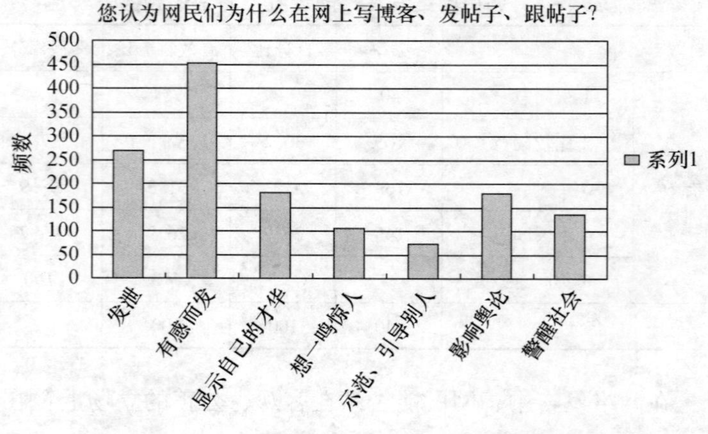

图 2－8　网民网络发言动机的频数图

从图 2－8 可以看出，关于网民写博客、发帖、跟帖的动机，依次为“有感而发”（83.9%）、“为了发泄”（49.8%）、“为了显示自己的才华”（33.5%）、“影响舆论”（33.3%）、“为了警醒社会”（25.2%）、“为了一鸣惊人”（19.6%），“为了示范、引导别人”（13.7%）。可见，网民使用网络的主要动机还是个人化的，即以自我表现为主，而社会化动机则处于次要地位，即多数网民还缺乏“舆论自觉”，舆论意识不强。

4. 对网络发言影响力的评价

网民网络发言有没有影响力？调查结果显示，38.9%的网友认为“只有那些受到很多人关注的言论才会有影响力”，25.6%的网友认为“影响力是看不见说不清的”，20.9%的网友认为“许多言论都是过眼烟云影响不了谁”；11.1%的网友认为“只要发言了就有影响力”，3.7%的网友认为“说了跟没说一样”，详见下表：

表2－9　网民对网络发言影响力评价的频数表

		频率	百分比	有效百分比	累积百分比
有效	1 说了跟没说一样	20	3.7	3.7	3.7
	2 许多言论都是过眼烟云，影响不了谁	113	20.9	20.9	24.6
	3 影响力是看不见，说不清的	138	25.6	25.6	50.2
	4 只有那些受到很多人关注的言论才会有影响力	210	38.9	38.9	89.1
	5 只要发言了，就有影响力	59	11.1	11.1	100

从表2－9可以看出，网民对网络发言影响力的估计还是偏低的。实际上，"只要发言了，就有影响力"是对的，但选此项的只有11.1%，而认为"网上发言没什么影响力"的达到24.6%。这说明网民的媒介素养有待提高。

5. 对网上发言渠道的评价

在网络中哪种发言渠道影响力大？在被调查者中，55.18%的人认为通过"博客"发言影响力大，33.15%的人认为通过"微博"发言影响力大，29.81%的网友认为通过"论坛"发言影响力大，24.25%的人认为通过"新闻跟帖"发言影响力大，7.60%的网友认为通过"SNS社交网站"发言影响力大，详见下图2－9：

本项调查的时间为2012年5—8月，此间微博用户已经远超博客用户，微博在舆论中的作用已经非常突出，为什么调查结果却是博客的影响力被排在微博的前面？可能的原因是：网民在判断影响力时的出发点更倾向于个人，微博的碎片化、信

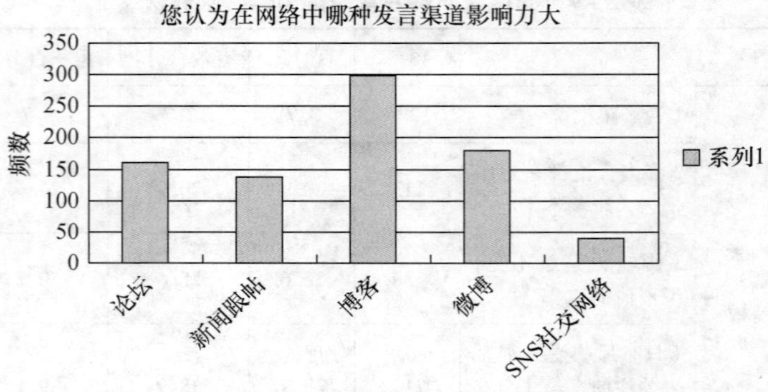

图2-9 网民对发言渠道影响力评价的频数图

息化，更像过眼烟云，很难在个人心中留下较深的印象；而博客的思想性强、知识性强，能够给人留下较深的印象。

第三节 网民的信任取向

信任，是一种无形的社会资源和力量。社会信任，是人们通过社会交往对社会、组织机构、个人信用、品质的一种评价或态度。信任，是形成正向舆论的基础；不信任，是形成负向舆论的祸根。了解、确定网民的信任取向，有助于把握网络舆论的动向，甚至可以在很大程度上预测网络舆论的走向。了解、确定网民的信任取向，也有助于对网络舆论的引导。

一、网民的媒体信任取向

对网民信任取向的测量，主要集中在两个方面：一为对各种信源的信任，二为对社会中各种人群的信任。问卷中的信源主要涉及媒体、政府官员、专家学者、名人明星、网友等。媒体又分为传统媒体与新媒体、国内媒体和国外媒体，政府官员分为各级官员、政府发言人、人大代表、政协委员等。问卷中社会各人群主要涉及媒介人物、警察、城管人员、80后与90后、明星、教师、医生、国企管理人员、记者、农民工等，这些社会群体都属于最近一段时期舆论比较关注的群体。

1. 哪些媒体更能反映真实情况

在被调查者中，有67.00%的人认为网络媒体更能够反映社会的真实情况，位居第一；55.37%的人认为国外媒体（外国的报纸、广播、电视、网络等）更能够反映社会的真实情况，位居第二；42.40%的人认为电视媒体更能够反映社会的真实情况，位居第三；40.74%的人认为报纸更能够反映社会的真实情况；36.85%的网友认为论坛更能够反映社会的真实情况；35.37%的网友认为微博更能够反映社会的真实情况；25%的网友认为广播更能够反映社会的真实情况；20%的网友认为政府网站更能够反映社会的真实情况；7.00%的网友认为博客更能够反映社会的真实情况；5.90%的网友认为播客更能够反映社会的真实情况，详见下图2－10：

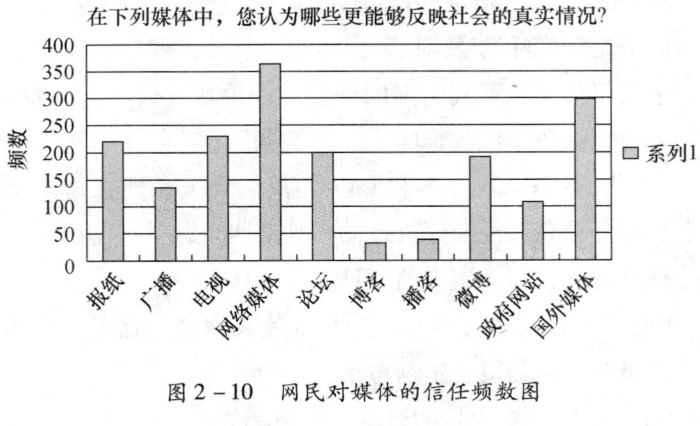

图2－10　网民对媒体的信任频数图

显然，网民对网络媒体的信任超过了对传统媒体的信任，对国外媒体的信任超过了对国内媒体的信任。这一结果应该引起国内媒体的警觉与反思。

2. 网民更相信哪些信源

问卷在测量网民对信源的信任程度时，还采用了比较法，即让被调查者在对不同信源的比较中进行选择。当媒体与网友的观点有根本矛盾时，不确定信任哪一方的网友占55.9%，选择“多数相信网民”的占20%，选择“多数相信媒体”的占12%；选择“当然相信网民”的占8.9%，只有2.8%的网友选择“当然信任媒体”。可见，相对来看，当媒体与网友的观点发生矛盾时，网民们在犹豫不决的同时，还是更倾向于相信网友。

当自己的观点与多数网民的观点不一致时，在被调查者中，47.0%的人不确定信任哪一方，“多半相信自己”的占34.3%，“当然是相信自己”的占12.4%，当然是相信网民的占2.8%，多半是相信网民占3.5%。可见，网民在犹豫不决的同时，还是比较倾向于相信自己。

3. 网民对几种信源的评价

以下是问卷中涉及对媒体、网络论坛、微博、专家、网友、亲友等信源从不同角度的评价，评价梯度为“非常反对、比较反对、一般、比较赞同、非常赞同”，依次得1分、2分、3分、4分、5分。Q4－6和Q4－7反向计分，即在这两个题项上，得分越高，说明评价越低，其余四个题项正向得分，即得分越高评价越高。调查结果见表2－10。

Q4_ 5：在一些有争议的公共事务或社会问题上，媒体的意见对很多人还是很有影响力；

Q4_ 6. 网络中论坛的影响力在下降的；

Q4_ 7. 粉丝量大的微博用户影响力不一定大；

Q4_ 8. 网络中，多数网友还是看重专家学者的意见；

Q4_ 9 网络中无论是谁，只要你有真知灼见就能受到网友的推崇；

Q4_ 10. 无论是在什么问题上，我还是最看重亲人、朋友的意见。

表 2 – 10　网民对信源评价的均值表

	Q4_ 5	Q4_ 6	Q4_ 7	Q4_ 8	Q4_ 9	Q4_ 10
均值	3. 97	2. 95	3. 29	3. 37	3. 43	3. 50
均值的标准误	. 031	. 036	. 041	. 040	. 042	. 045
标准差	. 728	. 840	. 961	. 932	. 977	1. 035
方差	. 530	. 706	. 924	. 868	. 955	1. 070
偏度	–. 650	. 223	. 002	–. 583	–. 285	–. 338
偏度的标准误	. 105	. 105	. 105	. 105	. 105	. 105
峰度	1. 506	. 301	–. 731	. 198	–. 298	–. 332
峰度的标准误	. 210	. 210	. 210	. 210	. 210	. 210

从表 2 – 10 可以看出，四个正向计分题项的均值分别 3. 97、3. 37、3. 43 和 3. 50，居一般和比较赞同之间，说明对媒体、网络论坛、网友、亲友等信源基本肯定，即，认为在一些有争议的公共事务或社会问题上，媒体的意见对很多人还是很有一定影响力的，网络中多数网友还是比较看重专家学者的意见的、专家的意见和亲友的意见。两个反向计分的题项均值分为 2. 95 和 3. 29，说明对网民对“网络中的论坛”持基本肯定的态度，而对“粉丝量大的微博”并非完全肯定。

二、网民的社会信任取向

问卷中涉及网民社会信任取向的题项共 9 个，每个题目的选项为五个等距选项，选项内容的设计依题目内容而定，如 Q5 – 2 的选项设计为“没关注、没怎么关注、有一定关注、比较关注、很关注”，而 Q5 -5 的选项则设计为“像这样的好的城管干部比较多、像这样好的城管干部能有一半就算不错了、像这样好的城管干部能有三分之一就算不错了、这样的城管干部为数太少了”。五个选项的得分依次为 1 分、2 分、3 分、4 分和 5 分，其中 Q5 -2 和 Q5 -3 为正向计分，即得分越高信任度越高，其余题项应为反向计分，但表 2 -11 并未反向计分，即得分越高信任度越低。各题项的得分均值见表 2 -11。

Q5_ 2：您关注中央电视台“感动中国”评选活动吗?

Q5_ 3：您相信“感动中国”的人和事吗?

Q5_ 4. 公安部副部长刘金国被评为 2011 年感动中国十大人物之一，他一身正气，勤政爱民，两袖清风，对此您的看法是:

Q5_ 5 媒体曾经报道一些文明执法、热情帮助群众的城管人员，您认为:

Q5_ 6. 您觉得“富二代”这个词怎样?

Q5_ 7. 您对医生的总体印象是:

Q5_ 8. 您对国企高管的总体印象是:

Q5_ 9. 你对“农民工”的总体印象是:

Q5_ 10 您对当前的社会发展状况满意吗?

表 2 -11　网民对几种社会群体评价的均值表

	Q5_ 2	Q5_ 3	Q5_ 4	Q5_ 5	Q5_ 6	Q5_ 7	Q5_ 8	Q5_ 9	Q5_ 10
均值	3. 15	3. 93	3. 40	3. 64	3. 88	2. 79	3. 03	2. 38	2. 97
均值的标准误	. 047	. 039	. 071	. 060	. 033	. 052	. 055	. 064	. 038
中值	3. 00	4. 00	4. 00	4. 00	4. 00	2. 00	3. 00	2. 00	3. 00
众数	3	4	5	5	4	2	2	1	3
标准差	1. 091	. 909	1. 655	1. 382	. 760	1. 214	1. 267	1. 480	. 873
方差	1. 191	. 827	2. 739	1. 910	. 578	1. 473	1. 606	2. 191	. 762

从表 2 – 11 可以看出，两个正向计分的题项均值分别为 3.15 和 3.93，说明网民对中央电视台评选的“感动中国人物”还是比较信任的；在七个应反向计分的题项中，Q5 – 7、Q5 – 9 和 Q5 – 10 的均值分别为 2.79、2.38 和 2.97，居一般相信与比较相信之间，说明网民对医生和农民工的总体印象是基本肯定或基本信任的，对当前社会发展总体基本满意，对社会抱以基本信任的态度。Q5 – 4、Q5 – 5、Q5 – 6、Q5 – 8 四个题项的均值分别为 3.40、3.64、3.88、3.03，居一般信任和不太信任之间，说明网民对公安、城管、富二代和企业高管抱以不太信任的态度。这种态度的形成可能与近期舆论中这些群体的不良形象有关，说明舆论对网民态度的影响力是不能忽视的。

本章小结

本章基于问卷调查对网民心理与行为做了实证分析。问卷设计主要围绕两个主题展开：一是网民对各种媒体的使用情况，以反映不同媒体对网民的影响力；二是与网络舆论相关的网民行为与态度，以对网络舆论的认识提供依据或参考。

1. 从网民对各种媒介的使用情况看，在报纸、广播、电视、书籍、网络这五种媒介中，对网络的使用时间远远超过其他四种媒体，可以预测，网络对网民的影响是第一位的。在对网络各种媒体的使用上，微博的使用率相对较高。而从使用动机看，舆论动机最强的属网络论坛（使用论坛的主要动机为“和大家交流意见和情感”），其次是微博（使用微博的主要动机是“增长见闻”和“发表自己的意见”），博客较弱（使用博客的主要动机是“自娱自乐”和“与人分享”），因此，论坛的舆论影响力虽然一时受到微博的冲击，但是，随着微博的实名制的广泛推行，论坛的舆论功能还具有一定的发展空间。

2. 在网络发言的方式上，网民显示出现实行为与理想行为的矛盾，这主要反映了网络环境和网络技术设置对网民行为的主导作用，网络生态环境的完善和网络技术设置还需要不断地探索过程。

3. 在对网络舆论的评价上，绝大多数被调查者认为网络舆论能够反映民意，但也有接近三成的被调查者认为网络舆论很少反映民意或不能反映民意，这说明网络舆论本身所存在的问题（如谣言、语言暴力等）不能忽视。在对网民网络发言品质的评价上，表现出自相矛盾的一面。如，约65%的被调查者认为多数网民能够站在客观、公正的立场发表意见，但又有近7成的被调查者认为网络发言都是“随大流”的，而“随大流”与“客观、公正的立场”往往是有矛盾的。如何解释这一矛盾，还有待进一步探讨，但这至少说明了人们网络行为的随意性。对网民发言动机进行测量的结果正好说明了这一点，被调查者认为他们网络发言的主要动机是“有感而发”和“发泄”和“显示自己的才华”。

4. 网民对自己网络发言的影响力缺乏自信。被调查者中有38.9%的网友认为只有那些受到很多人关注的言论才会有影响力，25.6%的网友认为影响力是看不见说不清的，20.9%的网友认为许多言论都是过眼烟云影响不了谁；3.7%的网友认为说了跟没说一样。只有11.1%的被调查者认为只要发言了就有影响力。这也正好说明了为什么网民的发言随意性大的原因。

5. 网民对网络发言渠道影响力的评价与其对这些渠道的使用也形成一定的矛盾。网民发言使用率最高的是微博，但却认为博客的影响力最大。这可能与博客的有深度、思想性强而微博的碎片化、肤浅有关。

综上所述，广大网民作为网络舆论主体，并没有明确或鲜明的主体意识，他们过低地估计了自己的作用，再加上网络环境与网络技术的作用，在行为上便显示出随意性、从众性的特点。

第三章 网络舆论形成的心理机制

舆论，即公共意见（Public Opinion），是民心、民意。而民意一经表达，由于表达过程的复杂性，与本来的民意会有所不同，甚至可能出现很大的差异。我们日常所听到、看到的舆论如街谈巷议、群体事件、媒体热议等，都是舆论的反映，但可能并非舆论本身。这些被表达的舆论，是人们相互心理互动的结果，是社会心理与意见环境相互作用的结果。因此，要探讨网络舆论的形成，必须从网民的心理入手。

第一节 网民的非理性与网络舆论的启动

网民与网络舆论的非理性问题一直备受关注，学界普遍认为网民的非理性特征是导致网络舆论非理性表现的主要原因之一。在有关网民与网络舆论探讨中，往往是从负面理解“非理性”，比如，在对网络舆论暴力的研究中，网民的“非理性”被看作是引发网络舆论暴力的重要原因之一；而对网民的非理性现象进行分析时，关注的也往往是网民的“围观”“偏听偏信”“以讹传讹”“宣泄”等比较负面的表现，这种认识未免过于简单化。

一、非理性的涵义

长期以来，人们对“非理性”一词存在着一定的误解。“在日常生活应用层面人们大多把非理性理解为‘不要理性’、

‘否定理性’甚至‘丧失理性’”[①]，其实质是把理性与非理性对立起来，割裂了二者的辩证统一关系。以今天的理性思维来看，“理性与非理性是人之所以为人的固有的两方面的存在(天赋、欲望或本能)”[②]，人的人格是由这两方面共同建立起来的。

按照心理学原理，可以从认知、意识与无意识、人性三个层面去理解非理性。从认知的层面看，非理性是指通过非逻辑的、没有固定程序与步骤而在一瞬间便获得认识或判断的思维方式，如直觉、灵感、想象、顿悟；从意识与无意识的层面看，非理性是指没有意识的意识，即潜意识，如本能、欲望、习惯等；从人性层面看，非理性即“以实现主体的内在欲求为主要功能，直接参与人的意识活动的一种心理形式”[③]，如需要、意志、信仰、情感等。有学者把非理性的结构分为高层、中层、低层三个层面。高层，指与理性接近、受理性直接指导并随意识变化而变化的非意识成分，如意志、信仰、直觉、灵感等；中层，指高层非意识因素受理性指导的非理性因素，如社会需求、情趣、情感等；低层，指受理性的控制较弱、受外在刺激影响较大的非理性因素，如本能、生理需求、习惯、情绪、体验性情感等。[④]

由此可以看出，非理性是人性的一部分，是认知的另一种方式，是意识的另一种状态。非理性与理性是相辅相成、交替

---

①谢怎素、詹世友：《社会发展的非理性限度及其引导》，《湖南大学学报（社会科学版)》2010 年第 2 期。

②彭晓琳：《健康人格的理性与非理性统一》，《成都大学学报（社科版)》2011 年第 5 期。

③谢怎素、詹世友：《社会发展的非理性限度及其引导》，《湖南大学学报（社会科学版)》2010 年第 2 期。

④何植民、王珂：《国内学界关于非理性研究综述》，《前沿》2009 年第 12 期。

发挥作用的。“理性与非理性是人类认识世界的两种不可分割的思维形式，是人体味世界、关怀世界、认识世界的两种不可缺少的方式和途径。”① 从人类精神世界和思维发展的历史来看，非理性、非逻辑思维，是先于理性、逻辑思维而产生的，像巫术、图腾、神话、艺术这些人类文明最早的成果，都是人类形象思维的见证。即使在理性和逻辑思维极为强大的现代社会，一个人心智的发育，也是从非理性、非逻辑思维开始的。

古希腊以后，哲人们一直把理性视为人的本质，特别是经过近代启蒙主义的洗礼、现代科学技术的飞速发展，理性被置于了至高无上的地位。的确，理性让人们能够透过现象看到事物的本质，从有限中把握无限；理性能够使人超越欲望、情感，使人们的思想和行为更趋合理；理性造就了现代科学技术，理性成为科学的灵魂；理性还打破宗教、迷信，让人有了从未有过的尊严②。然而，当对理性的崇拜演变为理性主义，把理性当作真理的化身，否定非理性的作用，甚至要抛弃非理性，理性也就走到了尽头，理性反而成为了非理性。因为，当绝对的理性压制、窒息了非理性的时候，人们由于不能抒发内心的感受、情感，不能自由地表现自我，他们变得虚伪、做作，越来越远离真实的自我，从而陷入无限的压抑、苦闷之中。久而久之，创造力枯竭了，生命也枯竭了。叔本华曾说：“人类虽有好多地方只有借助于理性和方法上的深思熟虑才能完成，但也有好些事情，不应用理性反而完成得更好。”③

当然，非理性有一定的破坏力。当非理性挣脱理性的控

---

①何颖：《论理性与非理性的原始统一》，《求是学刊》2005 年第 3 期。

②廉军政：《论理性与非理性之争》，《商丘师范学院学报》2007 年第 5 期。

③叔本华著：《作为意志和表象的世界》，商务印书馆 1982 年出版，第 100 页。

制，成为人精神与思维的主导时，人会呈现出癫狂的状态——言行过激，对他人与社会造成伤害；在非理性的状态下，人也容易产生偏见。但是，非理性也可能有助于理性的思考，使理性具有灵活性、更具创造力。如直觉、灵感、想象、顿悟等。

二、网络环境与网络舆论的非理性

近年来，学术界对造成网络舆论非理性的原因做了多方面的探讨，比较一致的观点是：独特的网络环境为“非理性”提供了土壤。很多学者认为网络环境的极大的自由性、开放性和匿名性是网络舆论非理性的根源所在。“在网上，网民可以使用隐匿的身份，虚拟的名字淹没在人群之中，使人们获得一种表达意见的安全感，可以在很大程度上消除人们在现实中表达意见的种种顾虑。”① ——是这一观点最常见的论述。这一观点以及观点的解释有一定的道理，但未免过于简单化，分析得也不够深入。也有学者力图从网民的心理寻找网民非理性的原因，“群体极化”可能是最受关注的心理原因之一。群体极化，是由美国学者凯斯·桑斯坦在《网络共和国——网络社会中的民主问题》一书中提出的一个概念：“团体成员一开始即有某些偏向，商议后，人们朝偏向的方向继续移动，最后形成极端的观点。”群体极化，是一种群体心理，是群体非理性的表现。这种群体非理性被认为在网络中表现尤为突出，“有证据表明，在网上发生群体极化的比例，是现实生活面对面的两倍多。”② 可见，“群体极化”只是网民非理性的表现之一，

①刘正荣：《从非理性网络舆论看网民群体心理》，《现代传播》2007 年第 3 期。

②欧阳小婷：《网民群体极化倾向与网络舆论的非理性》，《现代视听》2009 年第 1 期。

而并非网络非理性心理原因。也有学者提出与网络非理性有关的一些心理现象，如从众心理、看客心理、娱乐心理、狂欢心理、自我表现欲、意见领袖欲等，这些心理的确与网民的非理性、网络舆论非理性有关，但是，这些心理在现实生活中也存在，并非是网络空间独有的。那么，导致网络舆论非理性的根本原因何在？

其实，决定一个人行为理性与非理性的根本原因，并不在于某种心理，而在于整体的心理状态；决定网民网络行为理性与非理性的根本原因在于网民对网络环境的认知以及在网络情景中的心理状态，而网民在网络舆论中的理性与非理性取决于网民的心理状态以及网络舆论的性质和刺激程度。

（一）网络舆论是社会心态经过发酵后的集中表现。

中国改革开放以来，社会的方方面面都经历了巨大的变迁，社会心理总体上呈现为失衡状态，一些不良的社会心态呈蔓延之势。社会心态问题早已引起党中央高度重视。2006 年 10 月，《中共中央关于构建社会主义和谐社会若干重大问题的决定》提出，要塑造自尊自信、理性平和、积极向上的社会心态，“培育奋发进取、理性平和、开放包容的社会心态”的提法，被写入了“十二五”规划纲要，成为国家发展战略。

研究机构与研究人员对我国转型期的社会心态问题也给予了极大的关注，北京大学社会学系教授夏学銮曾撰文分析称，在当下中国，有 8 种不良的社会心态值得关注、研究、引导、化解。这 8 种心态是：浮躁、喧嚣、忽悠、炒作、炫富、装穷、暴戾、冷漠①；有学者认为，中国正进入全面而深刻的社会转型期，社会经济、政治、文化领域的变革引发了社会心理

①赵丽：《扶正失衡社会心态化解社会心理危机》，《法制日报》2011 年 11 月 29 日。

的震荡，民心即国民社会心理呈现出复杂化、多元化和情绪化并存的态势，而这种社会心理的情绪化表现为心境变换剧烈、激情双向极化、情理冲突加剧、心理障碍丛生、宣泄方式失控等①。心境变换激烈，即在接连不断的新事物的刺激下，心境波动、起伏较大；激情双向极化，即由于社会发展的不平衡甚至两极分化，一部分人在改革的大潮中如鱼得水，很快成为社会的中坚力量，而某些人不能适应新的形势，或者缺少机会，被边缘化或沦为弱势群体。这就使得一部分人激情满怀、兴高采烈，而另一些人则滋生不满情绪。情理冲突加剧，中国的改革开放经历了30余年，人们从理智上认同、欢迎改革，但一旦利益受损、工作事业不顺又对改革抱有抵触不满情绪。心理障碍丛生，心理障碍是一种介于心理健康和心理疾病之间的亚健康状态，“就当前情况而言，民众心理最突出的障碍是社会地位的失落感，职业安全的危机感和经济生活的剥夺感，国民的社会心理健康问题具有普遍恶化的趋势。”② 情绪宣泄失控，即一些公众的情绪宣泄方式对自己、他人和社会具有一定的伤害性和破坏性，如自残、杀人等。

网络作为一个虚拟空间，成为人们情绪的出口，而热点事件往往成为网民情绪的喷发口，使情绪化成为网络舆论最明显的标志之一，甚至有人把网络舆论称为“情绪舆论”。

（二）年轻网民“自我”的躁动

一个心智健全的人，都知道自己是谁——有明确的自我意识。自我，是个体得以区分自己与他人的所有内容，包括对自

①李景春、刘芳：《论民心情绪化问题的成因与调适》，《学术交流》2007年第9期。

②李景春、刘芳：《论民心情绪化问题的成因与调适》，《学术交流》2007年第9期。

己个性、能力、道德、社会角色、家庭与社会权利的认知与评价，以及在理想、信仰、价值观方面的主张。自我是对自己存在的觉察，是伴随着社会化逐渐产生和完善的。弗洛依德认为，自我是在婴儿期从本我中产生的。本我即生理能量，如驱力、性、死的本能等，本我遵循快乐原则，以本能的满足为目的。自我遵循现实原则，也兼顾本我和超我（道德我或理想我），自我是人格的决策力量。只有当个体有了明确、相对稳定的自我概念或自我意识，才真正具备了理性的前提。

个体的活动离不开自我，自我是个体活动的觉察者、调节者与发动者，它可以使个体的活动具有独特性、一致性与共同性①，而一个自我概念模糊、混乱的人，时常不知道自己做什么，或者像无头的苍蝇，时而向东，时而向西；自我概念的模糊、混乱，必然导致烦躁不安、压抑、焦虑等不良情绪频繁出现，而在这些情绪下，非理性的言行便很容易发生。

从我国网民的年龄结构看，年轻人在数量上一直占有绝对优势。《第29次中国互联网络发展状况调查统计报告》（2012年1月）显示，学生仍然是网民中规模最大的群体，占比为30.2%，网民中10—39岁的人数超过82%。在儿童时期，自我是弱不禁风的，但到了青少年期，它就开始形成并获得力量。对青年期的划分，不同学者有不同的划分。荣格认为从青春期到中年期这一阶段是青年期即15、16岁—35岁或40岁，而埃里克森认为青年期为青春期至成年早期即15、16岁—19岁，但埃里克森所划分的成年期从31岁开始。网络中的学生群体主要成分是高中生、大学生和研究生，都在20岁左右，

①参见李海萍：《米德与庄子自我理论的现时代意义》，《太原城市职业技术学院学报》2011年第2期。

无论怎么划分，都属青年期群体。

埃里克森认为，青年期是人格发展最关键的阶段，因为在这个阶段结束后，人们必须对自我统一性有确定感，也就是在这一阶段必须完成自我统和或整合，形成统一的自我。但是，“尽管自我统一性既不是始于青年期也不是终结于此，但统一性与统一性混乱的危机在这一阶段达到顶峰。”① 对一些成人来说，在他们生命中的某一阶段，也许会达成稳固的自我同一性，之后，还可能放弃前一种同一性，而形成新的同一性。对某一个个体而言，自我同一性一旦达成，也不意味着一成不变。“自我同一性”本意是证明身份，指个体尝试着把与自己有关的各方面结合起来，形成一个自己决定的协调一致不同于他人的独具“同一风格”的自我。简单理解大概就是把自己“众多的人格”统一起来，形成一个比较稳定的人格。是指个体在寻求自我的发展中，对自我的确认和对有关自我发展的一些重大问题，诸如理想、职业、价值观、人生观等的思考和选择。在这一过程中必然要涉及个体的过去、现在和将来这一发展的时间维度。而自我同一性的确立（identity achievement），就意味着个体对自身有充分的了解，能够将自我的过去、现在和将来组合成一个有机的整体，确立自己的理想与价值观念，并对未来自我的发展作出了自己的思考。

对自我同一性的界定既有积极的一面，也有消极的一面。因为在自我探索和界定过程中，青年人在发现“我要成为什么样的人”“我喜欢什么”“我相信什么”的同时，也发现了“我不想成为什么样的人”“我不喜欢什么”“我不相信什

---

①Jess Feist Gregory J. Feist 著，李茹、傅文青主译：《人格理论》，人民卫生出版社 2005 年 4 月出版，第 214 页。

么”，“他们必须或否定父母的价值观，或拒绝同龄人的价值观，这种左右为难的境地可能会加剧他们的同一性混乱。”① 同一性混乱是一种问题综合征，表现为自我意象分裂、不能建立亲密关系、不能集中精力做一件事以及对社会准则与家庭的叛逆。同一性混乱正是青年期寻找、确立自我的过程，“心绪不宁、漫无目的”是这个阶段的主要心态。青年期的人很可能以令人担心的甚至是过激的行为方式去寻找自我，如离家出走、结伙闹事、不停地换工作和性伙伴，他们还会经常变换信念或信仰，他们经常为找不到问题的答案而懊恼、埋怨。同时，青年期的人也可能以巨大的热情、惊人的勇气投入一项事业或事情，只要这项事业或事情被他们意识到是有意义的，而在投入过程中，构建自我统一性、寻求自我身份的认同就显得十分重要。

互联网空间以其广泛性、丰富性，给青年对自我的探索提供了无限多的线索和可能性；互联网的虚拟性和匿名性，使青年的想象力得以自由发挥，他们可以把自己想象成任何一个他们能够想到的人，然后像这个人一样去思考、说话或做事。他们无所顾忌地想象，无所顾忌地去做，因为他们可以不负任何责任，在做的不是他自己，只要关掉电脑，一切就归零了。在互联网的某些空间或某些时候，他们是游侠、匆匆过客，放松、吐槽、宣泄一下就可以了；在互联网的某个空间或某些时候，他们又是有着固定标签或身份的网友，有着自己的圈子。在固定的圈子里，网友们互为意见领袖。这种固定的圈子，对青年自我同一性的建构肯定有影响。有学者认为，青少年过度

---

①Jess Feist Gregory J. Feist 著，李茹、傅文青主译：《人格理论》，人民卫生出版社2005年4月出版，第214页。

使用互联网可能产生一定的消极作用，影响自我认同的形成。因为对于互联网的过度使用，一方面会占用一定的用于自我探索任务的时间和精力．使青少年对这一问题的思考进一步延迟。另一方面．由于网络的虚拟性、匿名性等特点，个体可能会由于扮演过多的角色而有自我全能的感觉或幻想无限的自我，从而无法确定或限定自我定义、自己力所能及的一切选择和决断。① 如果果真如此，为了青年的健康成长，对青少年的网络使用的确应该加以引导和管理。

因此，当我们面对网络舆论时，特别是面对网络舆论的非理性表现时，应该把青年网民作为一个重要的观察点，对网络青年中偏爱“意见表达”族进行研究与引导，研究的目的是双向的，一方面是立足于青年的自我同一性建构，另一方面是网络舆论的引导。

三、以非理性开始、理性结束的网络舆论

在对网络舆论的“非理性”“情绪化”进行分析、探讨的过程中，出现了“网络暴民”“网络暴力”的提法，网络暴民是指那些通过网络追查并传播个人隐私，并煽动、纠集人群以暴力语言对当事人进行群体围攻的人，而网络暴民的行为就被称为网络暴力。的确，网络舆论的非理性表现曾一度很突出，“铜须门”“虐猫”“史上最毒后妈”“卖身救母”等一系列网络舆论事件连续发生，在这些事件中，网民的盲目性、极端性、情绪性等非理性的表现比较明显。

近一两年，对网络舆论非理性问题的探讨、指责之声渐

①张国华、雷厉、邹泓：《青少年的自我认同与“网络成瘾”的关系》，《中国临床心理学杂志》2008 年第 1 期。

稀，对网络舆论表现出的理性给予了越来越多的关注。的确，近一两年来网络舆论表现出了越来越突出的理性精神。“华南虎照”事件中，广大网民以冷静、客观、科学的态度探寻事情的真相；“躲猫猫”事件中，网民第一次以“第三方调查团”身份亮相，成为监督、制衡政府的社会力量；“邓玉娇”事件中，不少网民由过去的网上“旁观者”、“围观者”转身成为行动者，亲临事发地“自费旅游”、“医院探视”、“聘请律师”、北京“研讨会”、广场“行为艺术”等，克制而有序地显示了“民间的力量”。

那么，网络舆论究竟是理性的，还是非理性的？回答这个问题的关键是回答者的立足点或视点。任何舆论都表现为从酝酿、产生、发展、形成到衰弱、消亡的过程，在这个过程中既存在着理性因素，也存在着非理性因素。舆论就像一条河，如果仅截取它的一个横截面或一瞬，看到的很可能是要么理性、要么非理性；如果登高纵览，看到的则大不一样：网络舆论既不是完全理性的，也不是完全非理性的，而是呈现出“非理性的过程和理性的趋向”的特征。这就是说，不能静止地看待网络舆论中理性与非理性，而是把理性与非理性放在网络舆论的动态过程中去考察。所谓“非理性过程”即非理性主要存在于网络舆论发生、发展到形成的过程中，或者说网络舆论在形成过程中总是免不了伴随着非理性的因素；所谓“理性趋向”指理性是网络舆论发展的最终归宿，或者说网络舆论最终体现为理性。网络舆论的过程为什么具有这样的特征？原因存在于作为人的认知方式和行为方式性的理性与非理性本身以及网络空间的特质。

在网络舆论中，非理性的言行确实给当事人、社会环境造成了一定的伤害，但是，也应该看到网络舆论正是借助了一定的非理性因素才得以发展壮大，如果完全消灭非理性因素，也就没有网络舆论了。试想，如果没有被激发的爱国情怀，怎么会有对西方反华浪潮的抵制舆论；如果没有对腐败的憎恨、对弱者的同情，"周久耕"们怎么会被曝阳光之下，"邓玉娇""罗彩霞"们又怎么会得到那么多素不相识的网友的援助！还有其他一些非理性因素，如好奇心、情趣、爱好、信念、信仰等都在一定程度上对网络舆论起到了推动作用。那么，既然非理性是人的认识过程中不可缺少的部分，网络舆论中存在着非理性成分也就不足为怪了。当然，这并不是说网络舆论的非理性没有问题，也不是说对网络舆论的非理性就可放任自流。

当代著名思想家哈贝马斯在《交往行为理论》一书中提出了一个新的理性观——以"对话辩论、协商沟通"为旨趣的"交往理性"。"交往理性"是指"主体在交往活动中能够表达出符合有效性的各种命题，并对这些命题的有效性进行话语论证，在论证过程中排除一切强制，排除论证有效性要求以外的一切动机，追求更好的论据的资质与能力。"① 哈贝马斯以交往为范式，揭示了理性的存身之所——语言与语言的交往，使理性复位生活世界。而"现实的交往过程，总是带有偶然性，并受到个人权利、权力、和意识形态的影响，并不总能达到理性的共识。"，"交往理性"本身就带有可错性，"交往理性"是互动理性、趋向理性。

网络作为一种相对自由的交流平台，网络舆论作为交流的过程和结果，正是显示了这样一种趋向理性：在自由的前提下，网民们各自发表着自以为合理的、正确的意见或答案，并

①胡军良：《哈贝马斯的交往理性观》，《内蒙古社会科学》2010 年第 2 期。

对那些自认为不合理、不正确的意见或答案进行批评与批判。但是，由于预存立场、先入之见、信念、情感、利益等因素（非理性因素）的干扰，自己的意见或答案实际也并不那么合理与正确。可幸的是，随着交流、讨论的继续，经过相互的“纠错”，众网民终会做出比较合理、比较正确的选择。从近两年我国网络舆论的情况看，多数网络舆论都是理性收场，一些重大的网络舆论所形成的观点、意见得到社会和政府的重视，对中国社会的和谐发展发挥了重要作用。有学者以参与式观察、内容分析和问卷调查的方法，对某件网络舆论个案进行实证研究，结果发现：在网络舆论的爆发期，网民的言论以非理性言论为主；舆论的发展期，理性的言论逐渐增强，与非理性的言论进行交锋；舆论平息期，理性言论逐渐增强，非理性的言论逐渐减弱，理性声音唱主角①。这一个案具有典型性。

第二节　当代社会心理与网络舆论议题

舆论，是对社会心理阶段性、流动性的表征。社会心理，人们在社会生活中自发产生并相互影响的一种主体反应。（沙莲香，2003）这种反应可以表现为知觉或印象、情感、趣味、审美、态度以及价值观念等，尽管理性因素与感性因素共居于社会心理，但从总体来看社会心理主要属于感性范畴，它是人们未经系统加工的日常的、自发的意识。舆论曾被认为是社会思潮的一种，“社会思潮是人们在一定历史时期由于物质生活

①孙凤、郑欣：《理性与非理性之辩：网络集群行为的产生及其演变》，《南京邮电大学学报》2009 年第 3 期。

和精神生活的某种共同性而形成的流行思想、观点、舆论。”① 但是，在网络时代，网络舆论虽然仍是社会思潮的反映，但网络舆论却不仅仅只是社会思潮，它是对社会心理全方位的表征——包括社会思潮即态度和价值观念，也包括知觉、印象、情感、趣味、审美等。

一、社会知觉与网络舆论载体的形成

舆论的载体往往是具有争议的社会事件或社会问题，社会舆论是从公众对有争议的社会事件或问题的感知开始的，而这种感知在互联网时代更趋社会化，因为个体感知借助互联网得以广泛地联结、渗透与互动；这种借助互联网所进行的社会知觉因互联网强大的信息搜索、超链接、病毒式扩散等功能显示出前所未有的速度，使得网络舆论出现了前所未有的蔚为壮观、来得快去得也快的局面。社会心理也因互联网而发生了种种变化或出现了一些新的特点，而社会心理的运作也决定着网络舆论的状貌与特征。

社会心理作为一种内在过程是从社会知觉开始的，社会知觉是形成社会印象、社会判断、社会态度以及社会情感的前提和基础，正如作为舆论本体的意见（包括情感与态度）以舆论主体对舆论客体即舆论事件的知觉为前提一样。社会知觉具有直接性、整体性、选择性、惯性等特点。所谓直接性，是指社会知觉是人们对客观对象表面的、直观的反映，表现为直觉反应；整体性，即社会知觉是经过了对多种信息的综合而实现了对事物的整体把握，在社会知觉中已经有了观念的影子；选择性，即社会知觉在对信息的综合中对某些信息进行了舍弃、

①李明华：《社会心理及其特点》，《江淮论坛》1989 年第 5 期。

对某些信息给予了突出；心理惯性，即社会知觉的恒常性，即使知觉对象出现于不同时间、不同情境，也会出现不变的知觉反应，甚至当知觉对象发生了变化，知觉也做出如常的反应。

（一）新闻报道是记者的知觉呈现。新闻是由“像”构成的，而知觉的选择性正是新闻的倾向性之所在。

社会知觉的选择性是由主体的经验、欲求、期待决定的，尽管这些因素的作用大多是不自觉的。比如，在一群人当中，假定只有一个人是熟人，其他都未曾谋面，那么，人的注意一定会投向这个熟人，而对其他人不作反应；一个处于饥饿状态的人，也只有食物最能抓住他的注意和兴趣；一个准备要购房的消费者，一定会特别注意有关房地产的资讯与广告。因此，拷贝世界即由人描绘出来的世界总是与真实的世界有所不同，即使是立足客观、真实、全面、公正的新闻报道，所呈现的也不过是一个“拟态环境”，而由拷贝或文本引发的舆论，有时不免出现“失之毫厘，谬以千里”的情形。发生于2010年的“缝肛门事件”就是由媒体报道引发的一场影响全国的舆论事件，网络舆论对当事人之一的助产士张某进行了无情的、带有暴力倾向的道德谴责，但事后经有关部门多方调查、各方面专家严缜分析，得出的事实真相是：助产士张某缝扎痔疮出血点，不是缝闭肛门。央视2012年2月11日播出的新闻调查《难以缝合的伤口》也证实了以上的结论。助产士以侵害其名誉权为由将陈先生夫妇告上法庭，罗湖法院一审判陈先生夫妇侵权成立，赔偿助产士3万元并道歉。也就是说，媒体、舆论基本上是冤枉了助产士张女士。那么，“冤枉”何以产生？对此事的最初报道即最先把此事带入公众视野并引发广泛关注的是《南方都市报》的一篇报道《疑红包送少产妇肛门被缝》。

报道文本显示，记者对当事双方都进行了采访，对双方的陈述都给予客观呈现，但是，双方在报道中的地位却是极为不对称的。首先，从报道的标题看，患方的主张出现在主标题，而院方的主张则出现在副标题；其次，从报道的篇幅和报道量看，对患方的报道占据了报道的两个段落，约850字。而对院方的报道占了一个段落，约240字；第三，从报道顺序看，对患方的报道安排在前，对院方的报道安排在后；第四，从报道的质量看，对患方报道较深入详细，有多处细节，并多处引用了患方的原话。对医方的报道轻描淡写，没有细节，没有引用原话。由此可见，报道对患方的主张即“助产士因嫌红包送得少而缝住产妇肛门以报复”是认可的，尽管标题在“红包送少”前加了一个“疑”字。院方的意见并未受到报道者的重视。可以说，正是记者的这种知觉选择（还不是立场选择），与公众对医院、医生的坏印象相契合，便导致了公众把猜测性事实当作确定无疑的事实，从而使助产士张女士被舆论曲解甚至冤枉。

（二）知觉具有显著性。知觉总是表现出凹凸不平的状态，某个知觉对象或知觉对象的某个特性得到突出，而另一些知觉对象或知觉对象的某些特性被忽视。

知觉显著性，首先与知觉对象的显著因素有关，如亮度大、声音高、动感强或新意程度高；还与主体的准备状态有关，如经验、知识背景、需要、期待、愿望等。重要的是这种知觉的显著性对知觉会产生一系列的后果：首先，显著的人、行为、事会招来更多的注意，从而形成社会焦点或热点，招来众人“围观”或议论纷纷，形成舆论场；其次，显著部分会被人们认为在整体中居于重要地位、对整体有重大影响。比如，“名人”往往被认为是重要的人物、有影响力的人物，而实际上有些“名人”并不像人们想象的那样重要或突出，仅仅是因为其身份的特殊性或偶然机缘他们的名字被社会公众知晓而成为“名人”。一些演艺界明星、媒介人物即是如此。所谓的“名人效应”“明星效应”正是人们这种心理的反映。这也成为舆论形成的心理机制之一，从近些年的网络舆论实际看，名人明星、官员、官二代、富人、富二代、普通人的出位行为、突发事件往往与网络舆论有着紧密的关系。

（三）知觉的显著性也会表现出惯性，而惯性的内在机制是定势，即一种心理上的准备状态。这种显著性→定势→惯性的社会知觉模式，在很大程度上决定了舆论对象（舆论客体与舆论本体）的惯性。

“富二代”自“杭州飙车案”掀起舆论风潮之后，与之相关的“官二代”“军二代”“名二代”“知二代”的说法随之出现，这些群体也成为众矢之的。杭州飙车案之所以引发公众的关注并酿成强烈的舆论，肇事者胡斌及其伙伴的“富家子弟”的身份是重要的原因之一，此事件不仅强化了“富二代”的负面形象，也引发了公众对“官二代”等相关群体的联想。于是，药家鑫案因辩护律师的“激情杀人”说进入公众视野，更因药家鑫的“富二代”“军二代”的身份激发了公众的强烈关注；“李刚门”事件更是因李刚（时为保定市公安局北市区分局副局长）之子酒驾肇事后自曝其父亲的名字，引发了舆论狂潮。2011 年 9 月，“李双江儿子开宝马打人”事件闹得也是沸沸扬扬，舆论的焦点也是“李双江的儿子”，从以下网友改编的歌词可见一斑：

“小小公子深夜游，胯下宝马横街走，我爸是双江，哪怕风雨骤，32 笔违章一笔勾，爸的教导记心头，爸的教导记心头，爸的教导记心头；小小公子深夜游，暴拳怒打拦路狗，红歌闪闪亮，照我去战斗，身旁还有辆晋O，前赴后继跟爹走，前赴后继跟爹走，迎接二代的新世界，万里江山全都有，全都有。"①

还有一种情形，就是围绕突发事件所形成的舆论惯性。某些突发事件往往会形成较为强大的社会舆论（包括网络舆论），突发事件所涉及的人、部门、地域、物品等都被照亮甚至被透视，并在舆论过程中接受人们的品头论足。突发事件连同这些人、部门、地域、物品带着舆论赋予的价值评判一起成为人们的集体记忆。于是，一种有趣的社会舆论现象出现了：突发事件成为了过去，有关突发事件的舆论也成为过去，但是，被突发事件照亮的人、部门、地域或物品，却往往会反复成为舆论的焦点，直到他们（它们）本身具有的刺激量低于社会知觉的阈限。这方面的实例很多，如石家庄三鹿奶粉事件被曝光并成为舆论焦点之后，不仅使奶制品、三聚氰胺成为公众关注的焦点，也使"石家庄"这个城市提升了"被关注度"。2009年2月26日，许多网站转发了来自《法制日报》的一篇题为《石家庄市委门前禁出租车通行百姓反映强烈》的报道，并引发了广大网民的关注和议论，有网民回帖说"怪不得往奶粉里放三聚氰胺，原来有这样的政府!"，博得众网友赞同。在一片责骂声后，也有一些网友曝这种事情在全国各地很普遍，已经见怪不怪了。的确，石家庄市政府的这种做法并非个例，但是石家庄市政府的这种做法却触动了记者的新闻敏感，能说记者的敏感与之前发生的三鹿奶粉事件没关系吗？尽管像石家庄市政府这样擅自"立牌禁止通行"的不乏

①《网友封四大名爹李双江在列　媒体探访伤者遭恐吓》，《广州日报》2011年9月8日。

其人，但报道还是引发了众网民的关注和议论，知觉惯性的确起到了一定的作用。

（四）知觉显著性与网络舆论中的聚光灯效应。

聚光灯效应是“用眼观看”的效应，被观对象可视性越强，聚光灯效应就越强。电视时代被称为读图时代，而网络时代则被称为后读图时代，“有图有真相”成为网民的共识。在网络世界里，聚光灯效应可谓无处不在，在形成网络舆论的层出不穷的网络热点、红人、热词背后，多数都存在着聚光灯效应。从最早的网络红人“芙蓉姐姐”到“凤姐”，她们都其貌不扬，但都有惊人之举。“芙蓉姐姐”以大胆的 Pose 曲线和暴露从众网友的“Show”中脱颖而出，“凤姐”则以其层出不穷的雷人狂言与其相貌和身份形成强烈反差吸引了众网友的注意。还有一些人因地位平凡或在一般人眼里地位低微却相貌“出色”在网上引发关注而一路蹿红，如“糖葫芦西施”“90后最美售票员”，最典型的莫过于“犀利哥”了。“犀利哥”原名程国荣，1976 年生人，因妻子和父亲在一次车祸中身亡精神受到刺激，常年流落城市街头，沦为乞丐。一网友把无意中拍到的他的照片放到网上，因照片上的程国荣放荡不羁、不伦不类的感觉以及那原始版的“混搭”潮流，特别是他那特有的“犀利”眼神，让网友们眼前一亮，遂被大加追捧。众网友们送其“犀利哥”雅号，并加以“人肉搜索”。“犀利哥”在一周之内红遍网络。“犀利哥”的迅速走红靠的是什么？靠的是视觉冲击力。不仅网络红人如此，许多的网络热点事件也是如此。2007 年年初，引发网络舆论风潮的重庆“最牛钉子户”事件，就与一照片有密切关系。在此之前“拆迁钉子户”已经屡见不鲜，媒体也时有报道，这家重庆的“钉子户”在网上走红之前，当地媒体也有报道，但都没引起网民的关注。三月初，在网上各大论坛开始流传一个帖子，题目是“史上最牛的钉子户”，帖子的内容就是一张图片：一个被挖成10米深大坑的楼盘地基正中央，孤零零地立着一栋二层小楼，犹如大海中的一叶孤舟。重庆网友将其命名为“史上最牛的钉子户”。可以说就是这幅极具视觉冲击力的照片引发了这场舆论风暴。类似的情况还有许多，如“华南虎照”事件、闫德利事件、北京站售票员大量出票事件、成都公交燃烧事件、中华女事件等。

二、社会心理对网络舆论的预见性

社会心理往往经历了一个较长的不自觉的量的积累过程，在其积聚到一定程度后常常会以非理性的形式爆发，对社会存在产生难以预料和干预的反作用①。社会心理爆发的方式无外乎舆论和群体行为（群体事件）。

社会心理可以被看作是潜舆论或前舆论，如果能够及时掌握社会心理，对社会舆论就能够有所预见。心理是内在的，如何掌握人的心理呢？方法有很多，比较常见的是调查访问。中国青年报社于1993年成立了“社会调查中心”，并在《中国青年报》辟“青年调查”专栏，专门刊登调查中心的调查报告。从调查报告的内容看，很多内容属于社会心理，诸如“民调：71.1%的受访者认为自己‘网购成瘾’”、“违心‘随份子’让98%的人感到有负担”、“民调：91.8%的人感觉年轻人普遍热衷当领导”、“94.3%的人痛感浪费无处不在”、“民调：85.8%的人青睐低碳旅游”、“84.5%的人痛感社会缺

①邢占军、黄立清：《新时期国内社会心理研究的清理》，《五邑大学学报（社会科学版）》2002年第2期。

乏勇气，老好人成功容易”。互联网的出现为掌握社会心理提供了更为便捷的途径。网络成为大众的一种生活，尽管这种生活是虚拟的，但作为人的反映却是真实的。网民的网络言行成为分析社会心理的珍贵范本。网络流行语、网络红人、网络热点、网络事件既是社会生态的反映，也是网民心理的反映。时下流行的舆情监测实质上是透过一些现象对社会心理的分析与监测。舆情监测点主要是热点新闻和热帖，“热”的标准主要取决于网民的跟帖。人民网专设“舆情频道”，支持舆情频道的是一只专业的舆情分析团队。这个频道每天都会公布一天的舆情分析，在每日舆情分析的基础上，形成每周舆情分析、月度舆情分析、季度舆情分析和年度舆情分析，以及地区、行业舆情分析。人民网每日舆情分析主要分为两部分：一为汇集当日“热门新闻跟帖”“论坛热帖”“意见领袖博文”“微博热点话题”；二为对舆情进行点评。第一部分就分析社会心理、预测舆论走向都有极高的价值，第二部分时有涉及网民心理或社会心态以及应对舆论的策略与方法。

无论是民意调查，还是舆情分析，都不是对舆论本身的分析，但民意调查、舆情分析的结果对社会舆论具有预见性。民意调查、舆情分析之所以对舆论具有预见性，是因为民意调查、舆情分析所包含的社会心理内核。近日发生的一件事便充分说明了这一点。英国泰晤士报高等教育特刊 10 月 3 日公布 2012—2013 年世界最佳大学排行榜报告，美国加州理工学院蝉联第一名，去年第二名的哈佛大学退居到第四名。北京大学从去年第 49 名升到 46 名，清华大学更劲升 19 名，从第 71 名升到 52 名；香港大学与香港科技大学排名都较去年下滑，分别成为第 35 和 65 名。按照这一排行榜，北大和清华终于扬眉吐气了一把。然而，这一排行结果在很多内地网友看来却说明不了什么，甚至有相当数量网友认为很“搞笑”。这样一件让国内大学感到扬眉吐气的事，为什么未得到舆论的喝彩呢？有学者从我国高校的实际出发，认为“围绕排行榜指标办学是很容易的，而且，这也是我国办学模式比较拿手的。与境外大学办学所不同的是，我们目前还是按照行政管理模式办校，基本办学模式是，学校行政领导给学院、教授下达科研指标，并根据指标配置资源，到年终时进行验收考核，拿发表论文兑现工资待遇。在这样的导向下，大学的办学越来越功利，教授沦为‘学术民工’，教育荣誉感和学术荣誉感严重受挫，造成我们的大学的各种外在数据越来越好看，可公众对大学的评价却越来越低的重要原因。”其实，公众对大学内部管理和日常教学科研情况未必很了解，他们只是从一些迹象、新闻报道或传闻逐渐形成了对大学的印象与态度，而这种印象与态度（社会心理）便在相当长的时间里决定着相应的舆论态势或舆论走向。2010 年 5 月，中国青年报社会调查中心通过民意中国网和腾讯教育，对 4488 人进行的调查显示（其中读过重点大学的人占 25.9%，读普通本科的占 45.4%，读高职高专的占 18.4%），58.8% 的人认为目前中国没有世界一流大学，18.6% 的人认为有，21.6% 的人表示说不好。本次调查显示，75.0% 的人认为“功利主义”是目前国内大学存在的最严重问题，72.2% 的人认为我国高校“行政化色彩明显”，被列为目前大学存在的第二大问题，目前大学存在的其他问题还包括：忽视对学生综合素质的培养（70.9%），抄袭等学术不端现象严重（61.0%），缺乏创新人才（55.8%），学术评价标准有问题（53.2%），缺乏一流的教育家（50.2%），管理不透明（48.6%）等。在公众心目中，什么是世界一流大学的标准？调查中，71.4% 的人首选“有独立自由的文化氛围”，

70.2%的人认为是“对社会起到引领作用”，61.5%的人选择“有高素质的教师团队”，53.8%的人选择“培养出大量杰出人才”。可以看出，在公众心目中我国高校距离世界一流大学的标准相去甚远，怎么可能在两年的时间里改变业已形成的印象与态度呢？因此，舆论对清华、北大在世界大学排行榜上位置有所提升的冷淡反应应是意料之中的事。再如，人民网舆情频道发布的2012年8月20日的舆情分析认为“伴随着中国综合国力的增长，中国网民们在一桩桩与中国息息相关的重大事件面前正在表现出越来越多的理性，而这也是中国国民心态成熟的又一个标志。”这一天舆情热度最高的事件是“中青报：打砸同胞日系车不是爱国是害国”，热度最高的单条网络新闻是腾讯新闻“中国青年报：打砸日货很愚蠢影响中国形象”。多数网友认为打砸日货是很愚蠢的行为，许多网友认为钓鱼岛事件背后是中日两国综合国力的全面较量。实际上，早在两年前的2010年，有学者在回顾了2009年的网络舆情后，便得出这样的评论：“我们看到了网民与政府在互动中的成长、改变和进步。网民的网下行动由年初的‘试水’，演化为年中的理性、非理性的‘众声喧哗’，进而发展为年底的‘理性、平和、有序’；而政府的应对也由旁门左道地编织谎言，消极防御转换为积极、主动，坦诚面对。双方都力求在理性、平和的互动中改变对方，双方也都在理性、平和的互动中改变、提升了自己。”① 中国网民心态正在走向成熟，由此可以预测，网络舆论暴力会越来越少，网络舆论将更具建设性。

---

①单光鼐：《网民的社会参与：走向理性有序》，http：//people. com. cn. 2010－01－06。

三、社会心理与社会现实的共鸣——网络舆论议题

社会心理是人们在社会中相互作用产生的共同心理，“它是社会结构系统诸要素中最敏感的综合感应器和温度计，对社会生活的任何轻波微澜都会自发地、直接地、迅速地做出反应，并对社会发展产生重要的影响。”① 正是因为社会心理是社会现实的“感应器”和“温度计”，社会心理才成为民意的土壤或舆论的前提，那些能够集聚民意、引发舆论的“议题”也是从社会心理中生发出来的。

中国改革开放以来，引入市场机制，经济快速发展，社会各个领域也随之发生了巨大变革，社会心理也悄然发生了多方面的变化。这些变化有积极的一面，也有消极的一面。积极的一面包括：从传统的“集体主义”心理向个性化心理的转化；从依赖、求稳心理向竞争和承担风险心理的转化；从等级观念向平等观念的转化；从务虚向务实的社会心理转化；心理空间的拓宽等。消极的一面包括：个人主义心理，相当一部分人处处以自我为中心，事事为个人打算，对他人冷若冰霜，对集体麻木不仁，对社会漠不关心；理想的低层次性，有相当一部分人表现出了追求的低层次和模糊性，无高层次精神追求，理想趋于平庸化；享乐主义心理，在当前社会中，一种求享受、图安乐、摆阔气、高消费的不良心理在蔓延。拜金主义心理，相当多的人把金钱看得至高无上，在他们心中金钱成为人生价值的尺度；崇洋媚俗心理等。② 可以看出，在这些社会心理的变

①李荫榕、温皓：《当代中国社会发展对社会心理的影响》，《学术交流》2004 年第 6 期。

②参见李荫榕、温皓：《当代中国社会发展对社会心理的影响》，《学术交流》2004 年第 6 期。

化中，隐藏着很大的隐患：社会心理的自我中心化和物质中心化对公共社会和精神世界的消解。

（一）求公平、公正心理与“富二代”“官二代”舆论

社会发展基本前提是个人的积极性和创造性。社会主义市场体制的确立、竞争机制的引入，“唤醒了人们沉睡了千百年的自我意识、独立人格。人们的自主自强意识日益增强，开始习惯于用自己的双手来把握自己的命运，……”在改革开放之初，由个性解放和宽松、灵活的经济政策创造出一大批锐意改革与进取的“弄潮儿”，他们在极短的时间内，凭着个人奋斗，从“个体户”成长为腰缠万贯的大老板，演绎出一幕幕财富英雄的传奇。上世纪80、90年代的“下海热”正是当时人们当时渴望财富、渴望成功的社会心理的反映。然而，随着改革步伐的加快，发展速度的加快，各种平衡机制的不够完善，逐渐出现发展的不平衡现象，东中西部地区、尤其是东西部地区之间在发展程度上呈现出较大差距，这种地区发展的差距又进而表现为城乡差距、贫富差距的拉大。中国社会科学院发布的《人口与劳动绿皮书（2008）》中指出：中国城乡居民收入的差距出现全方位扩大。在过去十几年里，我国城乡居民的绝对额差距增加了近12倍。东部地区城镇居民收入水平及增速均明显高于中西部地区，收入差距逐年扩大。从上世纪八十年代到现在，东部地区城镇居民人均收入增长了15.01倍，中部地区增长了12.2倍，西部地区增长了9.5倍[①]。近年来，行业之间收入的差距也在拉大，特别是一些垄断行业的收入较一些非垄断行业的收入要多出好几倍。悬殊的贫富差距，逐渐形成了“仇富”“仇官”心理。“仇富”“仇官”心理成为近

①何妍玺：《中国贫富差距现状分析》，《现代经济信息》2011年第16期。

一个时期最突出的社会心理之一，而近年来的许多社会舆论都是这种心理的直接或间接的反映。“仇富”“仇官”心理的背后，是对“公平、公正”的诉求。“富二代”“官二代”这两个词的出现并成为流行词，也成为舆论敏感词，屡屡引发舆论狂潮，正是公众“仇富”“仇官”心理的反映，同时，这些舆论在一定程度上也进一步使这种心理得到强化。

一些媒体不断高调推出“财富榜”或“富人榜”，使“富人”这个群体凸显于公众视野。据《2009胡润百富榜》公布的数据显示，当时中国内地已经有82.5万个千万富豪和5.1万个亿万富豪。“富豪”成为一个被社会的多数人羡慕、妒忌却所知甚少的特殊群体。“富二代”当然是指这些富人的子女，而这个词见于媒体始于访谈节目《鲁豫有约》2007年12月10日的一期节目《我是富二代》。之后，有关“富二代”的行为频繁见诸媒体，并引发公众的关注与议论，诸如“富二代”的奢侈生活、富二代的婚恋、富二代炫富等。2009年5月7日，在浙江省杭州市文二西路发生一起改装三菱车（车牌：浙A608Z0）因超速驾驶撞死人的事件，由此引发公众对“富二代”群体的强烈不满，“富二代”也由此完全成为一个贬义词。“官二代”是继“富二代”后出现、对政府官员子女的称呼。在中国，官宦子弟素有“纨绔子弟”之称，“李刚门”事件进一步强化了这一群体的负面形象。事实上，不论是“富二代”还是“官二代”，他们中都不乏优秀分子。舆论对这两个群体的过分关注和对他们某些犯罪行为、不良行为的过度反应，是“仇富”“仇官”心理的反映，更是渴望“公平、公正”心理的反映。

（二）信仰危机与网络“恶搞”

信仰是人类特有的精神现象，指人们对一定的世界观、人生观、价值观等观念体系的信奉和遵循，是统摄、指导其他一切意识形式的最高的意识形式。信仰危机，则指对特定世界观、人生观、价值观的放弃或对多种信仰的迷惑或不确定。信仰危机往往出现于社会变迁、动荡时期。我国改革开放的30年，正是中国社会大变革、大变迁的30年。伴随改革开放的不断深入和市场经济体制的快速成长，一方面我们取得了举世瞩目的成就和发展，广大人民群众的思想不断解放，全民族的精神状态更显得生机勃勃，而另一方面，社会上又存在着理想平庸、信念动摇等信仰危机现象。我国现阶段民众信仰危机具体表现为：价值迷惘、道德失范、理想幻灭和封建迷信卷土重来①。在市场经济的大潮中，原来所信奉的大公无私、毫不利己专门利人、为人民服务等社会主义信念受到享乐主义、拜金主义、利己主义的严重挑战；在残酷的市场竞争中，原来所信守的诚实、守信、勤劳、实干等道德准则逐渐让位于尔虞我诈、弄虚作假、见利忘义等；封建迷信思想死灰复燃，很多人开始把自己的命运、灵魂又交给了鬼神、上帝。

一些别有用心之人，便乘虚而入；一些披着神灵外衣的谣言也极易被传播，甚至成为热闹一时的舆论。2009年公映的一部美国科幻电影《2012》，引起了人们的极大恐慌，关于“世界末日”的话题一时成为热点话题。“玛雅人的预言”在网上被传得神乎其神，一些天灾人祸的发生如地震、极端天气等都会被认为是“末日”先兆。2012年5月底6月初，保定、沧州一带，不断有人放鞭炮“避邪”，很多人纷纷买苹果为保“平安”。原来，有传言很多地方“庙宇倒坍，要收童男童女”。

一些网络“恶搞”深层原因也是信仰危机。“网络恶搞”

①参见郑来春：《当前我国社会信仰危机及重建之路》，《长春理工大学学报（社会科学版）》2006年第6期。

作为一种网络大众消费文化现象，风行一时，在网络上呈现出一种全民狂欢的姿态。它颠覆传统，标新立异，用一种讽刺、幽默、游戏的视角来看待所谓的传统和经典。恶搞对象往往是热点事件、热点问题、公共人物等，也是民众发表意见、表达观点、参与社会事务和展现自我的新途径。一些“恶搞”有一定的积极意义，但也不乏低俗、无聊、消极甚至混淆是非、颠倒黑白的内容，反映了一些人特别是年轻人缺乏远大理想和崇高信念的思想状态。在“恶搞”作品中有一些是对红色经典作品的“恶搞”，在网上流传甚广。众所周知，“红色经典”记录的是一段历史，弘扬的是爱国主义、集体主义、革命英雄主义精神。“恶搞”英雄、调笑历史，是荣辱失范的“败德行为”，是对理想信念、诚实守信、良知善行、劳动光荣的颠覆，是对民族精神的践踏和嘲讽。如，好事做了一火车“对同志像春天般温暖”的雷锋“是因为帮人太多累死的”；奋不顾身、具有大无畏英雄气概的黄继光“是摔倒了才堵枪眼的”；为了胜利舍身炸碉堡的董存瑞“其实是因为被炸药包上的两面胶粘住了”；电影《铁道游击队》的游击队员也被恶搞成满嘴脏话的“参赛歌手”，勇士刘洪满嘴都是“谁不知道你和坐台小姐熟啊”之类的低俗之语……。

（三）浮躁、暴戾心态与网络舆论暴力

浮躁，是当今中国很多人心理失衡的表现之一，“它是社会中的一些群体或一些人，在对社会利益、群体利益、个人利益表达关注和追求时，所表现出的某种偏执、冲动、盲目、非理性的反映。”① 浮躁心态在认识层面的具体表现有：盲目跟

①素雄飞、甘日栋：《“社会浮躁病”的症状、特点、成因及其矫正》，《胜利油田党校党报》2010 年第 4 期。

风；主观妄断；目光短浅；不喜深思，浅尝辄止等。暴戾即粗暴乖张，这种心理形成于浮躁、喧嚣、忽悠、炒作、炫富的社会环境。在生活中，“暴戾”常常表现为一些人动辄“拳头说话”、恶语相加，在网络上暴戾之气更加一等，网络舆论的暴力化倾向则是最集中的表现。

“网络舆论暴力是指在一定的时间和空间内，多数网民通过网络言语和现实行为对网络最新事态中的当事人表达非理性的基本一致意见，从而造成人格侵权的不公正力量。”① 形成网络舆论暴力的原因是多方面的：首先，网络的原因。网络的自由性和匿名性使网民的自律减弱，网民便很容易言行失范或过激；其次，群体的原因。群体极化效应在网络中更为突出，使得网民言行的失当、失范或过激演化为暴力；第三，媒体、网络推手、意见领袖的误导；第四，心理原因，主要是暴戾心态。

本节主要从三个方面阐述了社会心理与网络舆论的紧密关系。社会知觉的选择性、显著性和惯性决定了网络舆论议题的非平衡性和主观倾向性；有什么样的社会心理就会有什么样的网络舆论议题，社会心理决定网络舆论议题的性质或趋向；社会心理是现实的反映，网络舆论议题是社会现实与社会心理双重作用的产物。

第三节　网络舆论争议的心理机制

舆论，是人们对社会上有争议的事与问题所形成的大致一致的意见。舆论，离不开有争议的事或问题，也离不开人们的

①罗昕：《网络舆论暴力的形成机制探究》，《当代传播》2008 年第 4 期。

争议。那么，人们为什么会争议呢？或曰“事与问题本来就存在争议，所以，人们要争议。”一方面，事情或问题即舆论的客体，具有引发争议的某些因素如真相模糊、是非曲直等；另一方面，由于人们的社会角色、社会地位、家庭背景、受教育程度等多方面的差异，认识事物的角度、价值取向不同，便形成了对事物不同的判断与观点。差异，导致争议。

一、舆论客体引发争议的因素

争议，即人们对同一件事持有不同观点并相互交流、批评与说服的传播活动。当参与争议的人数越来越多，便形成舆论。引发争议的事物，被称为舆论“客体”。被争议的事物一般具有公共性，也就是涉及公共利益如国家利益、民族利益、团体利益、群体利益、公众利益等。其次，被争议的事件往往涉及伦理道德规范问题，如公平、正义、助人、孝敬老人等；第三，当这些触及公共利益、伦理道德规范的事或人以新的面貌、特别的方式或有趣的情状出现时，更能刺激人们争议的热情。公共利益、是非曲直、价值取向、国家民族的前途、人类的命运，这些永远是舆论的主题。我们生活的这个世界，我们生活的每日每时，都在不断地发生这样那样的事，这些事总是以千姿百态、变幻莫测的方式对这些主题不断挑战。这些事也不断为我们输送话题，让我们争论而交流，交流而争论。人类就是在争论中获得宝贵的理性，也只有充分的争论，才能使人发挥与发展自己的理性。

首先，事情本身是多重因素的矛盾体。

是与非、真理与谬误、好与坏、利与弊、忠与奸的概念可以清楚地区分，但是，在生活中，在具体的事物中，它们却往往是交织在一起，并非泾渭分明。正如汉·米尔顿所言：“我们知道，在这个世界上，善与恶几乎是无法分开的。关于善的知识和关于恶的知识有着千丝万缕的联系和千万种难于识别的相似处，……。在亚当吃的那个苹果皮上，善与恶的知识就像孪生子一样跳进世界里来了。”① “南京徐老太事件”② 后，一连串“见死不救”的事频频发生，引发舆论关注，是与非、对与错，莫衷一是。越是莫衷一是，越是引发舆论热情。有关“见死不救”的舆论是近年来“舆论两难”的最突出的个案之一。舆论一方面慨叹“世风不古，人心难测”，痛惜那些在社会的冷漠中逝去的生命，另一方面也对“扶不起”“旁观者效应”等为“见死不救”行为辩论的言论予以理解与宽容。

其次，事情被人为造假或真相被人为掩盖。

人是理性的动物，揭开世界真相、追求表象背后的真知是人类最基本的理性表现。因此，围绕“真相”的争论总能吸引众多理性的心灵。“华南虎事件”正是围绕“真假老虎”而形成的持续长达近1年的舆论事件，而舆论的焦点也正是“挺虎派”不断提供证据证明“华南虎照”为真华南虎照，“打虎派”不断提供证据证明“华南虎照”为假老虎照。表1集纳了有关“华南虎照”舆论争议中“挺虎派”与“打虎派”部分观点的论证。所谓“挺虎派”即以陕西林业厅为代表的坚信华南虎照为真虎、陕西一带存在华南虎的一些单位、媒体与

①【英】米尔顿著，吴之椿译：《论出版自由》，商务印书馆1989年12月出版，第16页。

②2006年11月20日上午，南京市民徐寿兰女士在某公交车站等车，据其称被正在下车的市民彭宇撞倒，而彭宇则称下车时候见老人摔倒，所以扶至旁边，并且在其亲属到来以后一起送该老人到医院，其中还垫付了200元的医药费。当好心的彭宇离开以后，却被告知要赔偿医药费用。2007年1月4日，徐老太将彭宇告上了法庭，9月3日，判决的结果是彭宇应该赔偿40%的损失费计45876.36元。判决结果引起极大争议。史称“南京徐老太事件”。

个人，而“打虎派”则认为华南虎照为假照的一些网友、媒体和部分专家学者。

表1　“挺虎派”与“打虎派”的观点争议

挺虎派		打虎派	
日期	观点或证据	日期	观点或证据
2007.10.12	陕西省林业厅宣布陕西发现华南虎，并公布据称为陕西安康市镇坪县城关镇文采村村民周正龙2007年10月3日拍摄到的华南虎照片	2007.10.12	网上摄影论坛出现了网名为“玉龙山上”质疑华南虎照片的第一个帖子。
2007.10.16	陕西省林业厅野生动物保护处处长王万云说，这些照片的来龙去脉非常清楚，他感谢众多网民对这组照片的关心，但对于种种质疑，王万云表示这是由于大家不了解照片的拍摄及发布过程而导致的。	2007.10.19	中国科学院植物研究所种子植物分类学创新研究组首席研究员傅德志发表博文称自己以一个从事植物研究二十余年的权威科学家的身份，“敢以脑袋担保”照片有假。
10.29	陕西省林业厅展示了周正龙拍摄的野生华南虎的胶卷（负片）、用胶卷冲洗放大的彩色照片，以及用数码相机拍摄的部分照片。新照片虎目圆睁，露出凶光，并依稀可看到部分虎尾。	10.30	国际野生动物保护组织首次就华南虎照片事件发表声明，称照片中华南虎的反应不合常情。
10.30	陕西省林业厅官方称，关于华南虎照片的质疑都是来自民间的，从来就没有官方提出质疑，即使中科院有关专家认为照片有假，林业厅目前也没有接到任何正式的对华南虎的质疑。	11.08	曾打过多个公益官司的青年法律学者郝劲松在向国家林业局发出行政复议申请，要求国家林业局对陕西省林业厅的失职行为以及周正龙的造假欺骗行为进行查处，并要求国家林业局必须委托专业机构对照片一一鉴定。

续表

挺虎派		打虎派	
日期	观点或证据	日期	观点或证据
11.08	林业局新闻发言人曹清尧就陕西“华南虎”事件指出，仅凭几张照片几个脚印并不能证明野生华南虎的存在，一张照片的真假并不说明野生华南虎现在的情况。	11.16	一网友称“华老虎”的原型实为自家墙上年画。同时，义乌年画厂证实确曾生产过老虎年画。
11.21	陕西省林业厅宣传中心主任关克认为：虎照为真应刑事调查“年画虎”。	12.03	来自六个方面的鉴定报告和专家意见汇总认为虎照为假。

第三，争议往往出现在逆境中。一件事或意向工作顺利时，不会成为关注的对象或议论的焦点，但并非事物本身不存在争议。一旦遇到挫折或问题，议论或争议就借机出现。比如，2008 年北京奥运会对于中国人来说是一件大事，因为本次奥运会使新中国历史上乃至奥运历史上，中国人第一次举办奥运会，全国人民自然很关注。在奥运火炬传递之前，并未形成较大、较强的舆论，因为从北京申奥成功到奥运场馆建设一直都比较顺利，未出现什么问题，全国上下对北京奥运的承办工作基本都抱有支持的态度；但是，在奥运会开幕之前的奥运火炬传递过程中，在法国、德国、美国、印度等地出现了阻挠、干扰圣火传递的骚乱，西方媒体也借此把北京奥运会与政治联系起来。中国公众的爱国情绪受到极大的刺激，很快，围绕“北京奥运”形成了巨大的舆论，“支持北京奥运、办好奥运、为中国人争气”占据了舆论主流，但也有对“北京奥运”的质疑之声，如“劳民伤财”“打肿脸充胖子”“死要面子活

受罪”“应该勤俭办奥运”等。

二、争议的心理因素

争议，起于人们观点不同、想法各异，但“观点不同，想法各异”的人们并不一定相互争议，比如，在封建专制社会，老百姓对官员、官员对国王、君主只能是敢怒不敢言，在现代社会家长制、一言堂盛行的组织、企业，也不太容易形成争议的局面。所以，争议的社会条件或外部环境是民主的政治、社会制度和崇尚平等、自由、畅言的文化与社会风气。新中国成立以后，党和政府在不断推进社会主义经济建设的同时，也不断探索具有中国特色的社会主义民主之路。改革开放以来，民主与法制建设取得了重大进展，在言论自由、新闻自由和舆论监督方面也都有了很大的进步。特别是互联网飞速发展的今天，网络上的论坛、新闻跟帖、博客、社交网站、微博等已经成为人们自由放言、辩论的公共场所。

中国网民是世界上最热衷网络舆论的网民之一。他们关心时事、热衷网络问政；他们痛恨官场腐败，通过围观、人肉的力量，对权力形成不可忽视的震慑力；他们向往公平与正义，他们以“吐槽”“拍砖”甚至“围剿”的方式仗义执言；他们喜欢真实真相，相信“有图有真相”，愿意为求得真相而付出，不怕因坚持真相而遭“骂”。中国网民热衷网络舆论的心理动因何在？网络争议之盛的心理原因何在？

（一）自我表现

自我，是个体意识到“我他”关系即将自己同世界区别开来时出现的一种意识，“是人们意识对自己所持有信息的集合：什么是我们最重要的特征？什么是我们最擅长的？什么样的情景是我们所偏好的？什么是我们所回避的？”① 自我或自我意识是人格的核心。从自我意识的出现到自我的形成，需要经历幼儿期、儿童期、少年期、青春期等十几年的时间。个性张扬、表现自我是伴随自我发展过程的自然现象，特别是青春期，是自我发展的重要阶段，也是自我表现欲最强的阶段。当然，进入成年期以后，自我形成便具有相对的稳定性，自我表现仍然是个体寻求社会认同与自我实现的重要表现。

在社会生活中，人们总是自觉不自觉地控制自己在别人面前的表现，以期在别人心目中建立良好的自我形象。在社会心理学中人们把自觉的印象控制过程称作自我表现。个体如何自我表现，取决于交往对象的特点、交往情境以及所属群体的参照②。社会心理学家琼斯 E. E. Jones 等人 1982 年总结了人们主要的自我表现策略，包括逢迎（ingratiation）恫吓（intimidation）自我抬高（self – promotion）显示（exemplification）恳求（supplication）等 5 种。

网络空间作为一个自由的虚拟空间，是对现实生活中自我表现不足的纠正或弥补。在网络空间，网民的自我表现与现实生活中的自我表现有很大的不同，因为决定自我表现的三个因素即交往对象的特点、交往情境以及所属群体的参照发生了很大的变化。网络是一个虚拟空间，网民的身份是虚拟的，交往对象是虚拟的，参照群体也是虚拟的，人们的自我形象既可以是虚假的，也可以是多变的。因此，如果说现实生活中的自我表现是围绕“社会角色”的要求进行自我控制，那么，网络

①【美】S. E. Taylor、L. A. . Peplau、D. O. Sears 著，谢晓非等译：《社会心理学》，北京大学出版社 2004 年 9 月出版，第 101 页。

②史清敏、赵海：《自我表现理论概述》，《心理科学进展》2002 年第 4 期。

空间中的自我表现则是很大程度上本着自我的愿望甚至本我的冲动而抒发自我的。网络空间的自由性、匿名性与超链接功能激发或形成了网民的游侠心理——神出鬼没、来去无踪、天马行空、恣意妄为，致使一些网民特别是一些青年网民的自我表现呈现出自我中心或攻击性，如自我美化、自我抬高、语言暴力等。网民这种自我表现的特点，正是网络热议频繁、争论激烈甚至出现网络舆论暴力的原因所在。

（二）社会认同

社会认同，是人类在群体生活中形成的一种社会心理，是“个体认识到他（或她）属于特定的社会群体，同时也认识到作为群体成员带给他的情感和价值意义。”（Tajfel，1978）[①]社会认同基于群体的存在与群体差别的现实，社会认同是由社会分类、社会比较和积极区分原则建立起来的。人们会自动地对事物进行分类，人们在进行社会分类时具有夸大同类相似性和不同类间差别的心理趋向（Tajfel，1963），人也会自动把自己归为某一群体，并自动区分内群体与外群体，同时把所属群体的特征赋予自己，这便是社会定型（Turner，1985）；社会比较，在自动发生的社会比较中，社会成员不仅倾向于夸大群体间的差别，且“对群体内成员给予更积极的评价。这样就产生了不对称的群体评价和行为，偏向于自己所属的群体，即从认知、情感和行为上认同所属的群体。”[②] 积极区分原则，即社会成员在对社会群体进行评价时，出于自尊、自我激励的动机，往往对所属群体做出过高评价或较其他成员表现更出色。这种积极区分原则，强化了社会认同，但同时也容易引起

①张莹瑞、佐斌：《社会认同理论及其发展》，《心理科学进展》2006 年第 1 期。
②张莹瑞、佐斌：《社会认同理论及其发展》，《心理科学进展》2006 年第 1 期。

群体偏见、群体敌意甚至群体冲突。

社会认同是社会舆论产生的重要心理机制之一。社会成员对自己所属群体的认同感越强，对群体的遵从感越强，“从众心理”心理也越强。在舆论形成过程中，某种意见能够在较短的时间内得到广泛的认同，这种出于对所属群体的认同而产生的“从众心理”发挥了重要的作用。当然，从众心理也可发生于群体外，但多数发生于群体内。“从众”行为有时基于对群体的认同心理，是一种自觉自愿或无意识行为，但有时却是出于对群体的屈从，即群体意见没有产生认同，但因群体的压力不敢公开反对群体的意见，传播学中的“沉默的螺旋理论”① 反映的就是这种情况。

中国在经历30多年的改革开放，社会结构重新分层，由于在分配机制、各种调节机制的不够完善，出现了贫富差距过大的情况，富人与穷人群体在财富的占有、社会地位、受教育机会等方面出现了较大的差距；官本位的弊端也日益凸显，官民之间的矛盾也比较突出。在富人与穷人、官与民的关系中，的确存在一些不合理的因素，作为弱势群体的“穷人”“平民百姓（他们在网上自称为屁民）”他们对本群体的认同感越强，对这种关系的不合理性就越发不满。因此，当网络成为人们便捷的联系、沟通、集合的平台，弱势群体在网络中集结。网络不仅使他们集聚起来，也不断强化他们的群体认同；群体认同感越强，他们就越趋向于积极参加群体活动，去积极争取

①1974年德国女社会学家伊丽莎白·诺尔－诺依曼发表论文首次提出沉默的螺旋假说，认为舆论的形成是一个社会心理互动过程，人们在发表意见时，首先要观察周围的意见环境，如果发现自己的意见属于多数意见，就大声说出，如果相反，为了避免被孤立，就选择沉默。这样，就形成了“一方越来越大声疾呼，而另一方越来越沉默下去的螺旋式过程”。

群体的利益或权益。于是，在公平、正义的旗帜下，富人与富二代、官与官二代自然成为关注的焦点，他们的任何劣迹、丑行都会在网上掀起舆论风潮。但是，一些群体成员由于过于热衷本群体，不免产生群体偏好和群外偏见。各种偏激的观点或行为相互碰撞，争论自然激烈起来。

（三）认知不协调与追求心理平衡

认知不协调理论，是有关态度改变的理论之一。1957年，费斯汀格在《认知不协调理论》一书中，系统地提出了他的认知不协调理论思想。该理论的提出基于“人都喜欢维持心理平衡”的假设，如果人觉知到认知的不协调，心理就失去平衡，就会感觉不愉快，就会尽力去消除不协调，使心理恢复平衡。

认知不协调的情形有多种，包括自己的态度与行为的不一致、自己的态度与别人态度的不一致、自己的态度与现实的不一致、自己的态度与信息的不一致等。人们消除不协调的方法也有多种，当自己的态度与自己的行为不一致时，或改变态度，或改变行为；当自己的态度与别人的态度不一致时，或改变自己的态度，或改变别人的态度，或证明别人态度的错误，当然，也可以尽力去回避别人的态度；当自己的态度与现实不一致时，或改变自己的态度，或改变现实；当自己的态度与信息不一致时，或改变态度，或证明信息的不真实、不可靠、不合理性。总之，人不会对内心的不协调置之不理。

生活中常见的说服、争论、批评等，是“认知不协调心理”的反映，或者说认知不协调心理是这些现象的心理机制之一，也是网民参与网络舆论争论的心理因素之一。在博客、论坛、新闻跟帖、微博这些网络舆论空间，其实，很少发生即时的、有明确对象的说服或争辩，发言者对自己的言论是否能够得到回应无法预知甚至也不去想是否得到回应，往往是在想说的时候就说了，说了就痛快了。网络正是这样一个媒体：想说就说，一键完成。网络正是这样一个媒体：情绪媒体，宣泄媒体。

本章小结

非理性，被认为是网络舆论的突出问题。本章第一节阐述了非理性的概念和理论，认为非理性是人格的一部分，是网络舆论启动的重要因素之一，对其不应一概否定；非理性因素在网络环境中有被放大的趋向，这也正是应该对网络舆论加强引导的重要原因之一。

网络议题（热点事件或突发事件）和网络争议是网络舆论形成的两个重要机制。本章第二节分析社会知觉的特点，说明知觉本身所具有的选择、突出功能，为网络议题的形成提供了心理基础；一些社会心理调查也证明社会心理与舆情的契合；很多实例都证明网络舆论议题的形成是社会心理与社会现实共振的结果，如“富二代”“官二代”议题与公众求公平、正义心理的契合。网络争议显示出热烈或激烈的特点，是由于网络环境使网民“自我表现”“认同心理”“追求心理平衡”等心理更为突出的表现。

第四章　网络舆论偏差的心理成因

舆论会不会犯错呢？舆论真能代表民意吗？对这两个问题的回答，不仅关系到我们对网络舆论的基本认识，更关系到我们如何对待网络舆论。

第一节　两种舆论观：舆论是否可以完全信任

如果从本体论的角度来考察，对这两个问题的回答都是肯定的。因为舆论的主体是公众，人是理性的动物，即使作为个体的人一时会做出非理性的判断，但作为公众不会一起都做出不理性的判断，即使公众中的多数人都一起做出了非理性的判断，但由于个体理性的作用，公众也最终会走向理性的判断。

一、西方启蒙时期：被理想化的舆论

西方启蒙时期即17、18世纪。这一时期，正处从封建社会向资本主义社会的过渡时期。随着欧洲各国资本主义经济发展和科学技术的进步，资本主义与落后腐朽的封建专制制度之间的矛盾日益尖锐，资产阶级和人民大众反对专制统治的斗争此起彼伏。正是在这样的背景下，一些先进的思想家高举理性的旗帜，批判封建的社会制度和政治制度，抨击神学教条，清扫封建社会的传统和愚昧，幻想建立一个合乎理想的社会和国家。由此，17、18世纪被称为启蒙时期。这一时期，产生了

灿若星辰的思想家，他们的思想尽管充满了他们各自天才般的创建与奇思，但他们有一个共同的思想核心：对理性的认同与推崇。

（一）启蒙先驱米尔顿："意见自由市场"作为获取真理的手段

西方启蒙时期，对人的理性极为信任与推崇，认为人具有认识真理的能力和遵从真理的道德感。约翰·米尔顿在《论出版自由》这本小册子中，写下了这样一些话："书籍也和酒和肉一样，有些是好的，有些是坏的""坏肉纵使用最卫生的烹调方法也不能产生什么好的营养，但坏的书籍在这一点上却有所不用。它对一个谨慎而明智的人来说，在很多方面都可以帮助他善于发现、驳斥、预防和解释。"[①] 这番话是米尔顿为了反对英国议会要对书籍出版实行"特许制"而说给那些议员们的，意思是：即使是坏书对于那些有理性（谨慎而明智）的人来说，也会起到好的作用。米尔顿对人的理性不仅推崇，而且认为理性是人之天性，是上帝赋予的。"在亚当尝的那只苹果的皮上，善与恶的知识就像一对连在一起的孪生子一样跳进世界里来了。也许正是因为这一劫数，亚当知道有善恶，也就是说从恶中知道善。"[②] 其实也是在说人正是在犯错、知错、改错中培养了自己的理性。作为支持这一观点的最有力的论证，米尔顿又写道："虽然何种学说流派随便可以在大地上传播，然而真理却已经亲自上阵。如果我们怀疑她的力量而实行许可制和查禁制，那就是伤害了她。让她与虚伪交手吧，谁又

①【英】米尔顿著，吴之椿译：《论出版自由》，商务印书1989年12月出版，第15页。

②【英】米尔顿著，吴之椿译：《论出版自由》，商务印书1989年12月出版，第16页。

看见过真理在放胆交手时吃过败仗呢?”① 真理总是最后的胜利者，但真正的胜利者是人的理性。在《论出版自由》中，虽然并没有出现“舆论”一词，但其对舆论的态度却是不论自明的。“观点的自由市场”和“自我修正”的概念正是基于米尔顿的这些观点，才得以形成的。“观点的自由市场”就是舆论场，在舆论场中，有好的舆论，也有坏的舆论，但是好的舆论终会打败坏的舆论，因为这个舆论场有自我修正的能力。

（二）卢梭：舆论永远正确

进入18世纪，特别是到18世纪下半叶，人们对舆论的重要性有了普遍的认识，把公共意见看作是公正、法律的化身，是国家政权存在的根据和唯一的理由。

让·雅克·卢梭，是最先使用舆论（Public Opinion）的人，也是对舆论给予极高赞誉的学者之一。卢梭认为，“公共意志永远正确”，所有的行政法规、民法、刑法都应当建立在舆论之上，甚至认为即便是专制也要取决于民意。在《社会契约论》中，卢梭首先假想了一个自给自足的自由人国家，然后设想了一个契约的公民社会。卢梭的思想前提是“人生而自由”，即使在家庭这一人类最古老、也是唯一自然的社会形态里，一旦生存的需求解除了，“子女对父亲的服从和父亲对子女的照顾这双重责任就都解除了，他们从此成为独立的个体。”，就是说，家庭是出自自然、自愿的约定，而非强制。奴隶制度是不合理的，因为它剥夺了奴隶的自由，人一旦失去了自由，也就失去了道德。

但是，卢梭也看到，一个人的力量是有限的，必须团结起

①【英】米尔顿著，吴之椿译：《论出版自由》，商务印书1989年12月出版，第45页。

来，才是保存他们自己的最有效的方式，也就是要结成一个集体群策群力，用力量的总和去攻坚克难。那么，这个集体应该是怎样的？怎样设计一个人类的集合体，以用集体力量来保障每一个加盟的个体和他的财产？在这一集体中，个体虽然和整体联系在一起，但依然自由如初，只听从自己的意志。卢梭认为，契约社会能够满足以上所有要件。关键是契约。契约，即法律，是这个社会的所有成员的共同约定，是人民意志的体现。所以法律的真正制定者不是别人，就是人民自己。卢梭认为国家的法律可以分为三类：基本法、民法和刑法，而在这三种法律之外存在着第四种法律，也是最重要的一种法律，那就是公共舆论——“它既不是铭刻在大理石上，也不是铭刻在铜表上，而是刻在公民的内心里；它每天都在获得新的力量；当其他的法律衰老或消亡的时候，它可以复活那些法律或代替权威的力量。”①

总之，启蒙时期的思想家从米尔顿到卢梭，都相信人是理性的动物，认识真理的智能是人所固有的，只要人们自由地发表意见、自由讨论，真理就自然会浮出水面。于是，言论自由、意见的交流成为真理的栖息之所，也便包含了这样的意旨：作为公共意见的舆论最终是公正的、合理的。这样一种思想自由观、真理观、舆论观，在今天看来，显得过于理想化，甚至有些幼稚。但是，它毕竟是代表着文明与进步的伟大创建，又正逢资产阶级革命的兴起，革命与理想总是能一拍即合，“言论自由、出版自由、新闻自由”成为自由主义思想体系中首当其冲的重要内容。资产阶级在建国初几乎都把这样的

①【法】卢梭著，何兆武译：《社会契约论》，商务印书馆2003年2月出版，第70页。

理念写入宪法，把言论自由、出版自由作为人权的一种加以保障，以美国《宪法第一修正案》（1791 年）最为典范："国会不得制订下列任何法律：确立国教或禁止信教自由、剥夺言论自由或出版自由，或剥夺人民和平集会和向政府请愿、申冤的权利。"

二、19 世纪：被褒贬不一的舆论

1789 年爆发的法国大革命，被认为是一场最彻底的资产阶级革命。在三年的时间里，旧的观念逐渐被全新的天赋人权、三权分立等民主思想所取代，制宪会议通过《人权与公民权宣言》（简称《人权宣言》，The Declaration of Man and the Citizen），确立了人权、法制、公民自由和私有财产权等资本主义的基本原则。议会还颁布法令废除贵族制度，取消行会制度，没收并拍卖教会财产。在革命时期，舆论也显示了前所未有的威力。拿破仑执政期间，舆论就扮演了引人瞩目的角色。"拿破仑不但是一位卓越的军事家、政治家和外交家，而且他还是一位卓越的新闻宣传家。他是历史上第一位全面操纵新闻媒介为自己造势扬名的战时领导人。他一生亲自指挥过六十多场战役，粉碎了五次反法同盟的进攻，除了他卓越的军事才华外．这与他所开展的战时宣传也是分不开的。通过对战时新闻舆论巧妙的引导，他基本达到了对内宣传——鼓舞士气，激励民心；对敌宣传——瓦解斗志，扰乱敌心；对占领国宣传——影响舆论，增进合作的目的。"① 也许正是因为舆论在革命时期前所未有的表现，才引发了法国大革命后人们对舆论的广泛

①梁萱：《堂破仑戳时宣传的思想与实践》，《新闻爱好者》2011 年 4 月（下半月）。

关注和深入探讨。哥斯道夫（Carl Von Gersdorf）的《关注舆论的概念与天性》（1846）和赫尔珍道夫（Fronz Von Holtzendorff）的《大众舆论的天性和价值》（1879）是世界上最早的舆论学专著[①]。在这一时期，对舆论的探讨已非启蒙时期的本体上的探讨，而是深入到舆论的效用层面，尤其关注舆论与政治的关系。在对舆论的概念、基本原理、功能的考察中，有些学者看到了舆论的强大作用并予以肯定。如在德国，维兰德（C. M. Wieland）就断定如果政府无视舆论的话，那么它将不会长久，显然对舆论是抱以肯定的态度；再如心理学家加尔夫（Christian Carve）曾撰文专门论述大众舆论的功能，并对大众舆论的基本功能大加肯定[②]。也有一些学者对公共舆论产生了疑虑甚至抵触。黑格尔就认为：舆论在本质上是与自然相抵触的，部分值得褒奖而部分令人厌弃，其中错误与真理混杂在一起。因此“舆论既应得到尊重，也应得到轻视”，而伟大人物的任务就是为他的同辈人找到舆论中的真理[③]。法国著名的政治思想家阿列克斯·德·托克维尔，出于对民主的信任和热爱，在其25岁时，对美国进行了9个月的考察，对美国民主制度的应用进行了细致的考察和睿智的分析，回国后用8年的时间写出了《论美国的民主》（上、下卷）。在这本书里，托克维尔在洞悉民主制度的许多问题的同时，也发现了舆论的负面影响，他指出：舆论一旦形成，就会成为人们无法想象的强

---

①参见刘建明等著：《舆论学概论》，中国传媒大学出版社2009年4月出版，第16页。

②参见刘建明等著：《舆论学概论》，中国传媒大学出版社2009年4月出版，第16页。

③参见刘建明等著：《舆论学概论》，中国传媒大学出版社2009年4月出版，第17页。

大力量，就有可能出现以全体精神压服个人智力，将公众意见强加于和渗透于人们头脑的情况，从而“把个人理性限制在与人类的伟大和幸福很不相称的极小范围。”①

19 世纪英国言论自由思想的集大成者约翰·斯图尔特·密尔秉承了米尔顿的自由思想，认为“出版自由”“思想自由”是天经地义的，无需再加以论证的。他的睿智之处在于，发现了公共意志即舆论对少数意见的限制性、压制性，而被压制的少数意见也有正确的可能，多数意见也同样有错误的可能，因此，他在《论自由》中写道：“如果全人类除了一个人以外，意见都一致，而只有一个人持有相反的意见，那么全人类要压制这一个人的意见，并不比这个人如果有力量来压制全人类更为合理。……如果这种意见是正确的，他们就被剥夺了用错误来换取真理的机会，如果是错误的，他们就失去了几乎同样的好处，那就是通过和错误意见做斗争，真理就会被理解得更明确，印象也会更生动。”② 哪怕是一个人，他（她）的意见如果被压制，也是一种罪恶，因为这不仅是对个人权利的剥夺，更是对全人类的掠夺。人类被掠夺的是思考的权利，被伤害的是人类健全的理性。实际上，密尔一方面从法的角度确立了言论自由基本原则，即只要不伤害另外一个人或社会，一个人的自由是绝对的，另一方面也从道德的角度说明，任何人包括政府不能用舆论强制任何人，因为舆论也可能不那么正确。如果发生舆论强制，就是多数人的暴虐。

---

①【法】托克维尔著：《论美国的民主》，商务印书馆 1991 年 9 月出版，第 527 页。

②【英】约翰·斯图尔特·密尔著，程崇华译：《论自由》，商务印书馆 1982 年出版，第 17 页。

三、20世纪：被质疑的舆论

进入20世纪，西方对舆论的研究出现了另一番景象，先哲们的舆论观遭到了直率的批评甚至攻击，对舆论的非纯洁性、非理性的问题给予了多方面的关注和无情的剖析。

（一）李普曼：舆论更多的是“临时的想象”

李普曼作为一个新闻实践者，从对舆论的微观景象到宏观景象进行分析，得出的结论是：“公共舆论中的客观成分很少，更多的是临时的想象”[①]，而就报纸和那些公共人物而言，其舆论无不是控制或表演的结果。在《公共舆论》（又名《舆论学》）一书中，对米尔顿关于人都具有理性的观点提出了质疑，认为现实的人并非是理性的；而且认为弥尔顿的“认识真理的智能是所有的人所固有的，所以真理在自由流通中会赢得承认”的意见自由市场的观点是错误的[②]。可以说，与李普曼的舆论观有着同等重要性的是他对于舆论的研究方法，“将实用主义效用观引入到了舆论学的研究中”[③]，更值得我们借鉴的是他基本上是从认知的层面，从心理学的角度对舆论进行细微的分析，从而归纳出其结论的。

1. 舆论在复杂的三角关系中产生

在《公共舆论》这本书的导论部分，李普曼从勾勒一幅幅政治、战争、大人物的景象，得出他对舆论的基本结论或认

---

①李普曼著，阎克文、江红译：《公共舆论》，上海人民出版社2009年3月出版，第199页。

②参见李欣人：《西方舆论观演化的现代性理路》，《山东大学学报》2012年第2期。

③参见李欣人：《西方舆论观演化的现代性理路》，《山东大学学报》2012年第2期。

识舆论的起点："因此，对舆论进行分析的起点，应该是认识活动的舞台、舞台形象和人对那个活动舞台上自行产生的形象所做的反应之间的三角关系"① 舆论正是在这个三角关系中产生的。"活动的舞台"相当于社会背景或社会心态，"舞台形象"相当于一些人的描述、情感、意见，"人对那个活动舞台上自行产生的形象所做的反应"相当于作为公众的每个人对各方描述、情感、意见的理解和阐释。以舞台作喻，不仅把舆论的两个要素"舆论主体"（公众）和"舆论本体"（描述、情感、意见）有机地构置在特定的环境中，更为重要的意蕴是：舆论运行过程就像一场表演，而舆论本身则充满了个体各种各样的想象。"这就像一场戏剧，演员们根据自己的经验各行其是，剧中的情节是在处理演员的现实生活，而不仅仅是他们的舞台生活。"② 至于作为公众个体的人对各方描述、情感、意见的理解与阐述，李普曼也同样不那么乐观，他从认知的角度洞察到：由于利益的驱使，由于世界的广袤，人们"必须依靠观念去应付那些超出视线以外并且难以把握的事件"③

2. 成见对舆论的伤害

在人们所依靠的观念中对舆论最具杀伤力的莫过于"成见"。《公共舆论》的第三部分，用了五章的篇幅探讨了成见与舆论问题。普利策没有给成见下一个完整的定义，他总是喜

①李普曼著，阎克文、江红译：《公共舆论》，上海人民出版社2009年3月出版，第12页。

②李普曼著，阎克文、江红译：《公共舆论》，上海人民出版社2009年3月出版，第12页。

③李普曼著，阎克文、江红译：《公共舆论》，上海人民出版社2009年3月出版，第10页。

欢用一些典型图像来说明一个抽象的概念或理论。在开始探讨“成见”时，普利策描述了一则有趣的心理实验：

距正在召开会议的大厅不远的地方有一个公共庆典活动，其中还有一个化装舞会。突然，会议厅大门被人撞开，一个小丑冲进来，一个持枪黑人在后面狂追。他们在大厅中央停下厮打；小丑倒下了，黑人扑上去开枪射击，然后两人一起冲出了大厅。整个事件持续了不到20秒。

会议主席要求在座各位当即写出一篇报告，因为肯定会有一次司法调查。交上来的40篇报告中，关于主要事实的错误低于20%的只有1篇，有14篇的错误为20—40%，有12篇达40—50%以上。而且，有24篇纯粹是杜撰了10%的细节描述，有10篇的杜撰率高于10%，低于10%的只有6篇。简言之，有十分之一的报道是虚假报道。

不用说，整个事件是预先安排好的，而且煞是生动逼真。那10篇虚假报道可以归入故事或传奇之类，24篇报道多半是传奇，只有6篇具有接近确凿证据的价值。

李普曼在接下来的对这个实验的分析中指出：一场打斗在他们（40名被试）眼前发生，而他们实际看到的是“他们自己对这场打斗的成见”，因为“他们在自己的生活经历中，全部形成了一系列关于打斗的印象，而这些印象仍然在他们眼前晃动。”① 他们用他们头脑中关于“打斗的印象”不同程度地取代了真实的景象。

可见，在李普曼看来，成见首先意味着先前的“印象”被植入当前的认知，并遮蔽了当前的真实。看来，印象意味着

①李普曼著，阎克文、江红译：《公共舆论》，上海人民出版社2009年3月出版，第63页

阅历、经验、智慧，同时，也意味着错误认知的风险。成见对于认知是破坏性的，并不是所有印象都具有破坏性，只有当把印象凌驾于感知之上，即当“印象”成为成见时，印象便具有了破坏性。除了印象之外，“公认的典型、流行的样板和标准的见解，都会在人们接受信息的过程中产生阻碍作用。”①这些公认的典型、流行的样板和标准的见解在人们的认知生活中，往往扮演着成见的角色。由于这些成见不仅用于描绘，还用于判断，因此，“成见里还满载着偏心，充盈着爱憎，吸附着恐惧、情欲、热望、骄傲和期待。”②

成见之所以是破坏性的，是因为成见所展示的世界是片面的、不充分的，李普曼以当时美国流行的“进步观”为例，对此进行了无情的解剖和分析。无论是土生土长的美国人还是新来的移民，都相信进步意味着“乡村将会变成大都市，其貌不扬的建筑将会变成摩天大厦，小的将会变大，慢的将会变快，穷的将会变富，少的将会变多，一切都会更上一层楼。”③而这种习惯性地把进步视为“发展”忽略了许多许多方面，如环境的破坏、贫民窟的增多、生存空间拥挤不堪、农民或未被同化的移民的四处漂泊、资源的耗费等等。

那么，成见是如何在不知不觉中发挥作用，或是在不知不觉中抓住了人们的心？首先是人们有记忆，人类有历史、有文化，脑子里有先前之见；其二，先前之见就像迷雾总是

①李普曼著，阎克文、江红译：《公共舆论》，上海人民出版社2009年3月出版，第65页。

②李普曼著，阎克文、江红译：《公共舆论》，上海人民出版社2009年3月出版，第90页。

③李普曼著，阎克文、江红译：《公共舆论》，上海人民出版社2009年3月出版，第82页。

在当下活动着，介于人与世界之间，让人看不清当前之物。“众所周知，另一个种族的所有成员在一个外国游客眼中全部是一模一样的外国人，一个局外人只能根据个头和颜色分辨一群羊的大体差别，但牧羊人却能准确地认出每一只羊。”① 李普曼认为，只有专业人士才有能力拨开“迷雾”认清事物的真面目，但舆论从来就缺少专业见识，暗示舆论与成见的关系密切。其三，一旦成见系统固定下来，人们就会被那些支持这一系统的事实所吸引，而对于与这一系统相抵触的事实则视而不见。

最后，李普曼描绘了一幅舆论形成的内在景观：到达读者手中时，每一份报纸都已经是一系列选择的产物。这些选择包括印什么新闻、印在什么位置、每条应占多大版面、各自的重点是什么等等。这些选择没什么客观标准，编辑只要考虑如何才能让某一批读者拿出半小时的注意力放到他的报纸上、如何激发读者情感、使读者与所读到的内容产生共鸣就可以了。读者必须通过个人认同，像参与话剧一样参与新闻，才能说新闻有了吸引力，才产生了舆论空间。读者为了进入新闻，他必须先在故事中找到一个熟悉的门槛，这就是成见所要起的作用。“这些成见告诉他：如果这些木材商协会被称为‘康贝因’，他就理所当然可以表现出敌意，如果它被称为‘知名实业家集团’，那么成见就会引导他做出善意的反应。”② 所有这些因素合起来便形成了制造舆论所需要的能量。这个舆论制造的过程可以用下图来表示：

---

①李普曼著，阎克文、江红译：《公共舆论》，上海人民出版社2009年3月出版，第62页。

②李普曼著，阎克文、江红译：《公共舆论》，上海人民出版社2009年3月出版，第253页。

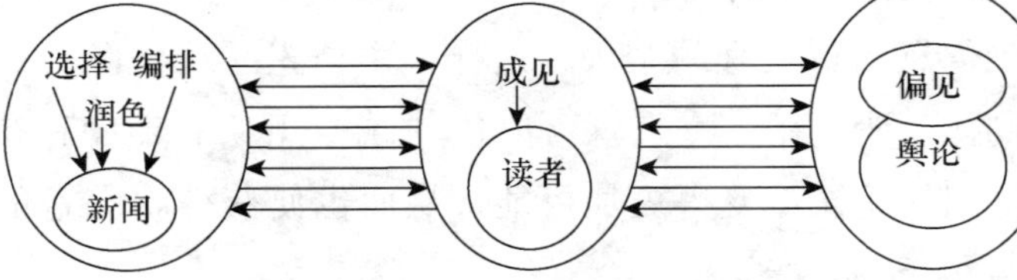

从上图可以清晰地看出，在以报纸为主要感知机构的时代，由于记者、编辑对“新闻”的洗牌作弊，又由于报纸读者不自觉地对成见的引入，舆论就不免掺杂着偏见。李普曼用归纳的方法，从对新闻制作的微观观察，从对人的心理世界的透视，看到了一个具体的、充满危机的理性，勾勒出种种理性被蒙蔽、被误用的状况，打破了启蒙时期关于理性的神话（理性的自由辩论导致真理）。既然人的理性不那么可靠，媒体机构也并非能够提供一个真实、客观、全面的世界，那么，就应该对舆论加以管理。在《公共舆论》的最后一部分，李普曼用四章的篇幅，从“情报工作”“诉诸公众”和“诉诸理智”三个方面阐述了改善舆论的愿景。

3. 舆论可以完善

情报工作，就是建立产业的和政治的情报机构网络，作为综合信息的来源和对一般新闻机构的牵制。这些机构主要由专家来做，其工作原则是与决策者保持距离，与所属产业或机构职责分离。这些机构及其专家提供情报或信息，不操心会有什么样的政策产生，因为“一旦他掺和得太多，他就会开始注意他希望看到的事实，而不再注意他应当看到的事实”“他就会越来越片面地看问题。”① 这样的人也就很快失去人们的信

①李普曼著，阎克文、江红译：《公共舆论》，上海人民出版社 2009 年 3 月出版，第 272 页。

任。情报机构报告的内容，是由统计人员用科学的统计方法对凌乱的信息进行处理的结果。这样一个情报系统，以“孤立的共同体”为基础，将来就可以使“减少想象的环境和有效环境之间的差异”变得更加可能，从而也使获得“有益的舆论”变得更加可能。

诉诸公众，情报机构报告的内容最终是要面对公众的，但重要的不是内容，而是获得内容的程序，程序必须是合理而公正。因为公众中的绝大多数没有能力注意和消化所有的情报、信息，更因为公民教育使他们懂得了环境的复杂性，因此他们将关心的是程序的公平与公正问题。也只有“坚持经过一定程序，现代国家忙碌的公民才有望明智地应对所面临的问题。”①

诉诸理性，是一件很难的事。《公共舆论》最后一部分的第一章，以《打进楔子》为题，论述了人文社会科学领域之所以不受重视、不能像自然科学那样直接贡献于社会，是因为人文社会科学没能使用一套像自然科学那样严密、可靠、可以复制的研究方法。而在人的世界，在社会的各个领域，尽管理性的要义尽人皆知，但要推行理性的方法，却出现了种种困境与失败。李普曼认为，我们所具备的理性，其推进的步伐还跟不上不得不采取的行动的步伐，除非理性变得精致而具体，否则，理性总是事后诸葛亮。但是，在社会科学的方法还极不完善的情况下，在许多重大或临时决策中，人们别无选择，只能凭直觉与命运赌博。尽管如此，李普曼对人的理性最终还是抱有乐观的想象：“但是，我们可以在某种直觉中树立对理性的

①李普曼著，阎克文、江红译：《公共舆论》，上海人民出版社2009年3月出版，第284页。

信念。我们可以利用我们的智慧和力量为理性开辟一席之地。靠着我们所看到的世界画面，我们可以努力展望事件的远景，无论是否可以避开眼前的现实，我们都可以根据更长时期的打算去控制决策。”① 普利策更没有对人类绝望，他说：“我们完全没有理由绝望，因为，正如詹姆斯所说，我们命运所系的全部条件仍然一如既往地充满了希望。”②

（二）哈贝马斯：人为的公共领域产生非公众舆论

哈贝马斯，20 世纪下半叶以来西方知识界最具影响力的思想家之一、法兰克福学派第二代著名代表人、世界著名的哲学家、社会学家，其引人瞩目的学术贡献，要算是对公共领域、话语民主、交往理性的著述了。

如果说李普曼是从新闻机构内部发现并分析了在“以报刊为介质的现代社会”舆论的种种问题，哈贝马斯则是从社会民主建制的宏观视角即通过对公共领域的考察，发现了媒体与公共领域的密切关系，又从大众媒介的变迁发现了现代民主社会公共领域的结构转型，从而揭示了“人为的、被组织的公共领域，是对舆论的扭曲”。当然，造成资产阶级“公共领域”结构转型的因素很多，但媒体的因素被哈贝马斯放在了很重要的位置。哈贝马斯秉承了法兰克福学派的批判精神，对现代的资产阶级民主、法律以及媒体、舆论、公众的交往行为都进行了批判性的分析与透视。特别是《公共领域的结构转型》一书，通过对 19 世纪后 25 年以来“公共领域”所发生的结构性转型的分析，揭示了现代民主社会舆论的危机与民主

①李普曼著，阎克文、江红译：《公共舆论》，上海人民出版社 2009 年 3 月出版，第 294—295 页。

②李普曼著，阎克文、江红译：《公共舆论》，上海人民出版社 2009 年 3 月出版，第 295 页。

的危机。同时，对前代思想家的一些相关观点也有所反思和修正。如哈贝马斯在《公共领域的结构转型》一书的序言中写道："在第12节中，我已经批判了卢梭的'非公众舆论的民主'，因为，卢梭将普遍意志理解成为'心灵的共识，而非辩论（Argument）的共识'。"① 在第12节中对卢梭关于"普遍意志永远正确"的观点也给予了明确的否定。

公共领域，是指"政治权力之外，作为民主政治基本条件的公民自由讨论公共事务、参与政治的活动空间。"② 在这个领域，作为公众的个体都是平等的、自由而独立的，带着各自的诉求进行公开的、批判性的讨论与辩论。公共领域经历了代表性公共领域（宫廷公共领域）、文学公共领域和政治公共领域，只有政治公共领域才是真正意义上的公共领域。"政治公共领域是从文学公共领域发展而来，它是以公共舆论为媒介对国家和社会的需求加以调节。"③ 公共领域实际上是哈贝马斯设想的以民主的方式产生舆论的一种社会机制。

但是，自19世纪后25年以来，由于私有经济的不断集中，国家干预主义兴起并不断加强。国家干预主义的增强，又促使资本越来越集中。作为国家干预政策的结果，国家和社会的界限越来越模糊，国家社会化与社会国家化的趋势越来越明显，而在这种趋势中，公共领域就会逐渐变质直至坍塌。为什么呢？其一，在国家干预中，有些国家已经转变为福利国家，公众的私人性质发生了改变，一方面他们成为工

①【德】哈贝马斯著，曹卫东等译：《公共领域的结构转型》，学林出版社1999年1月出版，第23页。

②许正林著：《西方传播思想史》，上海三联书店2005年出版，第307页。

③【德】哈贝马斯著，曹卫东等译：《公共领域的结构转型》，学林出版社1999年1月出版，第35页。

资或薪水的受领者，而一旦如此，公众的公共要求就必须以集体的形式表现出来，事实上也确实出现了这样的公众组织作为公众的表达机构（如工会、救济会等）。这样，作为公共领域的一个重要前提：私人的集合体就被消解了。其二，作为公共领域重要机制的现代媒体的严重商业化和集中趋势，各种商品拥有者通过广告、公共关系侵入媒体并在一定程度上左右报纸的非广告内容，他们便侵入了公共舆论的变化过程，实质上实行了对舆论的管理。而媒体则私人化或伪私人化。其三，当广告成了媒体实际的操纵者，媒体本身就成为了一种超级广告，媒体的政治功能则自然严重退化。同时，这样的媒体也把文化批判的公众变为文化消费的公众。由此看来，公共领域已经失去“民主”的本性，在这样一个“被社会组织强占的，而且在集体性私人利益的压力下被权力化的、人为（国家、资本）的公共领域”中，还能产生以理性为标志的公共舆论吗?

哈贝马斯通过对福利国家选民的考察，有了以下发现：社会福利接受者首先不是通过政治参与而是通过采取一般的要求姿态来与国家发生联系——他们期待着获得供给，但不是想作出任何决策。他们与国家的接触基本上是在权力机关的办公室和接待室里；这种接触是非政治性的，而且非常冷漠。公民的“政治”利益常常被还原为某些行业的要求，这些要求也当然必须把大型组织当作它们真正的代表。除此之外，给个人意见的主动性留下的任何东西都被政党为了组织选举投票而占据了，政治公共领域作为一个批判公共权力机关的固定领域彻底瓦解了。在一个受到制度保障的公共领域当中，竞选再也不是意见冲突的结果。

在这种人为的、甚至是临时制造出的公共领域中，选民已退化为政治的消费者，可称其为“新冷漠者”——他们不再是独立的选民，他们可能为了赏金或因为受到压力而参加少量的政治合唱。

因此，在这种通过展示和操纵而建立起来的公共舆论中，即使把选票都加起来也不等于公共舆论，因为有两个条件没有满足：非正式的舆论不是合理形成的，也就是说，他们不是通过自觉地把握可认知的事态而形成的，这是其一；其二，也不是在讨论中形成的，也就是说，他们不是在公共交谈的争论中形成的（相反，这些反映虽然在许多方面经过了群众舆论的传递，但依然是私人的，因为他们没有受到具有批判意识的公众的矫正）。① 显然，哈贝马斯的结论是人为制造的公共领域不能产生真正意义上的公共舆论，即使有舆论的输出，也只是“非公共舆论”。

（三）伊丽莎白·诺尔—诺伊曼：舆论作为社会心理的产物

德国女社会学家伊丽莎白·诺尔——诺依曼 1974 年在《舆论季刊》上发表一篇论文，首次提出了“沉默的螺旋”这个概念，用来说明舆论形成的一种心理机制。1980 年，诺依曼出版了德文版《沉默的螺旋：舆论——社会的皮肤》一书，全面阐述了“沉默的螺旋”理论。

正像许多理论的发现起于困惑，“沉默的螺旋”理论也是如此。1965 年德国大选的过程和结果令诺依曼十分困惑，为了找出原因，她对选举期间追踪调查的全部数据重新进行了分析，发现尽管双方的支持率一直未变，但对获胜者的“估计”

①参见【德】哈贝马斯著，曹卫东等译：《公共领域的结构转型》，学林出版社 1999 年 1 月出版，254 页。

却发生了倾斜，即认为基督教两党阵线将会获胜的人不断增多，到投票前变成了压倒多数。诺依曼认为，这正是由于人们对周围意见环境的感知所带来的压力的结果。此后，诺依曼对“多数意见”“意见气候”对个人的压力进行了多次实证研究，并提出了“沉默的螺旋”模型。

这个理论模型包括三个命题：1. 个人意见的表明是一个社会心理过程。在这个过程中，在害怕孤立、从众心理的作用下，如果自己的意见属于多数，就大声发表；如果自己的意见属于少数或与多数意见相左，就不发表保持沉默。2. 意见的表明与“沉默”的扩散是个螺旋式的社会过程。随着沉默的扩散，助长了优势意见的强势，而优势意见的强势使少数意见更加沉默下去。3. 大众传播通过营造“意见环境”来影响和制约舆论。在现代社会人们判断意见环境的依据有两个渠道：一是所处的社会群体，二是大众传播媒体。而在超出人们直接感知范围的问题上，人们只能依赖大众传播媒介。大众传播媒介通过统一的或相近的、重复的、连续的对同一事件（同类事件)、同一问题（同类问题）的报道或宣传，控制甚至垄断了意见环境的症候。

诺依曼认为，任何多数意见、舆论乃至流行时尚，其背后都存在着“沉默的螺旋”机制，社会生活中的“舆论一边倒”“关键时刻的雪崩现象”，正是这一机制作用的结果①。尽管这个模型不一定适合所有的情况、所有的社会，但它的潜台词“意见气候作为舆论的先导，如果公众对其进行了不正确的感知，如果被传媒进行了不正确的构造，舆论发生错误就在所难免。”却是更发人深省。

---

①郭庆光著：《传播学教程》，中国人民大学出版社2011年出版，第200页。

综上所述，本节通过对西方自启蒙时期直至20世纪代表性思想家、学者对舆论的观点和论述，发现人类对舆论的认识与实践似乎也是经历了一个由幼稚到逐渐成熟、由理想化的设想到回归现实的思考再到理论升华的过程。舆论的民意本质以及作为民主社会的产物与基石是毋庸置疑的，但是，舆论毕竟是历史的范畴和社会的范畴，当舆论作为真知与真理出现之前，必定要穿过迷雾与阴霾，经过一番厮杀与挣扎。舆论作为一个过程，总是伴随着真理与错误的纠缠，舆论作为一个终极的结论，总会放射出真知与真理的光辉。

第二节　网络舆论偏差与网民的心理偏差

网络舆论自1998年初见端倪到2003年的异军突起直至现在，已经成为影响着当今中国社会舆论的格局、影响政府决策的重要力量，在促进政治的民主化、强化对政府及其官员的舆论监督、维护公平与正义等方面发挥了重要作用。但是，网络舆论本身也存在诸多问题，对社会和个人也产生了诸多的负面影响甚至伤害。网络舆论的所有问题都可归于“网络舆论偏差”。“偏差”是相对于正确而言，偏离了正确的轨道就可称之为“偏差”。作为公共意见的舆论，其偏差是指对真实、合理、公正的偏离，或者说是对正确意见、真理性认识的偏离。舆论不一定完全正确，舆论也会犯错。舆论的形成是一个非常复杂的信息传播过程和社会心理互动过程，信息（事件与意见）是舆论的载体，没有信息的传播就不可能有意见；在信息传播过程中，社会、政治、心理等因素不可抗拒地掺入其中，使某些信息、意见在无形中被放大、扭曲甚至歪曲、变异，从而导致舆论的偏差。从网络舆论主体——

网民的角度看，网络舆论偏差实际上是由网民的认知偏差、态度偏差、情绪偏差、道德偏差等导致而成的总体意见的偏差。

一、网络舆论偏差的主要表现

“网络舆论偏差”这个提法还很少见。比较常见的提法是网络舆论的“理性”与“非理性”，也就是用“理性”与“非理性”来衡量网络舆论的对与错、好与不好。其实，这是把“理性”与“非理性”完全割裂开来、对立起来的思想的反映。“情绪化”“网络舆论暴力”“网络舆论的群体极化”等都属于非理性的极端表现，但是，如果用非理性来概括“网络舆论”的所有问题，又不免失之武断。因为非理性并不等于不合乎理性，理性与非理性不是对立的两个概念，也就是说两者不是非此即彼的。理性与非理性是人的两个精神要素，以对立统一的方式共同居住在人的精神中，而非先于人、独立于人的某种客观实在。理性，即求真的意志以及规范的、合乎自然与逻辑的思想活动，即理性思维；非理性，“是指在人们的认识过程中，以一种不自觉的非逻辑形式出现的主体性心理活动的总和。”① 非理性因素包括两类：一类是指非逻辑的思维方式，如直觉、灵感、顿悟等；另一类指以主体的心理状态以欲望为主要功能、直接参与人的认识活动的心理形式，如意志、信念、信仰、情感、动机、习惯、欲望、本能的反映等。“第一类非理性因素实质为不自觉的认识能力，即非理性认识

①任家高：《理性与非理性辨析》，《赤峰学院学报》（汉文哲学社会科学版）2011年7月。

能力，它有时会获得真理性认识。”① 而第二类实际上是一种精神力量，对人的认识活动会起到推动或阻碍的作用，也就是说这类非理性因素并非一定导致非真理性认识。而如果把理性绝对化、机械化，理性也会滑向非理性，也可能导致非真理的认识。所以，用“偏差”而不是用“理性与非理性”来检查、描述网络舆论的问题更为合适。

（一）网络舆论暴力

在对网络舆论非理性的分析与批评中，提及较多的就是网络舆论暴力，也是网络舆论偏差的极端表现之一。网络舆论暴力，是网络舆论与暴力的结合，是一种群体暴力。网络舆论暴力是指为数众多的网民通过网络对特定的个人或群体施予曝光、谩骂等手段，贬低、毁坏他人（或群体）的人格、名誉，并使其生活、工作、精神上受到影响或困扰。网络舆论暴力进入公众视野应该是发生于2006年的“虐猫事件”和“铜须门事件”。在接下来的几年中，几乎每年都要发生几起具有重大影响的网络舆论暴力事件，具体情况见下表②：

	时间	事件	内容	载体
1	2006.2	“虐猫女”事件	论坛贴出中年女子以高跟鞋残忍虐待幼猫的图片，网民自发形成人肉搜索阵容。	猫扑网
2	2006.4	“铜须门”事件	网友发帖称“铜须”（网名）与自己的妻子有染，招致网民对“奸夫淫妇”的“追杀”。	猫扑网

①何植民、王珂：《国内学界关于非理性研究综述》，《前沿》2009年第12期。

②此表来源为袁丽媛：《刍议我国“网络暴民”典型事件及其特征》，《阴山学刊》2010年12月。

续表

	时间	事件	内容	载体
3	2006.8	“雅阁女”事件	女子先后传视频“蛮横白领美女自述：我开本田砸你破车”“工资三千元以下的都是低等人”，被冠以“网络公敌”。	青娱乐网
4	2007.5	“海艺门”事件	北京海淀艺术职业学校学生在课堂上羞辱一名年迈老师的视频招致“网络通缉”。	网站博客
5	2007.7	“史上最恶毒后妈”	一篇“史上最恶毒后妈把女儿打得狂吐鲜血”的帖子流传，女孩后妈被指丧尽天良…	红网论坛
6	2007.12	“姜岩死亡博客”	当事人王菲以名誉、隐私受到侵犯为由，将“网络暴民”推向司法领域，最终获赔，被称为“网络暴力第一案”。	网站博客
7	2008年初	“很黄很暴力”	央视新闻联播关于净化网络视听的新闻里，小学生张殊凡因一句“很黄很暴力”遭“网络暴力”。	猫扑网 百度贴吧
8	2008.1	香港“艳照门”	网友“奇拿”发布了一系列陈冠希和一些女艺人的自拍照。	天涯社区
9	2008.5	“辽宁女”事件	女子因哀悼日不能玩网络游戏，用轻蔑的口气谈论四川地震，激烈和肮脏字眼充斥其中。	YouTub e 网站
10	2009.7	孙丹勇事件	富士康员工孙丹勇跳楼自杀，同学高歌发帖，认为孙在跳楼前遭到殴打、非法搜查和拘禁。	天涯社区
11	2009.8	“巧克力”女孩	上海女孩娄婧参加选秀节目引发的一场关于其肤色的争论，之后对娄婧母女进行辱骂。	天涯社区

续表

	时间	事件	内容	载体
12	2009. 10	“艾滋女”事件	“闫德利”在博文中自称是患有艾滋病的歌厅小姐，公布279名“嫖客”的手机号码，实则前男友诽谤所为。	网站博客
13	2009. 10	挟尸要价事件	长江大学三名大学生舍身救人后，“挟尸要价”的捞尸人和“见死不救”的渔民成千夫所指。	网站论坛
14	2010. 2	“兽兽门”事件	被称为“中国第一车模”的翟凌与男友的亲密照片及不雅视频曝光，其为前男友所为。	猫扑网
15	2010. 2	福州“虐狗门”	一组标题为“惨无人道”的照片，男子骑着摩托车拖着一只用铁链系着的血肉模糊的狗。	便民论坛（福州便民网）

2011年也出现了一些带有暴力倾向的网络舆论事件，如郭美美事件、“我爸是李刚”事件、药家鑫事件等。有人认为，网络舆论暴力是暂时现象，是广大网民不成熟的表现，随着广大网民的不断成长与成熟，网络舆论暴力自然会消减、消失；也有人认为，目前网民结构偏年轻（50%是大学生），年轻人容易冲动，随着网民结构趋于合理，网络舆论暴力会逐渐减弱。这两种观点固然有一定的道理，但是问题恐怕没有这么简单。首先，网络舆论暴力是社会暴力的反应与延伸，网络舆论暴力频发的根源在于社会矛盾的激化；其二，这些引发网络舆论暴力的事件大都超越或挑战了公众的道德、伦理底线，公众作出过激的情绪、情感反应也属正常。在以上提到的18起事件中绝大多数都涉及残害弱小生命或践踏弱势尊严，这些事

件几乎都出现了极其恶劣的、惨不忍睹的情节。其三，网络的作用。如果没有网络，这些过激的情绪情感要么自我消化、要么在小范围内扩散，造成大范围的语言暴力、行为暴力的可能性很小。网络的“蝴蝶效应”使得网民的一声叹息、一时的发泄与冲动，都可能被发酵成舆论。其四，一些网络推手为了特定的目的推波助澜。所以，要减少或禁止网络舆论暴力事件，只需做到两点：一是寄希望于网民的成熟。这种成熟不是随着年龄长大的自然成熟，而是通过学习与教育而获得的成熟，无论是自我教育还是社会教育都应该使广大网民懂得，网络不是自家的卧室或会客厅，归根结底它是一个公共媒体。虽然每一个人都可以用，但是必须慎用，否则，会给自己带来麻烦，也会伤及无辜甚至危害社会。二是规范网络公司的行为。对网络公司及其成员的推行行为加以规范，对其造谣、蛊惑行为无论是善意还是恶意，都追究其法律责任。

（二）人肉搜索是把双刃剑

搜索，是互联网利用 Web2.0 技术自动化收集网络信息并将其有序化的一种功能，它使人们能够在互联网上方便快捷检索自己需要的信息，从而达到信息共享的目的。人肉搜索，是一种特殊的搜索方式，是网民利用一些网站的搜索功能，不断变换输入关键词来搜索目标，并通过“人找人、人问人、人碰人、人挤人、人挨人”的关系型网络社区，形成借力搜索，迅速使被搜索的人的各种信息暴露无遗。人肉搜索是把双刃剑，一方面，它能够在最短的时间内，揭露事实真相，满足人们个性化的信息需求，特别是由于人肉搜索的对象多为名人明星以及涉及违法乱纪、违背伦理道德的人，所以，人肉搜索往往成为引发、推进网络舆论的重要手段，从而起到舆论监督的作用，如华南虎事件、官员猥亵幼女事件、出国考察门事件、天价烟事件、郭美美事件等，但是，人肉搜索的过度使用，也会造成对无辜者或当事人不应有的伤害。

人肉搜索中所曝光的信息，很多涉及个人隐私。隐私是公民个人不愿意公开的个人信息，包括个人身体情况、残疾情况、恋爱婚姻情况、家庭生活、私人信件、私人录音录像等。我国还没有专门的隐私法，在1982年由最高法院颁布实施的《民法通则》中也没有有关保护个人隐私的相关条款。1993年最高人民法院《关于审理名誉权案件若干问题的解答》第7条第3款规定："对未经他人同意，擅自公布他人的隐私材料或以书面、口头等形式宣扬他人隐私，致人受到损害的，应该按照侵害他人名誉权处理。"1998年《最高人民法院关于贯彻执行〈中华人民共和国民法通则〉若干问题的意见规定》又规定："以书面、口头形式宣扬他人隐私，或者捏造事实公然丑化他人人格，以及用侮辱、诽谤等方式损害他人名誉，造成一定影响的，应当认定为侵害公民名誉权的行为。"这两个司法解释尽管没有把隐私权作为一种独立的权利提出来，但毕竟对个人隐私提供了法律保障，只要当事人能够证明自己的身体、精神或工作生活因此（隐私被宣扬，被"人肉"）受到不良影响，法律就可认定为侵权成立。西方发达国家一般都很重视对隐私权的保护，美国有一系列的隐私权保护法，主要的相关法律有联邦议会上世纪70年代制定的《隐私权法》、《家庭教育及隐私权法》、《财务隐私权法》、《质询自由法》等。隐私权的保护，基本出发点就是，禁止对所有其他人（或由他们）实施任意的或歧视性的强制，禁止对任何其他人自由领域的侵犯，以保障每个人的自由与独立；而隐私权的最高价值体现就是"个人的人格尊严不可侵犯"，"简单来说，就是对人的尊重，它体现的是对个体人至高无上的内在价值的尊重，是把每一个人当作人来对待的价值取向。”① 也就是说，人只有在自由、独立的状态下，才能够体会人的尊严，反之，就没有尊严感。当个人的隐私权受到侵犯时，轻则因受到关注而内心的安宁被打扰，重则因受到非议而情绪失控、身体不适而不能正常生活和工作，更严重者，可能导致个人社会声誉下降、失去工作、经济损失等。

大众传媒是公民隐私权的主要威胁者之一，但是，传统大众媒体只要严格遵守“经本人同意”的原则，便不易造成侵权事实，事实也是如此。但是，网络作为自由的个人媒体，不可能遵循“经本人同意”原则，再加上网络用户的匿名性和人肉搜索的群体性，对个人隐私的暴露往往是肆无忌惮，在隐私暴露中又往往夹杂道德审判话语与舆论，就往往给搜索对象及其相关者造成较大的身心伤害。如“中华门”事件，一地方电视台记者在街头采访中，因采访时用语不当遭到采访对象激烈反应——脸被数掌（记者也有反抗），记者遭到广大网友谴责，并被人肉，其个人信息迅速在网上流传，包括她的毕业院校与专业（哲学专业）、哪年进入电视台、她和某领导的亲戚关系、驾驶证上的违章记录等，这些信息经过网友的猜测与解释，记者的形象就这样被建立起来了：没有学过新闻专业、从事新闻工作不到两年、靠走后门进入新闻队伍的劣质、冒牌记者，多次违反交通规则的伪君子。一个初出茅庐的年轻记者，与其所犯错误相比，她所受到的伤害是不是过于严重了呢？再如“姜岩自杀事件”，一

①徐艳艳：《论美国隐私权宪法保护及其启示》，中国知网，优秀博硕论文库，第16页。

起因婚姻纠纷导致女方自杀的事件，经网络传播，酿就了一场大规模的舆论风暴。在这场风暴中，人肉搜索扮演了重要的角色。姜岩，女，31 岁，因丈夫王菲发生婚外情而自杀。在自杀前，姜岩将自己将要自杀、自杀缘由以及悲凉绝望的心情发布到自己的博客上，并上传了丈夫与第三者的照片，被称为“死亡博客”。姜岩的“死亡博客”被一网友发现，以《哀莫大于心死北京从 24 楼跳下自杀的 MM 最后的日记》为题，以帖文的形式发在“天涯论坛”上，随之引发网友、媒体的关注。广大网友群情激奋，纷纷谴责、讨伐姜岩及第三者（东方），通过人肉搜索，姜岩、东方的手机号码、工作单位及其联系方式、家庭住址、家庭成员及其联系方式一一在网上曝光。一些网友拨打这些电话号码进行求证。王菲与东方（被称为小三）供职单位的电话也被不停的拨打。有的网友曝王菲母亲的态度很不好，在电话里和她争吵起来，于是广大网友把王菲的母亲也作为攻击对象加以声讨。有些网友找到王菲父母的住处，追寻王菲、东方的下落，激动的网友在询问未果后，在王家大门口用油漆写上了“逼死贤妻，血债血偿”等字样。有网友将这些照片上传到天涯“八卦江湖”上，立即引来狂热点击；有些网友还到王菲父母居住的小区发传单广泛宣传“王菲逼死妻子”的消息；有些网友多次到王菲、东方供职的单位进行骚扰。不日，王菲、东方二人被迫辞职。这一系列的困扰，使王菲、东方及其家人疲惫不堪，忧心恐惧。“王菲只有偷偷躲在家里不敢出门，每天在网上浏览着那些充满着污言秽语和暴力的讨伐帖子。他甚至连家门都不敢迈出一步，因为经常有三三两两的网友在他家楼下游荡。后来看到有网友发帖子要请杀手限时干掉王菲的‘网络追杀令’时，他开始夜夜失眠，在恐怖中等待挨过一分一秒。于是，他再度患上了抑郁症。"[①] 王菲鉴于自己和家人所受到的伤害，2008 年 3 月 18 日，以侵犯名誉权为由将张乐奕、北京凌云互动信息技术有限公司、海南天涯在线网络科技有限公司起诉至法院。2008 年 12 月 18 日北京市朝阳区人民法院作出一审判决：张奕乐、北京凌云互动信息技术有限公司对王菲构成侵害名誉权行为，责令二者立即停止侵害行为，在各自网站首页向王菲道歉，并赔偿王菲精神损失费、公证费用共计 9377 元。

（三）情绪化的表达

情绪，是个体对外部刺激的一种身心反应，是"个体受到某种外部刺激所产生的一种身心激动状态"[②]，情绪的前提是外部刺激，即人的感官对外部信息的感知。情绪，表现为个体心理对外部刺激的一种自动反应，实际上主要还是一个意识过程，即情绪是"个体对外部刺激的主观经验与感受"。尽管情绪主要是一个意识过程，是个体所能体验的，"但对其所引起的生理变化和行为反应，却不易为个体本身所控制，故对个体生活极具影响力。"[③] 情绪表达，即情绪外露，是指个体有意无意地将自己的情绪经由自己的行为表现出来，达到与外界沟通的目的或效果。

由于情绪具有不易控制的特点，所以，情绪总是经由言语、文字、面部表情、身体动作得以泄露或表达，没有情绪表达是不可想象的，没有情绪表达的人几乎是不存在的。如果情绪不能得到表达，人的心理就会失去平衡，最终导致心理疾病。情绪表达在人际关系中，有可能起积极的作用，也可能起

①莉萍：《死亡博客当事人王菲现身解密姜岩自杀始末》，《法制日报》2008 年 4 月 17 日。

②张春兴著：《现代心理学》，上海人民出版社 2003 年 7 月出版，第 533 页。

③张春兴著：《现代心理学》，上海人民出版社 2003 年 7 月出版，第 533 页。

消极的作用。人有六种基本情绪，即快乐、悲哀、恐惧、愤怒、惊愕、厌恶，“快乐”属积极的正向情绪，其余五个都属消极的负面情绪。由于情绪具有感染力，所以，正面的情绪表达，会引发（自己、他人）更多的正面情绪，负面的情绪表达，则会引发（自己、他人）更多的负面情绪。

情绪化表达，可视为一种过多、过度的情绪表达。就个体而言，情绪化表达是很少见的，情绪化表达可能是心理疾患的表征。而群体则比较容易出现情绪化表达，特别是作为虚拟空间中虚拟群体的舆论表达，更容易趋向情绪化。网络舆论中个人的情绪表达，借助网络的快速集散效应和情绪自身的感染力，再加上网络中人对自己的行为控制意识淡漠，在极短的时间内，便很容易形成情绪化的舆论洪流。在网络舆论中，负面情绪又往往多于正面情绪，负面情绪的表达往往呈现为带有很强的煽动性、攻击性、侮辱性的极端话语。网络舆论被情绪化表达笼罩之时，也正是网络舆论释放负能量之时：压制了理性思考；舆论对象遭不公正待遇；部分网民出现过激的线下行为。

在三个环节上可以避免或减弱情绪化表达。一是网民个体尽量控制情绪表达。一个人成熟、文明的标志就是对自己行为的控制，包括对情绪表达的控制。如果一个人，在网络中都能够自觉地按照文明规范控制自己的言行，是一种高素质、高文明的表现。网民应该成为“高素质”的标签。如果这些理念能够得到广泛的认同，“情绪化表达”会从根本上得以转变；二是网络媒体应加强对网民的情绪管理。对情绪表达进行分级，并加以技术识别。从整体上控制情绪表达的数量，重点控制高强度的情绪表达。三是可适度实行网络实名制。实名制可以增强网民的责任感，增强网民对自己行为的控制意识。实行部分实名制，即有限限制制。自愿实名制，对实名制的用户给予一定的奖励或优惠条件；有条件的实名制，即对符合某些条件的网民实行实名制，如名人、明星、官员、教授等，微博可以对粉丝达到一定数目的要求实名制。

以上从网络暴力、人肉搜索、情绪化表达三个方面分析了网络舆论中出现出现的主要偏差。这三者不是截然分开的，是互为联系的。人肉搜索和情绪化表达的极端表现是网络暴力，但人肉搜索和情绪化表达并不都是网络暴力。

二、网络舆论偏差与网民的心理偏差

心理是人的行为依据，行为也是人心理的反映。网络舆论偏差的根源往往在于网民的心理偏差，以下试图通过一些典型个案剖析网络舆论偏差背后的心理原因。

（一）轻信

轻信，即不加思考地对人对事采取完全信任的态度或行为。然而，人具有思考的能力，在一般情况下，人对认识对象要经过一番真伪、对错、利害的辨别与权衡之后，才做出判断或决定的。然而，在一些情况下，人们却不愿意多加思考，就轻易地接受了别人或他人的观点或暗示，这是为什么呢?大致有五种情况：一是无力思考，认知对象超出自己的思维能力，比如信息不全或不透明，信息专业性强；二是事不关己，懒于思考，思考是个很劳神的事，何必做无谓的智力投入呢；三是某观点或说法正中下怀，不用思考；四是事关重大，信总比不信好，信，不会失去什么，而不信则可能失去很多；五是乐观地认为他（媒体、专家、名人、自己熟悉的人）不会撒谎。

许多舆论个案之所以出现这样那样的偏差，公众包括一些媒体的轻信是很重要的原因。如2011年闹得沸沸扬扬的“缝肛门事件”，事情的真相是：助产士发现产妇肛门处的痔疮出血，便做了结扎处理，而非缝了肛门。而媒体和公众却对“红包送少，产妇肛门被缝”的“猜测”深信不疑，并快速形成了对助产士张吉容、深圳凤凰医院进行道德谴责的舆论。再如，2011年3月11日日本发生特大地震，3月15日日核电站发生泄漏，我国一些沿海省份于3月16日出现食盐抢购潮，并迅速蔓延全国。这场抢盐狂潮的始作俑者不过是一些无端的传言：日本核辐射会污染海水导致以后生产的盐都无法食用，而且吃含碘的食用盐可防核辐射。

（二）拒信

拒信与轻信正好相反，对人对事往往是不加思考地采取不信任的态度。钱云会案可算是这方面的典型个案。

钱云会，53岁，浙江省温州乐清市原蒲岐镇寨桥村村主任。2010年12月25日，钱云会行至浙江省乐清市蒲岐镇虹南公路寨桥村路段，遭遇车祸身亡。乐清市警方经过调查认定这是一起交通肇事案，并在乐清网发布这一信息。温州日报报业集团主办的“温州网”于当日18：42分发布了由通讯员和记者共同采写的报道也称上述事件为交通事故。但是，却引发了媒体和网友的强烈质疑，从普通网民到民间“意见领袖”、从网络媒体到传统媒体均磅礴而来。人们普遍认为，这个因村庄被征地而上访多年的老村长，是死于一场“阴谋”。上清县委、上清公安局分别于12月27日、29日召开新闻发布会，宣布公安机关的调查结果及调查过程，认定钱云会之死为交通肇事案，排除了蓄意谋杀的可能，并回应了媒体、网友对案情的质疑。不少网民来到乐清市蒲岐镇实地了解也没有得出支持“谋杀”结论。2011年2月1日浙江省乐清市人民法院对“钱云会案”进行公开审理，在庭审中，公诉人员当庭出示钱云会死前佩戴的具有录音录像功能的手表、U 盘及该表录制的事发录像，“证据之间能相互印证，形成完整的证据链，能够证明费良玉主观上是过失的。”① 之后，怀疑手表录像被删节的声音在网上流传，网上一些相信“交通事故”的声音依然遭到众网友的粗暴攻击，说明拒绝相信钱云会死于“交通事故”的心理还依然强烈。

在钱云会案中，相关部门应该说应对及时，消息比较透明。广大网民面对基本确凿的证据还是采取不信任的态度。

（三）曲解

曲解，即错误的理解，是个体有意或在有意与无意之间出现的一种认知偏差。造成曲解的原因很复杂，有主观的原因，也有客观的原因；有个体的原因，也有社会的原因；有意识的原因，也有潜意识的原因。在舆论的发生、发展过程中，不免会夹杂着“曲解”的因素，而由“曲解”引发网络舆论的情况并不多见，“美国南加州校园枪杀案”就是其中一例。

2012 年 4 月 11 日凌晨一点左右，美国南加州大学校园附近发生枪杀案，两名 23 岁的中国留学生在他们驾驶的车中遇害。4 月 13 日，案发两天后，警方在遇难现场举行新闻发布会，向媒体通报案情。

警方表示，当天也下着这样的雨，根据现场证据及目击者描述，受伤的男生曾经爬出汽车，艰难地走到附近房屋门口求救，倒在门廊上，而车内的女生身中两枪，警方怀疑作案动机可能是抢劫，但疑犯目前仍然在逃。这是一起无辜遇难的悲

①《“钱云会案”为何这样判?》，http：//news. xinhuanet. com/legal/2011 - 02/01/c_ 121047707. htm 新华网 2011 - 02 - 01。

剧，但4月11日，最先报道此事的美国媒体在报道此事时，将死者驾驶的车辆描述为“价值6万美元的最新款宝马车”，很快，中国部分媒体和门户网站以此为标题转载此事。于是，在评论中“富二代”、“官二代”、“大快人心”等等恶评与揣测，涌至网络，甚至有人说，“感谢义士除掉了两个祸害”。而事实却是“宝马车”是新近才买的二手车，两个人的家庭都是普通家庭，家境并不富裕。

（四）偏恶

偏恶与偏爱相对，都属情感偏差的表现。从个性差异的角度看，偏爱与偏恶有其必然性。但是，如果把偏爱与偏恶用于社会评价，就有失公允。社会学与社会心理学往往在群体范畴中研究个体的偏爱与偏恶问题。社会认同理论认为，“个体通过自我归类过程，产生内群体和外群体之分。群体内成员通过社会比较，倾向于在某些维度上夸大群体间的差异，给予内群体更积极的评价。群体成员通过对内群体的积极认同，得到一种归属感与身份满足感。个体从对内群体的积极认同中，寻求积极自我评价的同时，贬抑外群体，以维持或提高个体自尊。”① 美国社会学家威廉.G. 萨姆纳认为，人们总是对内群体表现出更友好的行为和态度，对外群体表现出敌意。② 在网络舆论中，有时会出现偏爱或偏恶导致的舆论偏差。“中华女事件”和“哈医大附属医院医生被杀案”就是其中比较典型的个案。

2012年3月23日下午，黑龙江省哈尔滨市哈尔滨医科大学附属第一医院，发生一起患者在医院内刀捅医生的恶性伤害

①参见严义娟、佐斌：《外群体偏爱研究进展》，《心理科学》2008年第3期。

②参见严义娟、佐斌：《外群体偏爱研究进展》，《心理科学》2008年第3期

事件。一名来该院治疗强直性脊柱炎的男患者，在看病后因对医生医疗建议不满，手持水果刀闯进医生办公室，造成一人死亡、三人受重伤。行凶者李某某供认，他因患强直性脊柱炎于2011年4月到哈医大一院风湿免疫科住院治疗。23日9时许，李某某乘火车再次来到该院治疗。医生经了解得知李某某患有肺结核，于是建议他先到哈尔滨胸科医院（专治肺结核病）检查治疗。李某某做完检查后再次回到哈医大一院，将检查结果交给医生。因治疗强直性脊柱炎会对肺部造成影响，所以医生建议他应先治好肺结核后再行治疗。李某某认为医生不给他看病，随即心生不满。23日16时许，李某某在医院外面购买了水果刀后回到医生办公室，进门就对4名医务人员行凶，后将自己颈部捅伤，企图自杀未遂，然后逃至该院急诊室包扎伤口，被民警及时抓获。死者王浩，哈医大一院的实习生，今年28岁，是哈尔滨医科大学2009级研究生，2012年6月将硕士毕业。出事前刚收到香港中文大学博士录取通知书。在同科室的护士眼中，王浩1.82米，高瘦白净，是所有实习生中表现最出色的。王浩的同学在人人网上写的怀念文章则称，王浩为人“勤奋、刻苦、为人正直，却也倔强、保守，愤世嫉俗。”王浩既不是为李某某看病的医生，也不是李某某的助诊医生，与李某某就诊一事毫不相关。那么，网民对此事的作何反应呢？事发当晚，腾讯网在转发人民网就此事发的一条消息时有一个调查，请读者在读完消息时报告自己的心情，当时参与人数是6161人，而选择高兴的居然高达4018人①。此事得到了媒体广泛关注，在这一系列信息被报道和广泛传播的同时，一

①《哈尔滨医生被患者砍死六成投票网民称“高兴”》，中央电视台《新闻1+1》2012年3月26日。

些调查显示，还是有近 6 成的网友对此事表示“高兴”。3 月 28 日，新民网就此事发起民调，截至 3 月 29 日下午 16 时整，一共有 1419 位网友参与投票，其中，近 7 成（958 位）网友认为，哈尔滨医生被杀事件发生后，“医务人员也应反思医德问题”①。而对于罪犯李某某，却没有给予应有的谴责。

综上所述，网络舆论偏差的最突出表现就是网络舆论暴力，网络暴力的主要手段是辱骂、道德审判、曝光等，网络暴力的后果是对暴力对象的人格、名誉伤害；人肉搜索，主要以曝光的方式，侵害当事人的隐私权，后果主要是对当事人的精神、情感造成一定的伤害；情绪化表达，有碍正确的思考与判断，特别是负面情绪的极端表达，往往是表现为攻击、辱骂，走向语言暴力或舆论暴力。人肉搜索和情绪化在网络舆论暴力中都有所表现，但并非所有的人肉搜索、情绪化表达都是网络舆论暴力。

造成网络舆论偏差的原因，主要还是心理问题，首先是个体心理问题。通过探寻一些网络舆论发生、发展的过程，可以捕捉网民认知、态度、情感等心理运动的轨迹，从而发现舆论的心理动因。本节对“网络舆论偏差与网民心理偏差”的分析就是如此。“轻信、拒信”主要是态度问题，“曲解”主要是认知问题，“偏恶”既是情感问题，也是态度问题。

第三节　心理图式与心理偏差

心理偏差，一般指个体及群体存在偏离大多数正常人所具

①王玲：《哈尔滨医生被杀 近 7 成网友认为医务人员也应反思医德》，http：//shanghai. xinmin. cn/msrx/2012/03/29/14227929. html 新民网 2012－03－29。

有的心理或行为的某些现象。心理偏差包括认知偏差、态度偏差、情感偏差、意志偏差等。在心理学中，有一个概念与心理偏差有着紧密的关系，这个概念就是“心理问题”。“心理问题，主要指个体新的需要与原有的心理活动水平之间的心理矛盾。”① 这种心理矛盾的主要表现是心理冲突与心理的不平衡。个体对这种心理矛盾的觉知就产生了压力，如果这种压力不能得到适度的缓解或释放，就会出现焦虑症、疑心症、恐惧症、抑郁症等心理问题。心理偏差实际上可以理解为是心理矛盾的轻度表现，一般不为个体所觉察。如果说心理问题还是小概率问题，那么，心理偏差则是个很普遍的问题。因为人的心理在人的一生中都处在发展状态，这也就意味着人在一生中都在不断遭遇生理事件、生活事件、社会事件，特别是生活事件和社会事件，而这些总是刺激个体产生新的需求，从而心理矛盾就会经常发生。那么，心理偏差就在所难免。

那么，为什么心理事件（被意识到的生理事件、心理事件、社会事件）总是与个体先前的心理活动水平发生矛盾呢？是不是因为先前的心理水平总是低于所遇到的生活事件呢？对于心智未发育成熟的未成年人和经验欠缺的年轻人，这种原因是存在的，但是，对于心智正常的成年人，主要原因不在于心理水平的高低，而在于心理图式，即由经验、知识、动机、立场、价值取向等多种因素共同组建的心理之墙。

一、心理图式

图式，一词由英文 schema 翻译而来，原意为“图解”

①桂守才、王道阳、姚本先：《论心理问题》，《神经疾病与精神卫生》2007 年第 7 卷第 2 期。

“略要”之意，也有人译为“格局”①。不同的心理学家还使用“脚本”（seript）、“框架”（frame）、“原型”（prototype）、“定型”（steretoype）、“资料结构”（data－Structure），这些术语字面不同，但本质上都是指“图式”。最早使用“图式”概念的是德国哲学家康德（I. kaunt），自康德图式说诞生以后，图式论不仅受到哲学家的广泛重视，也引起心理学家们的浓厚兴趣。英国的巴特利特（ECBardett）是第一个在心理学领域使用“图式”概念的心理学家（1932年），他成为现代图式理论的奠基人。20世纪60年代产生了图式研究的集大成者——瑞士心理学家皮亚杰。60年代末期，认知心理学的兴起，进一步推动了图式理论的研究，终于在70年代中期诞生了以鲁墨哈特（Rumelhart）和明斯基（Minsky）为主要代表的现代图式理论。

（一）图式的概念与图式的形成

在康德看来，一切知识都是靠先验的图式对杂乱的、毫无内在的联系的材料综合改造的产物。皮亚杰以发生心理学为基础，将结构主义和建构主义统一起来去描述、分析认识的起源、发展的机制及其过程。皮亚杰认为，图式是个体适应和组织环境的心理结构，一个个零散的外界刺激只有经过主体认识图式的整合，才能成为具有完整性、普遍性的认识。与康德所不同的是皮亚杰认为图式不是先验的，而是后天实践经验的结果②。皮亚杰给图式的定义是：“图式（Scheme，Schma）是指动作的结构或组织，这些动作在同样或类似的环境中由于重复

①【美】J·R·安德森著：《认知心理学》，吉林教育出版社1989年2月出版，第164页。

②参见易法建：《道德图式初论》，《武陵学刊》1998年第4期。

而引起迁移或概括。”皮亚杰对这个定义的解释是：“在一个活动中，我们把其中的那个能被从一个情景传递到另一个情景因而能加以普遍化和分化的东西称作动作图式。换言之，图式就是同一活动在多次重复和运用中共同具有的那个东西。举例来说，我们把幼儿堆积木的行为或较大的儿童搜集物品加以分类的行为称为‘聚集图式’。像这样的图式形式我们可以发现很多，甚至把两类事物联系起来的逻辑运算也是一种图式(父亲+母亲=父母，等等)。”① 皮亚杰以研究儿童心理而著称，观察和记录儿童的行为表现（包括语言）是其主要的研究方法，所以，皮亚杰的图式理论主要是在发展与教育心理学的范畴加以讨论，在他的视野中，也多是“行为图式”。但在他的观念中，图式与行为图式、认知图式是同等的概念。皮亚杰图式理论的重要贡献就在于他用实证的方法证实了“图式”在心理世界的客观存在，并指明图式既是认识发展的产物，又是认识发展的基础和条件，没有图式，人就无法反应刺激、认识事物、把握客体。总之，皮亚杰给我们提供了比较系统的图式理论。

巴特利特（ECBardett）在研究人的记忆过程中发现了“图式”，并在他的记忆理论中首先使用了“图式”的概念。他给受试者讲一些非西方文化来源的故事，然后让他们复述。巴特利特发现这些被试不能准确地记住故事，会偶尔补充一些细节、修改一些事件，以便给发生的事件提供一些道理；他们还会漏掉一些细节，因为这些东西对非西方头脑来说没有意义。巴特利特的结论是：记忆不是对无数固定的、无生气的和零碎痕迹的重新激发，而是以我们有组织的经验为基础的想象

①皮亚杰著：《生物学与认识》，三联书店1989年出版，第7页。

性的重构，或者建筑。他把这种“有组织的经验”称作“概要”，也就是“图式”。在巴特利特看来，每一个新的经验都是通过已有的图式得到吸收的。巴特利特的图式观与皮亚杰的图式观是一致的，他以实验的方式发现了“图式”对记忆或人对信息的组织、知识的获得的作用与影响，并认为图式是由经验而来，是对经验的概括或抽象。

现代图式理论，把图式看作一种知识结构，“包括过去反应和体验形成的、指导以后知觉与评价的知识体，这些知识相互联系，较为持久。”鲁墨哈特认为，图式理论基本上是一种关于人的知识的理论，即它是关于知识是怎样被表征出来的，以及这种表征如何以其特有的方式有利于知识应用的理论。鲁墨哈特是在研究“人对知识的记忆”时发现“图式”的，他之所以认为图式理论就是关于知识被表征以及这种表征如何被运用的理论，与其研究视角有关，也与知识与认知互为表里的关系有关。至于图式的形成，现代图式理论也认为图式是后天形成的，与经验有关。

总之，不同时期的学者，从心理的不同层面都发现了“心理图式”的存在，无论是记忆的图式、行动的图式，还是知识的图式都是心理图式。形成图式的物质材料是经验（直接经验与间接经验），形成图式的心理机制是“抽象与概括”。所以，图式可以被表述为个体对反复出现的经验加以抽象、概括而形成的认知结构或认知模式。

（二）图式的特性

首先，图式的主观性。构建图式的材料“经验”本身虽然有客观的成分，但主要还是主观的产物。经验不同于经历。经历，是个体感知的外部事件，是客观的；经验，是个体对经历感知的结果。

其次，图式的一般性。图式是个体对个别经验抽象概括的结果，舍弃了经验中特定的情景、条件、具体特点后，对事件一般化处理的结果，如“一朝被蛇咬，十年怕井绳”。

第三，图式的概念表征性。图式是一个复杂的系统，包括经验、知识、价值观、需要、情感、思维方式等，但图式往往被表征为某种或某些概念。

第四，图式的变动性。图式已经形成就具有相对的稳定性，以保证图式作为应对外部世界、认识外部世界的工具。但是，图式并非一成不变。图式一方面对外来信息进行同化，即把与图式相对应的信息吸收到图式中，但有些信息无法找到与之相适应的图式，而这个信息又比较重要或反复出现，个体就只好调整原来的图式，或创建新的图式。

第五，图式的差异性。对于同一个事件，不同的人、不同的民族、不同的地域、不同的文化群会有不同的图式，因为即使同样的经历，不同的人的经验也会不同，甚至经验迥异。再加之价值观、动机、情感、思维方式等方面的差异，必然造成图式的千差万别。

（三）图式的种类

皮亚杰曾经把图式分为三类：初始图式、初级图式与高级图式。初始图式主要是遗传性的图式或反射图式；初级图式主要指感知—运动图式、习惯等；高级图式主要指运算图式、智力图式、思维结构等。皮亚杰认为初始图式是先天的，初级图式与高级图式是后天经验的结果。皮亚杰的这种观点被后来学者认为有缺陷，因为即使是婴儿的图式反应即从父母那里继承而来的图式，也是一代一代人在实践中积累从而作为遗传基因保存下来的。皮亚杰的分类，说明图式的在智力水平上的差异。现代图式理论一般把图式分为以下几类：

1. 自我图式：有关自我的认知类化，它源于过去经验，组织并指导包含在个人社会经验中有关自我信息的处理。（Markus，1977）自我图式作为一种认知结构，它影响个体对关于自己信息的编码、储存和提取①。

2. 人的图式：人的图式是对人的人格进行描述的认知结构，用于形成对他人人格的概念及对他人行为的期望。人的图式帮助认知主体在既有信息的基础上对他人的人格和行为作出推论，特别是在信息不足的情况下，得以充实对他人的印象，而不管这种充实的信度如何。腼腆（既有信息），就会被认为胆小、谨慎，不会做出格的事，但比较有心计；外向、活泼（既有信息），会被认为乐于助人，敢作敢为；穿着入时、讲究，就会被认为有钱。作为领导，戴名表、抽好烟，就会被认为贪污、受贿。

3. 事件图式：事件图式是有关某类事件发生、发展的认知结构。事件图式，帮助认知主体对具体事件作出预先的预测或策划。比如，各种会议、仪式、庆典、竞赛、演出都是有着常规程序的，这些程序被人多次感知，就会形成图式。有经验的记者往往不亲临现场就能预知事件的发展过程，甚至在一些事件还没有发生时，就已经写好了报道框架，就等事件发生后填充一些数据、细节就可以了。并非记者有特异功能，而是多年报道经验所形成的相关图式使然。当然，过分依赖图式，不仅写不出好报道，还会出现报道失实。

4. 场景图式：场景图式主要指对事件发生的地点或场合的认知结构。比如，一说到城市，我们就会想到高楼大厦，车

---

①任国华：《自我图式、他人评价与人格发展的关系》，《心理科学》2003年第26卷第5期。

水马龙，一说到农村，就想到农舍、田野、庄稼；一说到江南，就想到鱼米之乡，小桥流水。

5. 角色图式：角色图式是指对社会中具有特定身份、职业、年龄、民族、地域等特征的人们在思维方式和行为方式等方面的稳定性认识。如好人与坏人的图式，穷人与富人图式，当官的与老百姓的图式，知识分子与大老粗的图式，大学生图式，农民工图式，女强人图式，工作狂图式，等等。

二、图式的功能与图式的误用

每个人头脑中都储存着大量的图式，我们的认知活动也只有借助图式才得以进行，但是，面对外部信息，如果只是一味地同化，而不注意顺化，图式就会成为正确思考的障碍，甚至成为“思想”的暴君。

（一）认知反应

面对外部信息的刺激，人能否做出认知反应，有赖于是否有相应的图式。如果有相应的图式，主体就能够做出反应，如果没有，就很难做出反应。在情况紧急的情况下，人们做出的反应基本上是图式反应，或称应答式反应。比如，有些车祸，是因为司机是新手，应踩刹车而踩了油门。这说明，在他的意识中，还没有形成危险与踩刹车的牢固图式。在第二节“网络舆论的心理偏差”中提到的“轻信”与“拒信”也有图式反应的成分。

归类反应有的也属于图式反应。认知图式是分类的，认知图式中的经验、知识也是分类的。对外部信息的刺激的最初反应就是归类反应，如果能够找到相应的类别，就做出反应，如果找不到相应的类别，就不作出反应，放弃，或者暂时单独放在一边，等待建立新的类别。一些网络舆论之所以出现较大的偏差，就是因为在网络空间中，很多网民发言随意，思考不够严谨，经常轻易地、不负责人地归类或者贴标签，而致误导了舆论。在第二节“网络舆论的心理偏差”中提到的“钱云会事件”“美国南加州校园枪杀案”“哈医大附属医院医生被杀案”都存在这个问题（下文将详解，在此不展开）。

（二）解释

当外部信息被归类以后，主体就启用相应的图式对信息进行理解。理解，是获取意义的过程，也是运用图式对信息进行解释的过程。解释，无外乎对“是什么”和“为什么”的解释。比如，在“华南虎照”事件中，网络舆论争论的焦点是“华南虎照”的真假，这就是对“是什么”的理解。“为什么”就是对事件的原因或因果关系作出解释。借助图式，可以达到对我们并不十分了解的事物的理解。比如，“躲猫猫”事件，官方公布在押犯人李某某年某月某日猝死，原因是在与狱友玩“躲猫猫”的游戏中心脏病猝发而死。众多网友认为这不是事实，他们认为：在监狱中，不太可能玩“躲猫猫”的游戏；即使玩了躲猫猫游戏，也不至于造成心脏病猝发，这个游戏运动量并不大。在此，网友使用了两个图式，一个是犯人监狱生活的图式，一个是“躲猫猫”的图式。

理解与解释是人类到达真理的途径。但是，“误解”“误读”的现象很普遍，一个很重要的原因就是图式的干扰或误导。在本章第二节中提到的几个案例中都存在一定程度的“误解”或“误读”，特别是“美国南加州校园枪杀案”。

（三）选择

人脑对外部信息的刺激具有选择性，这就是注意。注意，就是指人的心理活动或意识对一定对象的指向与集中。也就是说，在一定的时间与地点，人的心理活动或意识只能指向与集中于有限的对象上，而忽略其他对象。对信息的选择也是注意的主要功能①。注意分为无意注意与有意注意。无意注意，是指事先没有目的、不经意志努力的注意；有意注意，是有预定目的、需一定主观努力的注意。从表面上看，无意注意似乎与人的意识无关，是一种被动的反应，有些注意现象的确如此，如对“万绿丛中一点红”“鹤立鸡群”的注意，但是，有些无意注意其实是受着潜意识的支配，如风俗、习惯、某些根深蒂固的观念等，而这些都是由图式构成的，都是高度图式化的。有名的“双筒望远镜”实验证明：在60秒的时间内，通过双筒望远镜，两只眼睛同时分别看到一幅照片（不一样），被试看到的是来自本文化的照片，而非来自不熟悉文化的照片②。有意注意从表面看是因目的、需要而产生的注意，但是，抱有同样目的、需求的人对同一事件也会产生不同的注意，这就是因为每个人拥有的图式不同。一部《红楼梦》，经学家看见《易》，道学家看见淫，才子看见缠绵，革命家看见排满，流言家看见宫闱秘事……，道理就在于此。

图式的这种选择功能，对于认知活动可起到向导作用，但也会使人产生局限性，从而导致认识的片面性。按照经典自由主义的观点，一个人可能犯错误，但人民不会犯错误，按照哈贝马斯的设想，在真正的“公共领域”中，可以形成合乎理性的舆论。然而，一种被叫做“集体无意识”的东西的确存在，比如群体规范、群体观念、群体情感等。在这些集体无意

①参见彭聃玲著：《普通心理学》，北京大学出版集团2004年3月出版，第188页。

②沃纳·赛弗林、小詹姆斯·坦卡德著，郭镇之等译：《传播理论：起源、方法与应用》，华夏出版社2000年1月出版，第73页。

识中，其偏差自然也是不自觉的，即使是这些偏差演化为“偏见”也很难自知。这些偏见也会寄身于舆论中。

（四）判断

图式帮助主体对信息作出评价与决策。《三国演义》中诸葛亮对司马懿用空城计，是基于对司马懿其人的图式：胆小、谨慎；而司马懿之所以中了诸葛亮的空城计，也是基于对诸葛亮其人的图式：谨慎，不打无准备之仗。料定诸葛亮肯定是有埋伏。

然而，有时图式也会帮倒忙，使人作出自以为是的判断。2008 年初，“华南虎照”正闹得沸沸扬扬，我国“嫦娥一号”绕月卫星发射成功，并发回月球照片。因为照片看上去确与美国当年发表的月球照片相似，所以，很多人就断定“月照”也系假照。判断的依据就是因“华南虎照”为纸老虎即假照而形成的图式：政府在一些问题上出于某种目的而作假、发布假消息。事实证明，媒体发表的月球照片确属“嫦娥一号”所拍。

三、心理图式影响心理偏差的案例分析

（一）“缝肛门”事件

“缝肛门”舆论事件的引发者是《南方都市报》的报道《疑少送红包产妇肛门被缝》。报道首先陈述了产妇的丈夫陈述的一些事实以及他的质疑或判断：妻子产后发现肛门被逢住了，医院的说法是在手术过程中发现产妇痔疮发作，便免费做了痔疮手术。从来没发现妻子有痔疮，怀疑是助产士嫌红包送得少，以缝肛门加以报复。因助产士曾三次到病房催促：“准备好了吗?”，暗示送“红包”。但因身上带钱不多，只给了助产士 100 元红包。之后报道也陈述了医院院长的答复：助产士

完全出于好心对产妇的出血点做了结扎处理。助产士也承认收了 100 元钱。

舆论反应：对助产士口诛笔伐，谴责其“丧尽天良”，称其为“人渣”“恶魔”“天屎”。当然，也有个别帖子对报道的真实性提出了质疑，不相信助产士会做出如此“脑残”的事。那么，多数网友包括媒体为什么对此作出这样的反应呢？以下是“天涯论坛”帖文《红包送少，缝你肛门》的部分回帖：

A. “现在的医护人员，一是素质差，二是道德观念差，三是业务水平差！”

B. “我认识很多医生，收红包已是公开的秘密！不给少给就下黑手的还是第一次听说！”

C. “总的来说是，技术很一般，收费不简单！”

D. “深圳民营医院最黑了，上次去鹏程医院，也是被黑得一塌糊涂，人格担保，告诫广大市民，千万不要去这些黑医院，特别是经常打广告的这些医院。”

E. “一个没有人性的社会，出什么事都不奇怪。”

以上五个回帖反映出舆论背后的社会心理图式。A 是对医务人员的总体描述——“三差”；B 属于经验，支持 A；C 显示的是对所有医院的总体描述——技术差、收费高；D 显露的是对民营医院的总体描述——“黑”医院，并带有经验提供支持；E 则是一个相对高级的一个图式——社会图式，这个图式就是“没有人性的社会”。这五个图式都可归于角色图式，涉及医生、医院、民营医院以及当今社会，而且都为负面图式。这些图式一旦遇到有关医生、医院的负面信息就会被唤醒，影响舆论的走向。深圳“8 毛患儿门”事件、“哈医大附属医院医生被杀案”等舆论事件中就是如此，很多人对明显不符合逻辑、不符合常理的事情深信不疑，只要医患发生纠纷，都认为是医院、医生的问题。在心理学上把这样的心理现象称作“刻板印象”，即对某一社会群体形成一定的印象、看法后，就认为凡是这个群体的人都是如此。这属于心理偏差的一种。

（二）钱云会事件

围绕着钱云会之死所形成的舆论风暴，很多网友还记忆犹新。最先引发这场舆论的是“乐清上班族论坛”发出的题为《〔浙江〕蒲岐一苦难的村长　为民办事的好村长　今早被杀》，发帖人为“ZF 公然 sha 人”。该帖十分肯定地说钱云会是被人谋杀，有钱云会被谋杀的细节，有指挥杀人者的人名。钱云会被大卡车撞死的时间是 2010 年 12 月 25 日 9 点 45 分，此贴在当天中午就出现在网上。当天下午 18：42 分，温州日报报业集团主办的“温州网”发布了乐清市警方对此事进行调查的结果：钱云会死于交通肇事。舆论对这两则截然相反的消息的反应如何呢？“ZF 公然 sha 人”的帖子 1 小时后被转到温州当地网站“703804”，26 日上午 8 时 40 分左右，被拥有数亿用户的腾讯 QQ“弹出窗口”转述，在一两天之内，引爆舆论。而“温州网”发布的乐清市警方对此事调查结果的报道，却引发了舆论更强烈的质疑。舆论一边倒地相信钱云会死于谋杀。在钱云会案正式开庭之前，乐清政府两次向社会公布公安机关对此案的调查结果和调查过程，认定此案为交通肇事案，但每次都会激起更强烈的质疑；即使是浙江省乐清市人民法院对“钱云会案”进行公开审理审理之后，多方证据足以证明肇事司机属主观过失，众网友还是不能相信。直至现在，在微博上还会偶尔出现对此案的质疑之声，认为当地警方一定隐瞒了某些真相。

在对“钱云会案”进行反思时，媒体普遍认为“政府公信力的缺失”是造成“钱云会被惨死”舆论的根本原因，不无道理，但其中也有心理原因，不能忽视。在心理学中，有先入为主即首因效应一说。所谓首因效应，简单地说就是在社会认知中，第一印象一旦形成就很难改变。上文提到，最先引发这场舆论的“ZF 公然 sha 人”的帖子起到了先入为主的效果，而这个效果之所以超级强大，是因为这则不长的帖子所给出的关键词“苦难村长、为民办事的好村长，被人按在地上、给车压死”应和了许多人由经验或故事、小说、影视剧建构的“好人遭小人陷害”的心理图式。在生活中，经常会有这种心理现象，当有人告诉你某某是个贼之后，你会越来越觉得某某形迹可疑，越看越觉得他是个贼。而事实是，某某并不是贼。还有一个原因，就是情感的作用。尽管图式是抽象概括的结果，以概念为核心，但是，多多少少会有情感相伴，有的图式情感印迹很深，甚至是以情感为表征的。凡是热度高、强度高的网络舆论，往往都是触动了公众最基本的“爱、恨、情、仇”图式。“钱云会被惨死”的舆论也是如此。

（三）哈医大附属医院医生被杀案

上文谈到这一案例，认为这一舆论背后存在的心理偏差是与偏爱相对的“偏恶”，这似乎是一个感情问题，但实质还是态度问题。在社会心理学中，一般认为情感是构成态度的成分之一，“态度，是个体对某一特定事物、观念或他人稳固的由认知、情感和行为倾向三个成分构成的心理倾向”[①] 而态度也以观念或概念的形式进入心理图式。在分析心理图式的结构中，有学者认为图式由“动力系统、控制系统、工具系统、

①侯玉波编著：《社会心理学》，北京大学出版社 2004 年 3 月出版，第 95 页。

材料系统和调节系统”构成，包括情感在内的非理性成分构成了调节系统。上文提到，某些图式带有很强的情感印迹，甚至以情感为表征，这是因为作为图式物质材料之一的体验，是认知过程与情感过程的统一体。体验，可分为直接体验和间接体验。直接体验即个体身临其境地对事物或人获得感悟；间接体验，即体验之体验，也就是体验别人的体验，如听人讲述自己的经历、读小说、看影视剧等。直接体验往往要比间接体验感触深、印象深，由此形成的心理图式也较牢固。

舆论对此事件的最初反应，基本上是图式反应。认为肯定是医院、医生有错在先，激怒了患者及其家属才引祸上身。在媒体报道了死者的情况后，一些网友对此事的态度还是选择了“高兴”，根源并非这些人太过残暴，原因有二：一是由于图式的作用，特别是那些图式较牢固者对信息进行选择性注意或理解，对不合自己图式的信息要么置之不理、要么不认真对待、要么进行曲解。在网络调查中有65%的人表示高兴，并不代表网民中65%的人表示高兴，应该理解为图式反应强烈者表达了自己的态度。二是这些图式反应强烈者，多为直接体验强烈者，也就是他们自己或身边的亲人曾经被医院伤害过，正如一条新闻的回帖《王浩同学，一路走好!》所言：“你知道为什么网上会这样吗？能说这样话的人都是在医院、医生那里‘受过伤’的，积怨已久啦。大多数医生都是好的、有医德的，可是大多数医院的个别医生呢？却都是在坑人，间接的杀人，把病人的病情当儿戏，把没有背景的人（农民）做临床试验，等等，一旦出现医疗事故病人就成了皮球，运气好的，得几毛钱赔偿，倒霉的就自个儿埋了……同样是生命，医生与病人都要相互尊重，社会才更加和谐!”

本章小结

舆论，作为一个终极的结论，总会放射出真知与真理的光辉。但是，舆论作为一个过程，总是伴随着真理与错误的纠缠，总会出现这样那样的偏差。网络舆论的偏差主要表现为舆论暴力、过度人肉搜索和情绪化表达。造成网络舆论偏差的根本动因还在于网民的心理。作为人类认知机制的“图式”一方面有助于人的认知活动，另一方也很容易对人的认知活动造成误导或障碍。本章通过几个个案深入分析了造成网络舆论偏差的心理原因即轻信、拒信、曲解、偏恶，而这些心理偏差的动因在于图式的作用。

第五章　群体心理与网络舆论

群体，是人类在劳动中结成的由多人组成的松散组织。群体可以是有形的，也可以是无形的。据《辞海》的解释，“群体”是根据一定的特征（阶级、民族属性、共同活动的情况，人际关系的发展水平，组织特点等等）而从社会整体中区分出来的人群共同体。它具有生物学与社会学的双重意义，前者强调“群”的关系或存在方式，即由若干个体构成的多数、整体化状态，指向为“聚居”的“群”、“族”（population、colony）等；后者则强调群体的社会化特征，即不同范围、不同性质、不同规模的集合体、团体（group）。

群体，是生产舆论的基本单位，也是舆论形成的重要机制。网络的兴起和飞速发展，给人类带来的最宝贵的东西就是群体的崛起和群体生活的丰富与多元，而群体的崛起和群体生活的丰富与多元的结果必然是舆论的风起云涌。那么，“群体”便成为探索网络舆论基本规律的重要节点之一。

第一节　群体与群体心理

人从本质上是群居动物。按照马克思的观点，劳动创造了人；西方人类学认为语言的发生，使人类的祖先幸运地进化为人。语言进化说与劳动进化说并不矛盾，反而具有内在一致性。劳动，如果没有语言作为联系的工具，那种发自本能的个体“劳作”不可能发展为社会性的“劳动”；语言，如果没有劳动也就失去了存在的意义，终将不能发展为语言。劳动的实质是群体生活，沟通与交流的实质是维持群体的生存与运转。

一、群体

社会心理学是在社会学和心理学基础上发展出来的一个研究领域，其研究基础也受到源学科的影响，群体研究亦如此。

（一）群体构成动因：认同与排他

日本社会学家岩原勉认为，群体指的是“具有特定的共同目标和共同归属感、存在着互动关系的复数个人的集合体”①。在这个定义下，群体不仅包括了家庭、邻里、朋友伙伴等多个初级群体，还包括了有某种共同社会属性的间接社会集合体，如性别、年龄层、职业、阶层等等；既包括联系松散、自发形成的社会群体，也包括存在着制度化的严密分工和严格纪律的智能群体（组织），如政党、军队、团体、企业等等。这一界定强调的是“共同目标和共同归属感”等特征，因此，群体具有两个本质特征：目标取向共有性——有着共同的利益、关心、兴趣等；具有以“我们”意识为代表的主体共性。

社会心理学对群体的研究着重于探讨群体与个体间的相互影响关系、群体心理的基本特征、个体在群体状态中不同于个体状态的心理活动、集群行为的心理动机等等，因此，社会心理学研究的群体，是这样一些人：“他们在一定的空间和时间内相互作用，直接或间接地使有效的相互作用在持续性、广泛性和融洽性上达到密切的程度，并自身形成一个内部准则，指

①郭庆光著：《传播学教程》，中国人民大学出版社2011年8月出版，第78页。

导价值的实现。”① 群体之所以成为群体最重要的两个心理要素：认同和排他。

所谓认同，即群体内成员对群体规范、群体目标等能够形成较为一致的认识，能够在一致性认识基础上自觉地调整自己的行为，并且在重大问题上能够形成较为一致性的认识和评价。这种群体认同意识在不同规模的群体中具有不同的程度，研究表明，越是规模小的群体，群体认同度越高；相反，越是规模大的群体，群体认同度越低。群体认同是一种非常重要的群体意识，群体意识对群体来说非常重要，它是伴随着群体的形成而自然形成的，会对群体成员的个人态度和行为产生制约作用，是相对于个体意识的一种外在的、约束性的思维、感情和行为方式，包括群体归属、群体感情、关于群体目标和群体规范的合意等方面的内容。个体在群体认同的基础上可以延伸出群体归属意识、整体意识、目标意识等，而“排他”即体现为群体排外意识。

排他即排外意识，指群体成员对其他非群体成员的排斥心理和情感。由于群体具有一定的相对独立性，群体成员间具有的认同感、归属感和整体感，使成员必然不自觉地通过一定程度的排外行为或排外心理，来强化和凸显其与群体的关系、自身的角色定位等。研究表明，个体越是把自己看作是小群体的成员，就越是容易排外，排外意识就越强烈。由此可以看出，人们更为重视小群体利益。

（二）群体的类别

社会群体有多元的划分标准，如政治群体、文化群体、经济群体、性别群体、年龄群体、民族群体、职业群体、地缘群

①沙莲香著：《社会心理学》，中国人民大学出版社2002年8月出版，第206页。

体、娱乐群体、社会阶层等等，由于研究角度、研究兴趣和研究方法的不同，对群体的划分标准也不同，对于群体的分类有如下几种：[①]：

1. 统计群体与实际群体。这是依据群体是否真实存在而划分的。统计群体，即为了研究和分析的需要，根据某种特征或从某种研究需求出发，将研究对象在统计过程中组织起来，形成统计学中的群体，如老年群体、青少年群体等等；实际群体，就是在一定的时空范围内真实存在的群体，如学校的班级、工厂的车间、部队的连排班等。

2. 正式群体和非正式群体。这是依据群体的构成原则和方式而划分的。正式群体一般指一定形式的合法的社会组织，有固定的名称、编制、角色、规则等，如政府、学校、企业等；非正式群体则一般是依据成员的兴趣爱好自发形成的，带有较强的感情色彩，合法与非法的均有。

3. 其他标准的划分，比如依据规模的大小，划分为大群体和小群体；依据成员属性、特征等划分为异质群体和同质群体；也有按照地缘、社会阶层、职业等划分的不同群体。

美国社会学家库利从个人社会化角度来研究群体，将群体分为初级群体（primary group）和次级群体（secondary group）。初级群体包括家庭、邻里、儿童的游戏群体等，这些群体具有亲密的面对面交往和合作等特征，对个人的理想和个性的形成起着基础的作用；次级群体则在影响个体的社会化过程中所起作用属于次要的地位。当然，作为芝加哥学派的社会学家主要的研究重点还在于个体，但是，库利之后的社会学包

①参见沙莲香著：《社会心理学》，中国人民大学出版社2002年8月出版，第208页。

括社会心理学研究，已经不仅仅局限于从研究个体社会化的角度来使用这个概念，而是更多地选择了研究社会组织结构的角度。

从社会心理学对群体的研究的历史来看，早期主要以研究大群体为主，现代心理学则主要以研究小群体为主。所谓大群体，即从宏观的视角把人分为民族、阶级、精英、群众等群体；小群体，就是从较为微观的层面根据性别、职业、收入、居住地等把人分为各种较小的群体。

（三）群体研究历程：以社会心理学为视野

1. 关注民族、阶级、群众的大群体

从19世纪中期开始，社会学与心理学进行相互渗透，形成了社会心理学知识的最初形式，一直到20世纪的20年代，社会心理学逐步形成。这一时期社会心理学家关于群体的研究呈现为宏大的视野、哲学思辨与抽象的研究方法、关注大群体等特征。“因此这种形式的社会心理学具有极端描述性学科的性质”①。被誉为“现代心理学之父”的德国心理学家冯特，他将心理学划分为个体心理学和民族心理学，而他也将自己的学术生涯作了相应的划分，前半生主要研究个体心理学，后半生用“分析和研究语言、艺术、神话、宗教、社会风俗习惯等社会历史产物的方法，潜心研究民族心理学。”② 民族心理学是社会心理学的一种早期形态，其论述的实质就是从作为民族成员拥有的心理共有物切入，透视并剖析某一社会群体的心理。冯特的民族心理学是以个体心理学或普通心理学为条件

---

①安德烈耶娃著：《社会心理学》，南开大学出版社1984年6月出版，第28页。

②周晓虹著：《现代社会心理学史》，中国人民大学出版社1993年8月出版，第34页。

的，他认为个体是社会的基础，他的研究从语言、神话、习俗和艺术等形式对个人的影响方面切入，提出这些形式并非是个体的创造，而是社会的产物。以冯特为代表的20世纪初期的德国民族心理学家，将研究对象设置为“民族精神，以及作为民族精神之体现的语言、习俗和神话。”① 这种着眼于社会的大群体研究，更多的强调了以历史为取向的社会心理，特别是从对语言、习俗等的研究推及某艺术形式支配下的民族心理状况。犹太学者路德维希·贡普洛维奇（1838—1909年）在其“种族冲突论”中，认为自我利益助长了种族群体间的冲突，群体是一切的主宰，个体在群体中是无能为力的。因此，在民族群体心理研究中，“关于个体行为的解释只能取决于社会过程及其影响。”②

而德国的著名社会学家格奥尔格·齐美尔则从社会互动的角度来研究社会与个人，并将这种社会互动看作一种心理现象，一种区别于单纯的个体心理现象的社会心理。

法国社会心理学的研究进路是在法国社会学家的研究视野中开拓的，加布里尔·塔德的“模仿论”、埃米尔·迪尔凯姆的集体表象论为19世纪90年代的法国群体心理学奠定了理论基础。特别是迪尔凯姆，他由于更多地受到德国民族心理学家的影响，在其《社会学方法论》一书中，提出“集体表象”——完全有别于个体表象（意识）的概念，他认为集体表象虽经个体表象综合而来，但却是一种完全不同的东西。“在迪尔凯姆看来，群体是一种全新的结构形式，是一种能够

①周晓虹著：《现代社会心理学史》，中国人民大学出版社1993年8月出版，第34页。

②周晓虹著：《现代社会心理学史》，中国人民大学出版社1993年8月出版，第36页。

以不同于组成它的个体成员的方式思考、感受、行动的整体。”① 因此，他主张群体心理研究应当将群体看作不同于多个个体的简单总和，社会生活对个体在很大程度上起着重要的支配作用。

而真正直接创立群体心理学的是意大利的法学家西格尔和法国的社会学家古斯塔夫·勒庞。

意大利法学家西皮奥·西格尔对于群体心理的研究选择了犯罪学的角度，他提出“犯罪的群众”概念，并且将“暗示”视为促进群众“低劣”的一种“邪恶”因素。西格尔从刑事案件的经历分析群众容易激动和易受暗示作用等特征，具有冲动、狂暴的性格。他认为“群众成员间的暗示与模仿，不仅削弱了个体成员的智力、自我控制和责任感，并且使他们倾向于犯罪。”②

勒庞关于群体的描述既体现了他对塔德和迪尔凯姆两种观点的折中，同时也是将两位理论奠基者观点进行了整合。一方面，勒庞接受了迪尔凯姆德的观点，认为群体并非是许多个个体的简单总和，而是另一种形式的“集体表象”——群众是冲动的、无理性的、没有责任感的、愚蠢的；另一方面，他又接受塔德所提出的“模仿”、“暗示”的概念，认为个体一旦参加到群众之中，由于匿名、感染、暗示等因素，会丧失理性和责任感，表现出冲动的、凶残的反社会行为，这便是后来社会心理学中的“去个性化”概念。

①周晓虹著：《现代社会心理学史》，中国人民大学出版社 1993 年 8 月出版，第 43 页。

②威廉·S·萨哈金著：《社会心理学的历史与体系》，贵州人民出版社 1991 年 4 月出版，第 45 页。

2. 实验心理学发展的社会小型群体

第一次世界大战之后，随着实验方法进入到社会心理学的研究，社会群体心理研究也开始逐步转向侧重于社会小型群体问题。围绕社会小群体的研究大致可以归纳为：群体凝聚力及其测量、群体思维与群体决策、社会促进与社会抑制、顺从与群体极化等几个方面，诸如格式塔学派代表人物之一的库尔特·勒温创立的“场论”、“群体动力学”等（文后详述），为我们认识小群体心理提供了较为深刻的理论框架。

社会心理学对小群体的研究着意于群体过程的特点，正如安德烈耶娃所总结的小群体研究的三大问题：第一，在小群体中的人们进行交往和发生相互作用的一般规律性是什么；第二，什么机制使个体通过小群体掌握了在大群体中形成的社会价值、规范和定向的整个体系；第三，群体是如何发展的，经历了哪些阶段，在每个阶段上是如何改变的①。

从20世纪80年代中期开始，群体研究进入到一个新的繁荣期，有学者通过分析北美三个重要的社会心理学杂志（《实验社会心理学》、《人格与社会心理学》、《人格与社会心理学公报》）发现，群体心理研究的比重一度不超过15%，但在20世纪90年代以后逐渐增多，到2006年相关研究比重达1/3还多。② 当前，群体心理研究的热点主要聚焦于群体构成、群体结构、群体绩效、群体内冲突、群际关系、群体生态等几方

---

①【苏】安季平娜著，卢朝峰译：《小群体研究的社会学和社会心理学方法》，《现代外国哲学社会科学文摘》1988年第4期。

②Wittenbaum G M, Moreland R L. Small－group Research in Social Psychology: Topics and Trends over Time［J］. Social and Personality Psychology Compass, 2008, 2 (1): 187－203.

面，特别是“群际关系研究在群体心理研究中占主导地位。”[①]由此所延伸并发展了社会认同理论、群体间的态度与偏见、歧视与冲突等内容，出现了与此相关的理论，诸如最佳独特性理论[②]、减少主观不确定性理论、恐惧管理理论、社会支配理论等等。同时，群体决策、群体效力、群体凝聚力、领导过程等研究内容也颇受关注。

二、群体心理解读

（一）“模仿论”与“本能论”中的群体心理

1898 年，加布里尔·塔德出版了世界上第一部以“社会心理学”为题的著作——《社会心理学研究》，提出社会学就是单纯的群体心理学；1890 年，他又出版了“社会心理学第一步真正近代的著作”——《模仿律》，提出个人的创造发明是从个体与社会的互动中激发出来的，而模仿则是使发明现实化的途径。因此，他认为风俗是对过去事物的模仿，时尚则是对现行事物的模仿。同时，提出模仿是由暗示作用而引发的行为结果。另外，塔德还提出公众与群众的区别在于是否直接接触[③]，在他看来，群众是通过直接接触而构成的群体，而公众则是通过舆论的间接接触而形成的。从实质来看，塔德的“模仿论”是将群体心理研究还原到个体心理层面，是个体心理现象在社会层面的体现。

在塔德的“模仿论”中，模仿是最基本的社会关系，社

①韦庆旺、谢天：《群体心理研究——群际关系为核心的变革》，《黑龙江社会科学》2012 年第 3 期。

②这种理论认为，群体认同是个体与他人同化和差异化两种需要之间的权衡过程，人们对能够获得最佳平衡的群体具有最高的认同。

③横山宁夫著：《社会学概论》，上海译文出版社 1983 年 10 月出版，第 129 页。

会群体是由互相模仿的多个个体组成的。而且，他认为不存在任何超越个体心理体验的实体，一切社会过程无非是个体之间的互动。整个社会是通过模仿而传播、交流情感与观念的，并且他还提出了著名的三大模仿律，即下降律、几何级数率、先内后外律。

另一个早期的群体心理学派研究者是英国心理学家麦孤独，他反对行为主义心理学派的刺激反应说，认为人类的社会行为是由个体与生俱来的本能决定的，“本能是在长期进化过程中由自然选择所提供的一种遗传的‘心—物’倾向，并且有相应的情绪伴随。”① 他从本能的角度解释了群体行为，认为个体出于本能聚合成为群体，而集合在一起所形成的精神的或心理的力量构成了“群体心”，它是不同于个体心理特性的群体个性，是超越个体的。

（二）集群行为研究中的群体盲从心理

集群行为被西方学者又称为“集聚行为”（collective behaviour）或“集体行动”（collective action），“是一种人们激烈互动中自发生的无指导、无明确目的、不受正常社会规范约束的众多人的狂热行为。”② 因而，相对于社会规范制约下的群众运动或群众活动而言，集群行为具有自发、狂热、非常规、短暂等特征。

关于集群行为的研究西方的社会学和社会心理学者们进行了长期的关注，从不同的角度进行探索分析：早期勒庞的“心智归一法”（即精神同一律）与奥尔波特的“社会促进

①严磊、胡修银：《集群行为的西方社会心理学理论述评》，《贵州师范学院学报》2012 年第 3 期。

②沙莲香著：《社会心理学》，中国人民大学出版社 2002 年 8 月出版，第 220 页。

论”——探讨了个体独处与集群而处的不同心理特征、个体的理性与群体的非理性、群体对个体的心理影响等等；中期布鲁默的“循环反应理论”与特纳的“紧急规范理论”——旨在分析群体中个体之间的社会互动与影响；而晚期斯梅尔塞的“价值累加说”与格尔的“相对剥夺论”——重点分析了社会变迁背景对个体心理与行为的影响。[①] 在众多的理论成果中，古斯塔夫·勒庞的《乌合之众》被誉为“群体心理学领域中的杰作，也是最早认真制定一种关于集群行为性质综合观和动力观的尝试。”[②] 在其著作中，他提出群体“精神同一律”来解释包括集群行为、社会运动和革命在内的所有群体活动。他认为作为个体的人是有教养、有文化、有责任的理性的人，“孤独的个人具有主宰自己的反应行为的能力，群众则缺乏这种能力。”“聚集成群的人，他们的感情和思想全都转到同一个方向，他们自觉的个性消失了，形成了一种集体心理。它无疑是暂时的，然而它确实表现出了一些非常明确的特点。这些聚集成群的人进入一种状态，……一个心理群体。它形成了一种独特的存在，受群体精神同一律的支配。”[③]

勒庞把群体描述为：群体是冲动、多变而急躁的；是容易受暗示和易轻信的；群体的情绪简单而夸张、保守偏执而专横等等，个体在群体中已然失去了自己理性的判断，成为盲从的、被催眠的状态。正如莫斯科维奇所说：“对于群体心理学

①严磊、胡修银：《集群行为的西方社会心理学理论述评》，《贵州师范学院学报》2012 年第 3 期。

②【美】J·P·查普林等著，林方译：《心理学的体系和理论》（下册），商务印书馆 1984 年 9 月出版，第 311 页。

③【法】古斯塔夫·勒庞著，冯克利译：《乌合之众：大众心理研究》，广西师范大学出版社 2007 年 9 月出版，第 45 页。

来说，催眠术是社会行为和社会反应的主要模式。领袖是中心点，第一个浪潮由他而起，接着是另一个同心浪潮，就像地震一样，将同样的观点传播得越来越远。”①

（三）“场论”中的“冲突—平衡”群体动力模式

格式塔学派的代表人物勒温在《战争景观》（1917 年）一文中，分析了人们在战争中的心理承受能力和行为动机，成为其“心理紧张系统理论”的最早表述；同时，他将关注点也聚焦于环境与人的交互作用，以及影响人的心理时间和行为意义的决定性因素，这后来发展为他的代表性观点——“场论”。“场论”概念的提出借助了当时流行很广的拓扑学——即研究空间关系的非量化数学——来描述个体在特定情景下的整体心理场。勒温的“场论”提出了“心理生活空间”的概念，即人是一个复杂的能量系统，他在外部环境的包围与影响下存在着一个由 E（包括准物理、准社会和准概念的事实所组成的心理环境）和 P（包括需要、欲望与意图等内部个人区域作为知觉运动区域构成的人）构成的心理生活空间（LSP）②。勒温的心理学研究强调个体对外部客观环境的主观感知，强调主体的理性和能动的特征，他摆脱了正统格式塔心理学派注重人的知觉过程的束缚，着重研究人的需求、动机和意志。“场论”的提出凸显了勒温心理学研究的整体性原则，其“心理生活空间”与奥尔波特所注重孤立的外部刺激（或事件）有所不同，它是指特定时空中为主体所感知的相互依存的事实的整体。勒温所谓的群体，也是兼有社会学和心理学双重意义的

①【法】赛奇·莫斯科维奇著，许列民、薛丹云、李继红译：《群氓的时代》，江苏人民出版社 2003 年 4 月出版，第 121 页。

②刘宏宇：《勒温的社会心理学理论评述》，《社会心理科学》1998 年第 1 期。

有机整体，而有别于组成群体的单个个体的性质。因此，从这一个意义上来看，场论的整体性原则便成为勒温后来创立群体动力学理论的基础。

“群体动力学”一词的使用最早出现在 1939 年勒温《社会空间实验》一文中，这一研究是其“场论”中将“心理生活空间”的概念从个体往群体方向进行延伸的结果。在个体心理动力场的基础上，他提出群体内人与人之间存在着相互影响、制约、渗透等不同力的交互作用，这些力量通过不同程度的汇聚与离散、冲突与融合、平衡与失衡的变化，促成了群体行为的趋同与排斥等现象，也构成了群体的心理动力场。一个已经建立了共同的社会目标、价值标准的群体，具有一种强有力的纽带把群体内成员凝聚起来，使个体的动机与群体的目标相一致，而群体内各种力量的相互作用决定着群体运作的方式和方向。

在 1947 年勒温发表的《团体决定和社会性变化》一文中，通过将工厂作为研究社会现象的试验室，他发现有很多因素造成了工厂生产率持续下降，比如工人的不满、紧张、高负荷的工作、过分的竞争、摆脱保护的欲望等等，如何改变这种状况呢？勒温提出“其办法就是改变力的强度或诱发力的强度或者通过引进新的力量，然后着力于建立起新的平衡，使力量凝结在新的关系中。”① 通过很多的试验，他最终得出的结论是“团体的决定比其他诱导团体变化的方法更为优越。”② 这便是群体决策的作用。场论或群体动力学本质上强调了一种

①李汉松编著：《西方心理学史》，北京师范大学出版社 1988 年 2 月出版，第 272 页。

②李汉松编著：《西方心理学史》，北京师范大学出版社 1988 年 2 月出版，第 273 页。

观点："当场内的力处于不平衡状态时，动作便持续不已，直至达到平衡为止。"① 这种观点恰好体现了群体中的动态性和交互性心理特征，为我们认识群体与个体的交互影响提供了理论基础。

群体动力学开创了群体研究的新时代，特别是上个世纪五六十年代以后，社会心理学关于领导、沟通、吸引、互动、社会规范、群体氛围、群体内聚力等方面的研究很大程度上归功于群体动力理论的影响，以至费斯汀格说："我们今天的95%的社会心理学研究都属于勒温和他的群体动力学所激发的研究范畴。"

总之，无论是群体意识中的认同与排他，还是不同群体研究成果中对群体心理的分析与总结，社会心理学关于群体心理的研究给我们提供了认识群体的理论框架和思路，能让我们更好地理解群体对于个体的作用，群体意识对个体心理（情感、认知等方面）的制约与影响，特别是集群状态所带来的个体模仿、服从与认知的趋同，对于我们研究集群行为、舆论生态等具有重要的理论基础。

第二节　网络群体与网络舆论

一、网络传播中的群体呈现

网络群体，即网民基于网络平台（网络论坛、社区、QQ、博客、微博等）而形成的"具有特定的共同目标和共同归属

①【美】E. G. 波林著：《实验心理学史》（下册），商务印书馆2009年7月出版，第910页。

感、存在着互动关系复数个体的集合体。"①

（一）网络空间中的多元群体

由于网络依然介入人们的现实生活，网络群体与现实群体既有区别又有密切的多维互动。网络空间是现实生活的映射，特别是基于互联网为表达平台的网络群体，现在已成为当前人们生活方式、消费习惯、社会认知、自我建构等多方面的鲜活体现。

依据不同的标准，网络群体分为不同的类型，本书提出两种主要的划分标准来对网络群体进行大致归类。

1. 从对网络平台的使用与满足角度划分，以使用、消费网络的共同性、一致性来看，可以把网络群体分为四种类型：（1）生活服务类群体，即有共同消费习惯、兴趣爱好的网民构成的群体，如网络中的月光族、换客、拍客、拼客等等，这些群体都基于现实生活的某种兴趣、理念而在网络空间中聚集在一起，形成一种超越地域空间阻隔的网络圈子；（2）意见表达类群体，即以网络平台为意见表达、情绪发泄的出口，围绕着当前的热点问题、国内外新闻事件进行交流、探讨，诸如论坛、社区里的国际热点、热点参与等板块、新闻跟帖等；（3）关系沟通类群体，即基于关系用户而建立的群体，如QQ群，一个网络用户可能在多个QQ群里，一个热贴或意见、情绪等也可以实现QQ群际的传播，影响多个群体；（4）情感表达类群体，即这类群体成员的聚集是为了表达个体内心共同的情感体验，其表述形式和内容也以感性信息为主，主要是满足个体体验的社会认同，诸如名博或微博的粉丝团（如徐静蕾的鲜花村）、名人贴吧、迷群（如《绝望主妇》迷群）等。

---

①【日】见天宗介等著：《社会学文献事典》，弘文堂1998年2月出版，第439页。

2. 依个体归属和群体影响度，可以分为基本群体、现实化群体、偶然群体和参考群体四种①。（1）基本群体，即主要存在于虚拟社区中，有两个或两个以上的网民组成的，以社区为单位保持长期、亲密、频繁的活动（发帖、回帖等）而形成的群体；（2）现实化群体，这类群体的实质是现实关系的网络化，比如校友录、某公司贴吧、小区业主群等等，都由现实中的熟人构成；（3）偶然群体，网民们临时组成的群体，这种群体的结合关系是不稳定的，最常见的情况是在聊天室聚在一起的几个网民；（4）参考群体，即无需实际归属，群体的存在对网民来说起到行为参考或价值参考的作用。这类群体成员的特点是对某群体信息或意见浏览了解并不参与，但受群体影响。

（二）网络群体的特性

网络空间中的群体与现实群体在群体认同、归属感、群体压力与趋同、去个性化等方面具有一定程度的相似性，但由于网络的自由性、匿名性等特点，网络群体又呈现出有别于现实群体的不同特性：

1. 网络群体成员的年轻化。依据2011年CNNIC第28次报告，我国网民年龄分布体现为：40岁以下的网民占网民总体的80%，其中10—19岁的网民占26%，20—29岁的网民为30.8%，30—39岁的比重为23.2%。如下图5－1所示②：

---

①屠忠俊、吴廷俊著：《网络新闻传播导论》，华中科技大学出版社2002年7月出版，第226页。

②数据来源为《CNNIC第28次报告》，http：//it. sohu. com/20110719/n313777566_7. shtml 搜狐网 2011－07－19。

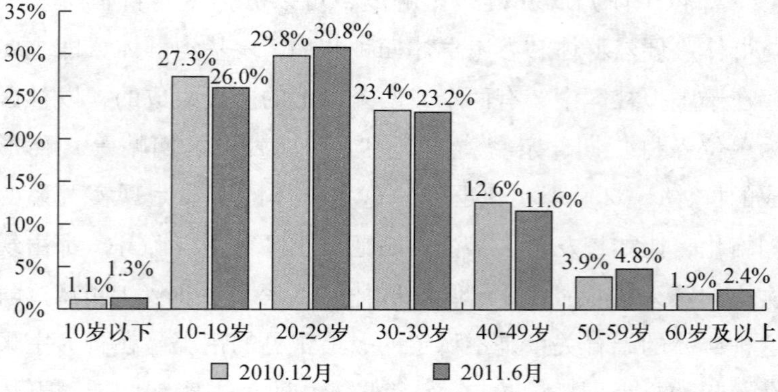

图 5－1　网民 2010 年 12 月与 2011 年 6 月年龄结构图

网民的年轻化使网络群体的成员主要以年轻人为主，他们崇尚个性、特立独行，倾向于挑战权威和进行自我表达，同时也更倾向于接受所属群体意见领袖的意见。网络论坛或社区等成为他们自由表达的平台，使他们能够畅所欲言，将其观点进行表达用以得到他人或群体的认可，同时，也促使其排斥和批评不同的观点从而促进所属群体意见实现趋同。

2. 网络群体组织的松散性与流动性

尽管网络论坛或社区的平台使网络群体具有特定的网络空间和具体名称，但相对于成员来说，网络群体仍然具有明显的临时性和自发性。临时性，多体现在意见群体的形成过程中，在就某个社会热点问题的关注与探讨中，散落在空间中的个体通过交流、讨论、互动而迅速形成意见群体，而热点问题一旦解决或形成定论，这一意见群体就自然离散；自发性，是网络群体的存在状态，网络群体无论规模大小、性质如何，都是网民自愿加入的，群体对成员具有较少的约束力和短暂的吸引力，从组织结构来说，相对于现实群体网络群体是松散的，缺少群体约束力的。

由于网民身份的虚拟性、匿名性和多变性，网络群体没有类似现实群体或组织明确而严格的群体规范，因此，网络群体必然带有明显的流动性和不稳定性，无论何种形式的群体对于网民来说都具有心理需求与满足的聚群动机，一旦这一动机消泯，网民便会离开群体。

3. 网络群体互动的虚实交替性与群际感染性

网络的匿名性尽管能让网民在意见表达过程中感受到一定程度的现实超脱性，但是网络是现实的反映，网民的意见表达是其真实的生活经历、情感体验的表现，因此，网络群体内成员互动不是脱离现实而是反映现实的；同时，在对某些问题的探讨中，成员间的互动也会影响到现实社会中的人际交往，以人际传播的方式进行意见交流的延续，而现实中的交流又会反过来强化或扭转网络群体意见。这一过程体现了一种虚实交替性，使线上与线下的意见表达成为一个连续谱，在不断地互动中形成较为一致的网络舆论。同时，网络群体间的互动也是频繁的，由于网民并不仅仅活跃于某一个群体，或者某一群体内一致性意见会通过网络病毒式传播的方式出现于不同的网络空间和群体，由此而出现明显的群际感染现象，这对于网络舆论的生成具有重要的推动作用。

二、网络舆论的动态特性

舆论由于传播而形成，特别是群体传播，群体内个体间的互动传播，使零星的、个体化的思想、意见、情绪、态度等，通过群体传播的整合过程，达到相对的一致性、持续性和强烈性，并对社会构成一定影响，舆论即形成；网络舆论亦然。我们若要更全面地认识网络舆论，则需要从根本上理解舆论的本质及其特征，进而剖析网络传播生态中的舆论特性。

（一）“舆论”的二维剖视

舆论，“是公众关于现实社会以及社会中的各种现象、问题所表达的信念、态度、意见和情绪的总和。它具有相对的一致性、强烈程度和持续性，能够对社会发展及有关事态的进程产生一定的影响。”① 为了更好地理解“舆论”的概念，我们需要将之进行横向同类比较与纵深形态分析。

1. 舆论与舆情

舆情，即“由个人以及各种社会群体构成的公众，在一定的历史阶段和社会空间内，对自己关心或与自身利益紧密相关的各种公共事物所持有的多种情绪、意愿、态度和意见交错的总和。”② 而“舆论”也是需要具备一定的特征和要素的，其表现形式包含了意见、信念、态度、情绪等等。从这一层面看，舆论等同于舆情，都是社会空间内社情民意集合的一种反映，是利益相关者社会情绪的表述，这两个概念的共同之处在于都是社会群体性、集合性、倾向性意见的表达；而不同之处在于，舆情的外延更宽泛些，涵盖了主流与非主流、精英与草根、理性与非理性、公开与不公开甚至不为人知的机密等所有层次的社会意见。“当多种不同意见的部分或整体，经过舆情群体的会聚、交流和决策而逐步走向多数一致时，就形成了舆论，即公开表达的、多数人一致的共同意见。”③ 因此，舆论是包含在舆情范畴之内的，是更倾向于主流性、条理性与公开性的社会意见。

---

①陈力丹：《推敲“舆论”概念》，《采写编》2003 年第 3 期。

②刘毅著：《网络舆情研究概论》，天津人民出版社 2007 年 9 月出版，第 51—52 页。

③黄靖逢：《网络舆情的群体传播语境解析》，《新闻爱好者》2012 年第 2 期。

区别二者的关系并不仅仅在于概念层面的辨析，更重要的意义在于：一是，并非所有的舆情都是舆论，只有积累一定的量、一定的强烈程度和影响力等才能视为舆论；二是，二者互为影响，舆情大多会引发和促成舆论产生，而舆论可以引导、影响、决定乃至扭转社会舆情的走向。

2. 舆论发展的动态性

从舆论自身的形态看，“社会舆论就其发生作用的过程来看，经历了从潜舆论、显舆论到行为舆论三个阶段，媒体在这一过程中以传播力的作用使潜舆论上升为显舆论或行为舆论，并使舆论从态度势能转化为意见动能。”① 潜舆论由于其表现不够突出和集中，因而更容易被忽视，但是，其舆论本体的倾向性已然形成，不过是潜藏于零星意见或态度中；显舆论和行为舆论因其意见表现方式的不同而有所区别，前者一般呈现为集合性意见的传统表达（如通过大众媒体），后者则通常表现为不同程度的集群行为。因此，我们可以确定舆论自身存在于三种形态的变化过程之中，其社会影响力恰恰体现于舆论形态转变中从“势能”到“动能”的效能转化过程。

（二）网络意见生态中的舆论特性

网络舆论是在网络空间中所形成的公众关于现实社会及社会中各种现象、问题所表达的信念、态度、意见和情绪的总和。以快速、互动为特点的网络传播对舆论的产生、扩散、效能转化、消失过程构成全新的空间挤压，网民的心理、意见形成过程也在这种挤压中呈现出独特的规律。

①韩立新、甄巍然：《网络环境下释义“热舆论”与“强舆论”——舆论“聚能”与监督“释能”两大能量转化定律》，《河北大学学报（哲学社会科学版）》2008 年第 1 期。

从舆论形态来看，网络舆论也存在从潜舆论到显舆论或行为舆论的形态转变规律。只不过，相较于现实社会中的舆论形态转变，网络舆论形态转变体现为快速、复杂和强效。

快速，是针对网络舆论的传播速度而言的，从网络舆论的生成到扩散，其意见或情绪表达、传播、集合性意见形成、呈现社会影响这一过程非常迅速，这是基于网络传播速度快、影响范围广而实现的。

复杂，是针对网络舆论的质量而言的，网络舆论更体现了舆论作为“自在性意见”的本质而呈现为理性和非理性交织存在，而且往往也体现为从非理性到理性的线性循环或交叠呈现的复杂结构。

强效，是针对网络舆论的影响力而言的，网络舆论的最终消退往往是当它与现实舆论实现互动之后，即网络舆论的效能体现为现实主流媒体的报道，并引发相关部门的重视，舆论波随即停止，或被新的舆论替代。

三、群体传播生态：网络舆论生成过程解读

舆论形成是意见的集合化过程，特别是在群体传播中，零散的、多元意见通过某种方式的交流、会聚，经历了吸引、冲突、排斥等过程之后使原本多元的意见发生重组、同化、聚合，最终以某一总体倾向或所指构成一致性意见。“舆论形成经过以下几步：社会变动、较大事件的发生刺激意见的出现；各种意见在社会群体内相互影响而趋同；权力组织及其领导人、大众传播媒介开始出面促成所希望的舆论；舆论客体被理解或问题解决，旧的舆论逐渐消退，新的客体又引起新的舆论。”①

①陈力丹：《推敲“舆论”概念》，《采写编》2003 年第 3 期。

网络空间中的舆论形成过程也经历了大致相同的四个阶段，只不过每个阶段的呈现方式又具有明显的网络传播特点，特别是受到了网络群体传播作用的影响。网络群体内传播与群际传播生态中呈现出复杂的个体自我认知与社会认知，而栖息于网络群体传播间的网络舆论在生成机制与效能转化过程中体现出三个重要特点：群体传播中不平衡的个体交往结构、意见波形成舆论“热能”与效能、群体传播中的信息博弈和理性趋向。这三个特点成为我们解读网络舆论独特性与探讨其理性与否的三个重要命题。

（一）意见纷呈的实质：群体传播中不平衡的个体交往结构

人机互动的模式将社会公众送至一个由科技和计算所构成的虚拟世界，于是每个能够联通网络的 ID 即成为虚拟社区中一个活跃的分子，通过指尖的敲打向网络输出个体的认知语言，也建构着自身的网络交往界域。网络传播在给人们带来信息接触的便利的同时，也更新着人们的社会认知与人际交往模式，甚至，使主流的、正统的价值观遭遇网络洪流的冲击。于是，欢呼者乐观地提出，网络给人们提供了能够自由表达的渠道和平台，推进了社会民主的发展，在某种程度上开拓了具有积极意义的公共领域；但担忧者却保持警醒，认为“网络传播的建构过程亦是一个建构传播知名度和权威性的过程，信息的循环不可能同时是自由的和‘平衡的’，信息的自由交换仅仅是连续不断的不平衡，信息不是被它的目的所定义，而是被它的生产结构所定义。”①

意见的网络传播亦是一个被“生产结构”定义的过程，

①陈卫星：《以传播的名义——陈卫星自选集》，北京广播学院出版社 2004 年 8 月出版，第 179 页。

在人们意见表达的所谓“自由景观”背后，舍去技术使用能力的差异，网民意见表达的权威性也隐含着并非是传播权利的人人均等。同样的意见不同网络身份的人具有不同的网络影响力，海量的意见不仅仅体现为每个意见的呈现，更容易被忽视的是多数意见的被淹没和被覆盖，被网络的迅即传播流冲击到关注视野之外。

当然，网络空间也有它的主流，特别是群体传播中，必然存在一定的意见领袖，而意见表达的客体也有特定的范围与指向。正如一些学者指出，中国的网络意见主要集中体现在两方面：对国外事务所体现出来的强烈的民族主义；对国内事务所体现出来的对现实的批判主义。因此，一般而言能引发网络热议的多数是反映现实矛盾的事件，包括地区间、阶层间的贫富差距，各级政府公职人员的权力滥用等政治腐败、边缘人群的悲惨遭遇、制度的不完善和缺席的监督力量等等，网民通过意见参与或者发泄对现实生活的不满情绪，或者将之作为个体参与时政的理性介入渠道，或者是面对社会无奈积极寻找自己的话语平台，或者进行自娱自乐式的网络自嘲和互虐……无论何种情况，网络意见在集群过程中充满了由于生产结构所带来的多次过滤，网络意见领袖的形成推进并强化了这种不平衡的意见交流。

（二）意见波的形成与舆论监督：群体传播中的舆论“热能”与“效能”

正如大多数人观察和经历着的一样，Web2.0时代网络传播确实给社会带来了意见表达的便捷，不管是新闻跟帖还是自主网页，网民们正体验着现实生活中所无法达到的自由状态。但透过网络舆论景观的虚幻面纱，我们看到，正如前文陈卫星教授所言，网络传播特别是意见交流并非一个自由而平衡的过程，而是充满了权威意见被不断强化的建构循环。

当某些社会问题或新闻事件引发热议时，网络虽然众生喧哗，但使意见最先表达和最强效表达的往往不是普通的网民（这是意见流和信息流的主要区别，信息流有时可能由于新闻发生的接近性，某些普通人可以通过自媒体来最先报道事件，成为信息流的重要起点。比如2012年10月6日发生于河北保定五尧乡居民楼爆炸案，现场的普通人成为重要的网络报道者。）而是网络意见领袖。

这些网络意见领袖（论坛斑竹、名博、名微博们）都是积极的社会观察者，往往拥有精英阶层的知识背景和现实世界的草根情怀，他们经常性的意见表达为其获得网络人气，比如微博粉丝的多少决定了这一微博主一旦发表意见会直接被多少网民所关注。于是，当人们热议某个事件时，其实意见“热度”的体现恰恰就是以网络意见领袖为中心的意见波方式的凸显。这种意见波的辐射具有一定的热能量和强同化效应。而众多的粉丝团、论坛或圈子成员由于具有一致的情感基础，他们便成为意见聚能的助推力，在意见的转发、扩散过程中既能保持意见核心力量的倾向性，同时形成与意见流相一致的“波”的气场。随着意见波的扩散，一致性的集束性意见聚集并影响了更多的舆论主体，于是，舆论便在“波”的场域扩展和划界过程中形成。

网络热舆论的效能转化，即是舆论势能转化为监督动能的过程。即经由舆论“聚能”之后形成具有一定社会压力的舆论强势，它能够释放热舆论的能量，使热舆论的能量以社会行为的方式迅速释放，在现实中表现为新闻焦点问题的逐步解决，接着就是相关议题的关注与解决，之后舆论迅速降温。如微博63小时秒杀五年未到的“不雅书记”雷政富，63小时的网络“微”能量扳倒了一个正厅级官员，足以体现出网络舆论效能转化的力量。

（三）意见更新与修正：群体传播中的信息博弈和理性趋向

西方自由主义理论在发展中形成了两个重要的概念：“观点的公开市场”和“自我修正过程”，“那就是让所有想说什么的人都自由地表达自己的思想。真实的、正确的思想会保存下来，虚假的和错误的思想会被克服。政府不应该参加战斗，也不应该协助其中一方。虽然虚假的可能取得一时的胜利，但真实的意见通过吸引了新的力量来维护自己，会通过自我修正过程最后战胜其他意见而保存下来。”① 对于此种说法，美国新闻发展史给予了重棒打击：从19世纪末开始的报业垄断到20世纪五六十年代的媒体垄断公司形成，“美国新闻界开始将观点与立场赶出公共议题，除了一些最安全最刻板的关于爱国主义和商业体制的信仰。”② 自由主义理论家所幻想的“观点的公开市场”越来越名存实亡，媒体公司的商业利益超过了它的公共性。“要想在民主实践中产生符合逻辑的理性观点，公众需要足够的信息。……当涉及媒体公司的利益，媒体从来不会通过新闻和评论帮助大众了解媒体的经济力量，更别提引导公众对此进行辩论了。”③

传统媒体无法给予观点自由流通的市场，那么，Web2.0时代的网络喧哗是否表明了互联网技术为观点自由流通搭建平台？如前文所述，网络意见纷呈的背后既然体现了不平衡的

①【美】韦尔伯·斯拉姆著：《报刊的四种理论》，新华出版社1980年11月出版，第51页。

②【美】本·H·贝格蒂克安著，吴靖译：《媒体垄断》（第六版），河北教育出版社2004年10月出版，第195页。

③【美】本·H·贝格蒂克安著，吴靖译：《媒体垄断》（第六版），河北教育出版社2004年10月出版，第232页。

“生产结构”，那么，网络舆论的形成过程是否总是体现为意见波的一次扩散？还是存在不同波域的冲突与意见的博弈？我们可以从一些网络舆论个案中找到答案。

2007 年 10 月 12 日陕西林业厅通过新闻发布会将周正龙拍摄的“华南虎”照片进行了正式公布，通过媒体的报道，“虎照”也随即传到网上。正当当地政府倡议设立保护区以保护华南虎之时，网络质疑声响起，网友发难认为照片是电脑合成；与之抗衡的是中科院植物所研究员，在网站上发表文章“以人头担保”来力挺“虎照”为真。之后网络就成为一个各种证伪、证实信息的“自由市场”，“在这场由拍照者、官员、媒体、专家、读者、网友共同参与的博弈中，网民成为推动事件发展的最重要的力量。”① 直到 2008 年 6 月 29 日，陕西省政府又以新闻发布会的方式宣布“虎照”为假虎照。“透过‘周老虎’案可以发现，当代中国公民正日益发展成为具有理性精神的新型公民。正是由于广大公民对虎照真相锲而不舍地追根溯源，案件的真实面目才得以抽丝剥茧地逐渐显露出来。虽然也有少数公民在表达自己的意愿时言辞有些偏激，但绝大多数公民的态度是理性的。”②

“华南虎”事件虽然并非代表所有网络舆论的生成过程，但其中表现最突出的就是网民理性与非理性的博弈，是不同信息交叠不断证伪和不同意见、情绪、态度交织不断更新而趋于理性的过程。因此，我们可以透过这些个案乐观地相信，网络舆论的形成并非是一次意见波的激荡，而是历经多次冲突、理

①陈莹雪：《从“华南虎事件”看网络舆论监督》，《电影评介》2008 年第 18 期。

②易顶强：《网络民意表达与当代中国新型公民》，《沈阳工业大学学报（社会科学版）》2010 年第 3 期。

性与非理性的博弈，信息更新所带来的意见更新又推动信息又一轮更新，如此多次循环，直至接近真相。

当然，我们也看到了在2011年的“7·23”动车事件中，网民对铁道部新闻发言人王勇平新闻发言中的用语不当和表情、态度不合时宜而愤怒万分，并在网络上形成一片责骂之声，非理性的情绪发泄成为主流；但当王勇平被调离岗位，尽管相关部门在新闻发布会上否认王的被调离并非因动车事故，但网络上再次掀起的不再是对王的讽刺、嘲弄，而是夹杂着同情；不再是单纯地个人攻击，而是更为理性地分析中国新闻发言人制度存在的问题与完善对策。

类似的事件还有“药家鑫案”、“李刚案”等，网络舆论起于非理性发泄、围观、哄闹，而随着网络辩论和事态转变，理性的言论才逐步浮出水面。这岂不是恰恰证明了网络舆论在形成和变化中存在着趋向理性的规律？尽管这一过程中，网络舆论因群体极化而伤及无辜，但意见的自由讨论必然趋向真理却在网络空间中也得到印证。

第三节　舆论理性与群体效应

在上述对网络舆论形成过程及其特点的考察中，我们发现了群体传播在其中所起的重要作用。那么，如何看待网络群体对网络舆论的影响？群体效应又是如何在网络空间发挥作用的？群体效应对网络舆论的理性或非理性有何影响？

群体效应，在社会心理学范畴是一个中性词，包含了正负两个方面的作用。一般来说，它指的是作为群体中的个体，由于受到群体约束力和引导力的作用，或群体内个体间的影响而在心理和行为上形成一系列变化的现象。群体效应主要体现为群体对成员的行为产生一定的制约、影响和改变，其表现形式多种多样，诸如社会促进效应、社会惰化效应、社会趋同效应、从众效应等等。以下试图从群体效应的角度来分析网络舆论，以期解读不同群体效应下的网络舆论理性与非理性问题，为建构网络舆论引导策略提供参考。

一、群体“围观”效应：非理性“积极因素”传播的正能量

当网上的一条信息引发足够多的人关注，形成一定转发量的时候，这些参与转发的网民就构成了一个心理群体。虚拟空间的群体结构是相对松散的，彼此之间缺少现实群体的组织规范和道德约束，个体与群体之间更多地体现为心理依存关系。社会心理学家的研究成果显示：群体活动对情绪、动作、意志方面的影响比对智力、认知活动方面的影响大。因此，网络群体传播极易引发个体情绪、意志、动作等方面的变化。

网络群体传播对网民情绪感染的力量大多是非理性的表现，但并不是所有的非理性传播都是负面的。非理性，指的是人的精神表现、心理活动等不具理性的方面，表现为非条理性、非逻辑性、非规范性、非秩序性的精神现象。对于个体而言，理性与非理性同时存在于主体当中，构成了自我的组成部分。如同精神分析学派所提出“本我”、“自我”、“超我”的概念一样，自我是遵循非理性本能的本我与遵循理性原则的超我相互调和的结果，是一种意识的自觉行为。人的欲望、动机、激情都具有非理性的成分，但如果能够进行适度的引导、释放，其作用并非是完全消极的。“当先进的理论转化为广大群众的自觉意识，并潜移默化地融于人们的心理，成为广大群众的群体无意识的时候，这种群体无意识就推动着社会历史的

发展，成为自觉的有意识行为的先导，就能起到号召群众，团结群众，增强凝聚力的作用，就能使个人焕发出高度的集体主义、爱国主义和英雄主义精神，就有可能反过来对组成群众的个人产生一种异乎寻常的影响力。”①

（一）理性与非理性在个体与群体不同参照中的转变悖论

理性与非理性在以个体和群体作参照时，会出现一种明显的两极变化，这一变化形成一个复杂的悖论：以个体为参照时，一些通过逻辑分析的活动是理性的，可一旦这一活动主体从单个个体发展为多数形成的群体的话，那么原本理性的活动立马变成了一种非理性的跟风、盲从，近年来备受关注的买房热、股市热等都很好地证明了这个悖论的存在。2011 年广东佛山遭遇车祸的两岁女孩小悦悦事件也是一个让人痛心的佐证。那目睹小悦悦被两辆车先后辗过的十八位路人，他们缺少的并非是理性的分析、逻辑的思考，而恰恰是救人的冲动和激情。在这件事情上，舆论哗然，都感慨于社会的冷漠，过于理性的分析判断，过多的对事情后果的现实逻辑推理，反而阻碍了人本能的积极向善。

而与此相反，当以个体为参照的非理性因素诸如欲望、冲动、激情，聚合起来之后，却能形成一种符合社会伦理、推动社会有序的正能量，折射出群体的一种理性的指向。网络微博打拐就是典型的例子。2011 年 1 月 25 日，由中国社会科学院农村发展研究所于建嵘教授开设了微博“随手拍照解救乞讨儿童”，鼓励民众为身边的乞丐儿童拍照并传到网上，帮助解救被拐孩子。2011 年 2 月，在调查记者邓飞微博“直播”下，

①吴宁：《论非理性与社会的稳定和发展》，《淄博学院学报（社会科学版）》2000 年第 3 期。

很多热心的网友关注并间接参与了“微博打拐”活动中第一个被解救的孩子“小文乐”，“微博打拐”随即也成为当年的网络热词。“随手拍解救乞讨儿童”活动也被誉为网络时代典型的公民行动。知名学者的倡议、社会名人的参与、多个基金会的支持呼吁、各地警方的鼎力配合，特别是广大网民的激情围观，共同构建了这场影响巨大的舆论。广大网友在拍摄、发文、转贴、评论互动过程中，形成一种强大的网络“围观效应”，并与传统媒体互动形成更为强烈的一波又一波的舆论呼声，以至部分人大代表向两会就“乞讨儿童”问题作出提案。

这一场始于零散的个体非理性倡议（丢失孩子的父母的无奈求助、网民的出手相助等），而最终以群体理性的方式（基金会的介入、救助机制建立与志愿者组织招募等等）呈现出来的网络群体活动，恰好体现了非理性因素通过群体的积极传播，能够发挥出巨大的社会正能量。

（二）微博反腐：非理性情绪“围观”成舆论监督利器

微博围观所引发的社会正能量除了网民们的自发救助（微博打拐、微公益、灾难中微博救助等等）之外，还有一个日渐凸显的指向——微博反腐，这同样是值得我们深思的网络现象。盘点近两年的微博反腐案例，我们看到微博已然作为一种监督的有效力量，其社会影响力和公信力有超越传统媒体之势。目前，除了个人在微博上揭露身边的腐败行为之外，党政机关、公安司法机关也陆续加入微博反腐的队伍。有媒体记者总结微博反腐主要表现为：知情者故意爆料、亲人炫富引事端、“微博盲”不慎暴露自己、个人信息外泄隐私曝光等四种形式①。

①《微博反腐已成最新反腐方式之一》，http：//finance. ifeng. com/roll/20111129/5148551. shtml 凤凰网 2011 - 11 - 29。

微博反腐虽然还未形成完善的制度保障，但其引发的网络舆论监督已经对官员腐败问题形成无形的震慑，从一个个的“房叔”、“表叔”“雷叔”们的纷纷落马，足以体现网络群起激愤客观上起到很好的舆论监督作用。

当然，任何问题都是两面的，网络空间中存在大量的情绪发泄，特别是当无数个体形成“围观”时，容易强化心理群体易冲动和易受暗示的特点，助长偏激情绪而群情激愤。因此，在微博反腐积极面的背后，一个不容忽视的问题摆在面前，即如何在微博反腐过程中对网络民众的非理性情绪和认知进行有效的积极引导，让微博这一反腐助推器的功能体现的更完美，而不至侵犯到公职人员的公民合法权益。

当然，对微博首先要抱以包容的态度，要看到非理性个体言论或行为的群体化聚合过程，产生的是彼此间的释放、交流、探讨，在意见领袖（包括媒体、专家学者、政府及其官员、知名网友等）的理性参与下，这种从非理性到理性的发展过程，最终形成的是对传统传媒实施监督的重要补充。特别是政府层面，应当坦然面对，摒弃原来一味硬性维稳的陈旧观念，把网络当作泄洪机制，让矛盾在官民互动中自然削弱或自行解决。

（三）网络媒介批评：“围观”媒体的监督力量

网络媒介批评在“围观”效应下也呈现出巨大的舆论压力，特别是对某些媒体不作为或反效作为形成一种有效的即时监督。

2012 年 12 月 14 日，美国一所小学发生枪击案，28 人遇难，消息一瞬间覆盖中国主流媒体，绝大部分是头条；而同一天，河南光山县一小学也发生校园伤害案，一男子持刀砍伤 23 名小学生，但是媒体对这起严重的校园伤害案却没有给于足够的重视，传统媒体对国内外校园伤害案不同的处理态度激怒了不少的网民，以至于在面对媒体报道时都持一种反感、排斥的态度。如腾讯新闻转发大河网报道：《河南砍伤23名学生嫌犯被捕警方称受末日论影响》，在新闻跟帖中，截止到12月17日23：43，有30540人参与，共1790条评论，其中支持率排在前三名的帖子都表达了对新闻内容的不信任和对媒体不作为的极度愤怒①，以下是摘录的部分网友的跟帖：

福州市网友“咕嘟Q败”跟帖：拜托，不要把我们当白痴好不好？1. 该案引起河南省委、省政府和公安部的高度重视，省、部领导均在第一时间作出重要批示——14日发生，17日采取行动，怎么理解你的“第一时间”？2. 为吸取教训，举一反三，按照上级部署，……——模板该换换了，都用了这么多年了，一点创新都没有3. 末日论影响——无耻之极，还能更无耻些吗？（支持7670）

网友“South & Nort”：这个世界我们最对不起的是孩子，再是老父母了，尊老爱幼的美德已经被践踏。别国的命案被连篇累牍的报道，搞得鸡犬不宁，人尽皆知。14日发生的小学生校园被砍伤事件中，22名小学生被砍伤，1名老人危在旦夕。事后，光山县当地封锁消息，官方集体失声，甚至有当地干部在办私事、玩游戏，称“探讨没意义”。（回复支持4032）

特别是在伤害案报道中失语的《信阳日报》，却于12月17日刊发了题为《光山：努力办好人民满意的教育》的报道，引来网民骂声劈一片。在强大的网络舆论压力下，《信阳日报》不得不在当天公开“致歉”：

---

①http：//news. qq. com/a/20121217/001110. htm？pgv_ ref = aio2012&ptlang = 2052 腾讯网2012 - 12 - 17。

在我市光山县日前发生22名学生被砍伤的恶性事件后，由于我们新闻职业素养差、工作责任心不强，《信阳日报》于12月17日一版刊发了题为《光山：努力办好人民满意的教育》的报道，客观上造成了对受伤学生及其家人的伤害，并对公众舆论形成误导，也是对广大网友和读者的极大不尊重。在此，我们谨向广大读者表示诚恳的歉意。我们将对这一严重失误作出深刻反思，举一反三，坚决杜绝此类问题的发生。同时，我们将以加倍的努力和良好的工作成绩回报广大读者的关怀和厚爱。①

可以看出，这种网民群体围观的监督范围、监督力度是不容忽视的，其监督的广泛性源自网民群体的广泛性，其监督的力度取决于围观行为粘合力。

二、群体负效应：形成舆论偏见的群体无意识

所谓群体无意识，即“在社会群体中不自觉地发挥作用的一种精神现象，是某个时期社会群体所共同具有的但又很少或丝毫未曾被这种群体中的个体所意识到的一种社会心理。”②抢盐风潮、“诺亚方舟”的网络热卖、蜡烛的抢购等等都折射了群体无意识作用下的社会盲目跟风。这种谣言跟风一般首先发生于社会系统中的有限领域内，随后经过网络病毒式传播很可能会扩张开来，甚至引发社会的不稳定。近期的“末日论”就是很好的证明。“当群众无意识中沉积的落后性、偏激性因素成为人们行为的支配力量时，就会给社会历史的发展造成障

①http://news.qq.com/a/20121218/000142.htm 腾讯网 2012-12-18。

②吴宁：《论非理性与社会的稳定和发展》，《淄博学院学报（社会科学版）》2000年第3期。

碍甚至带来灾难。”落后的、偏激性的认知偏见在群体惯性和盲从的影响下一旦聚合为一种支配性力量，便呈现出明显的社会负效应。这种负效应主要表现为：群体图式与群体极化。

（一）图式效应：群体认知偏差的根源

英国心理学家巴特里特认为认知图式是“过去反应或过去经验的一种积极组织”①。不管是“经验”的联系还是一种“积极组织”，图式通过影响人对信息的注意、编码、解码、理解和重构等因素构建起人的认知。图式按照认知对象的不同，分为自我图式和群体图式。

1. 图式效应影响网络空间中“自我”小圈子的形成

网络传播的技术革命的意义在于重构传播生态的格局，个体在网络传播生态中靠什么来建立自我呢？“互联网似乎成为人际传播网络的新选择，在现实的社会关系中无法满足或得不到满足的人在互联网上呼朋唤友，按照自我的趣味和要求，去选择他者的存在，他者就是自我的延长，是自我的同类复制。”② 当人们选择自由进入网络空间时，也在不自觉地按照自我的单向心理需求进入或开拓趣味相投的“小圈子”，选择性理解和接纳使同一圈子的个体之间具有较为一致的价值取向和心理特征。

因此，在“小圈子”里比较活跃的网民成为群体社会认知的中心，他们对自我圈子的认知肯定越强烈，就越容易对其他不同圈子，特别是对具有与之相反价值观的圈子充满了对抗式心理抵制。由于个体对群体的心理依赖和价值观趋同，在个

①乐安国：《图式理论对社会心理学研究的影响》，《江西师范大学学报（哲学社会科学版）》2004 年第 1 期。

②陈卫星著：《传播的观念》，人民出版社 2004 年 4 月出版，第 252 页。

体图式不断被强化，甚至形成一种思维惯性的状况下，这种由个体图式所形成的群体偏见会极大地影响个体对社会的理性认识。

2. 图式效应影响下网络群体的认知标签化

刻板印象是典型的图式效应之一，“是关于一个特殊社会群体或社会范畴的图式。刻板显示出特殊社会群体和社会范畴的属性和行为。”① 网络空间是社会现实的镜像，现实矛盾会在网络空间中得以原形或放大呈现，特别是由于网络舆论栖息于有别于权力阶层的广大草根阶层，因此，网络形成一种抗权威、反正统、非主流的意见氛围，这种氛围就将社会主流、权威和公职人员置于草根话语的对立面，用一种嘲弄的、夸张的和戏谑的方式进行网络话语表达。比如，网络最易形成对“富二代”、“官二代”、“高富帅”、“白富美”们的揭露、抨击和嘲弄，对“吊丝”、“草根”们保持同情和理解，这就是图式效应的体现。

由于这种群体图式的存在，影响着网络传播者（网站编辑、博客、微博客、论坛版主等）的传播行为，他们通过标题的制作（也会引发“标题党”现象）、网络专题设置等方式来吸引网民。而这种纯粹以网站商业盈利为目的的注意力刺激，其成效背后的基础则是对群体心理的迎合，或是对群体图式的回应与强化。

“药家鑫杀人案”、“李刚事件”等就是典型的证明，在这两起事件中，肇事者都被媒体高调冠以“富二代”、“官二代”之名而被网民唾弃，在舆论传播的起点就遭遇网络群体话语的

①乐安国：《图式理论对社会心理学研究的影响》，《江西师范大学学报（哲学社会科学版）》2004 年第 1 期。

排斥和否定，随之而起的网络舆论也便在这样的图式框架下形成或运行。

（二）群体极化效应：封闭的网络社交与单面的支配性信息

美国当代法哲学家、芝加哥大学法学院讲座教授凯斯·桑斯坦在其著作《网络共和国——网络社会中的民主问题》中首次提出了“群体极化”这一概念，即“团体成员一开始即有某些偏向，在商议后，人们朝偏向的方向继续移动，最后形成极端的观点。”[①] 群体极化并非是局限于特定国家或地区的某种文化，而是作为一种社会心理现象遍布于社会的政治、经济、文化等诸多领域。

在网络时代，网络被称为群体极化的温床，“网络对许多人而言，正是极端主义的温床，因为志同道合的人可以在网上轻易且频繁地沟通，但听不到不同的看法。持续暴露于极端的立场中，听取这些人的意见，会让人逐渐相信这个立场。”[②] 桑斯坦认为形成群体极化的条件包括：封闭的社交网络、声誉串联、舌战优势和抱有偏见的辩论、群体内部组织机制、权威支配、具体境遇和群体思维等几个方面[③]。这些方面的总结其实反映了促进群体极化的两大诱因：第一，社会对个体行为的影响，包含了人们的社交、名誉、自我评价等；第二，群体中成员的互动作用，群体中个体本身所固有经验或“观点”的

①凯斯·桑斯坦著，黄维明译：《网络共和国——网络社会中的民主问题》，上海出版集团2003年6月出版，第50页。

②凯斯·桑斯坦著，黄维明译：《网络共和国——网络社会中的民主问题》，上海出版集团2003年6月出版，第50页。

③程岩：《群体极化、二阶多样性与制度安排——读桑斯坦〈极端的人群：群体行为的心理学〉》，《环球法律评论》2011年第6期。

有限性，以及正是这些有限性所形成的引导偏向。

现实群体易受暗示与轻信等心理特征在网络群体中依然存在，网络群体中的意见表达往往夸张而单纯，并以情绪化为基调，日常生活中看似平常的小事，经过网络的选择放大、裂变、催化，快速演变成一场网络群体性事件或网络热潮，其群体倾向相应地体现为不断极化的过程。群体盲从、同质型网络圈子、单面化信息理解等成为促进网络群体极化的重要条件。

首先，与现实群体一样，网络群体存在着群体惯性与盲从。正如法国学者塞奇·莫斯科维奇对群体极化过程的分析：当个人聚集到一起时，一个群体就诞生了。他们混杂、融合、聚变，获得一种公有的、窒息自我的本能。他们屈从于集体的意志，而他们自己的意志则默默无闻①。勒庞认为，尽管不能绝对地说群体非理性或不受理性影响，但非理性却是群体更为突出的特征。正如他的比喻“从一定意义上说，群体就像个睡眠中的人，他的理性已被暂时悬置。”② 勒庞认为进入群体中的个人，已经在群体无意识的作用下，在心理上变成了一个智力水平十分低下的“动物、痴呆”，失去逻辑判断能力，而他同样认为“群体没有逻辑推理能力，不能辨别真伪或对人和事物形成正确的判断。群体所接受的判断，仅仅是强加给他们的判断，而绝不是计划讨论后得到采纳的判断。”③ 网络的匿名性更强化了现实群体中“去个体化”的心理，个体身份

---

①塞奇·莫斯科维奇著，许列民、薛丹云、李继红译：《群氓的时代》，江苏人民出版社2003年4月出版，第18—19页。

②【法】古斯塔夫·勒庞著，冯克利译：《乌合之众：大众心理研究》，广西师范大学出版社2007年9月出版，第79—81页。

③【法】古斯塔夫·勒庞著，冯克利译：《乌合之众：大众心理研究》，广西师范大学出版社2007年9月出版，第79—81页。

的模糊使其对非理性大胆效仿，而理性因素在群体互动中被消解替代。比如有些论坛中支持率较高的热帖并非是充满逻辑判断和理性的内容，而是情绪发泄地淋漓尽致，充满了污言秽语的攻击性、戏谑性话语。

其次，同质性网络圈子的形成是造成网络群体极化的关系基础。网民通过自主选择，进入与自己观点相近或一致的网站，或以微博加关注的方式跻身于某一些网络群体。这些网络群体具有内群体认同与外群体排斥心理倾向，置身其中的个体往往易于将群体力量夸大，在不断复制同质化的情绪宣泄过程中不自觉强化着自己原有的倾向，并进行着愉悦地自我肯定，从而导致情绪型舆论在网络群体中弥漫。

第三，单面化理解是人固有的认知倾向。在个体独处的时候，或者个体对自身不够自信的时候，容易接受双面或多元信息，易于被劝服；一旦个体在群体中发现与之相一致的认知倾向，不自信的个体立即变得自信起来，对于原先单面的信息更加确信无疑，甚至会极力排斥不同观点。社会化媒体的信息过滤功能恰恰帮助个体过多地选择自己喜欢、倾向的某类信息，而放弃或忽视不感兴趣地信息，因此，这更加促进了单面化理解的实现，让群体的信息交流变成了单面理解的强化。

当然，我们应当看到，网络群体极化效应产生的直接原因仍然是信息的失真和片面信息的充斥。因此，要想消除网络群体极化所带来的负面影响，不能简单地将之归咎于群体舆论的非理性，也不能仅从某一事件中弥漫的偏激言论而否定一切，网络情绪型舆论毕竟起着社会矛盾的“泄洪”、“减压”等重要作用，也是我们发现“社会痼疾”、矛盾冲突的直观窗口，对我们自主调整社会利益、推进政治经济体制改革等都具有积极影响。

因此，切忌对网络情绪表达实行简单粗暴地言论剥夺或后台删帖，而是要抓住群体极化的形成条件和机制进行有针对性地消解。比如，如何打破网络小圈子的心理隔离？如何保障信息传播的保真性和信息的全面多维传播？如何用真相来化解谣言？这些问题并非网络草根们能够自我解决，它需要四方面的改变——

政府及其权威部门要转变观念，能够及时、全面地公布事实真相，建立官民互动的网络平台；传统媒体具有信源优势，应当坚持新闻传播规律和职业伦理道德，将全面反映舆论作为引导舆论的前提；网民也要加强自身素养，强化法律意识，学会在网络信息洪流中保持头脑冷静，不偏听偏信，以免被社会黑恶势力的谣言所影响；网络监管体系亟待完善，鱼龙混杂的状况更易于谣言、流言滋生，网络水军的悄然崛起，灌水现象肆意蔓延到政务、商业等领域，让网络日渐失去公信力，网络舆论也变得与现实民意拉远距离而难辨真假。因此，对网络水军应该实行取缔，为网络中每一个声音保持可靠的信源，使网络民意真正成为社会民意的实体镜像，而非扭曲畸变。

本章小结

群体，是生产舆论的基本单位，也是舆论形成的重要机制。群体并非数个个体的简单集合，群体拥有群体规范、群体目标、群体情感。个体在群体生活中获得了独特的群体心理，并成为一个有别于独立个体的群体成员。在网络空间生活着各种各样的网民群体即网络群体，网络的虚拟性、匿名性、自由性，使网络群体具有超时空性强、流动性强、传染性强等特点。

网络舆论经常出现“热效能”“热舆论”现象，也就是说网络舆论总是以爆发的态势、强烈热度和超强效力表现出来，其根源之一便是群体效应——群体认同。群体在对群体内认同的同时，对群体外或其他群体采取否定、排斥的态度。网络媒体的黏合性以及网络群体的封闭性无疑加剧了网络群体的认同心理，从而容易形成群体纷争甚至群体对立。

群体效应也如一把双刃剑，对网络舆论形成正负两种影响力。群体的非理性效应——网络围观，以其正义的激情形成了对非正义的舆论监督；而群体图式的偏差和群体极化效应也导致网络舆论的偏见。要破除网络群体的负效应，应从防止网络群体过分封闭化入手，强化对意见领袖的多元化建构，树立政府网站、主流媒体的权威性。

第六章　网络舆论中的意见领袖

意见领袖（opinion leader）指在人际传播网络中经常为他人提供信息，同时对他人施加影响的“活跃分子”。这一概念最初由美国哥伦比亚大学应用社会学研究所学者拉扎斯菲尔德（Paul F. Lazarsfeld）等人于 20 世纪 40 年代在《人民的选择》一书中提出，并在其《个人影响》一书中得到了进一步阐释。意见领袖平均分布在各个阶层之中而不是集中在特定阶层；意见领袖的影响主要是水平的而非垂直的；在个人消费决策上，人际影响超过大众传播的影响；大部分意见领袖的影响一般只限于特定领域，在一个领域扮演意见领袖并不会导致此人在其他领域也具有影响。互联网的发展对于社会生活和传播形态正在产生着越来越深刻的影响，构建了一个较为广阔的公共话语空间。在这个空间中，从积极的方面看，网络意见领袖会加速舆情演变的良性进程；从消极的方面看，网络意见领袖偏颇的话语表达，也会增加网络舆论引导的风险。网络意见领袖在公共舆论事件发生和发展的不同阶段发挥着不同的影响力。

第一节　网络舆论与意见领袖

意见领袖是影响网络舆论形成、发展的重要因素，网络舆论也为意见领袖提供了展示的平台。网络意见领袖的形成是个人价值、信息源、知识水平、责任感、人际交往与社会地位等多种因素综合作用的结果。大多数网友利益、价值与诉求可以通过意见领袖的影响力实现。作为网络意见领袖，媒体人、公共知识分子、政府官员，在强化议程设置的权力、凭借知识优势促进公共问题的解决、成为沟通政府与民众之间的桥梁等方面各具优势。

一、网络时代与网络意见领袖的活跃

意见领袖由来已久。在封建社会，他们是士大夫、知识分子、民间艺人、家族首领；进入现代社会，舆论领袖是大众媒体、官员、名人明星等。在网络社会到来之前，意见领袖主要由社会精英构成。进入网络时代，越来越多的网民活跃在各自感兴趣的领域，并越来越多的参与公共热点事件的讨论，无论是精英还是平民，在网络时代都有可能成为意见领袖。网络时代的特殊性，造就了网络意见领袖的数量多、身份多样、活跃程度高、对舆论的影响大的特点。

（一）技术的进步为网络意见领袖的产生提供了平台

新互联网技术的每一次推进都带给网络公共社会以深刻影响，不仅改变了网络社会生态环境和媒体内容生产方式，也改变了网络传播语境和传播话语权的分布，特别是 web2.0、P2P 技术的发展为人们的意见表达提供了立体多元的话语平台，博客、微博等社会化媒体也应运而生。“平民化、个性化、门槛低”使得我国微博的用户量迅速突破3亿，话语权从精英走向大众。微博随时随地的信息发布、转发、评论等功能使其成为公众信息披露、意见表达和互动热议的平台，我国因此也进入了“全民发声”的微博时代。传播技术的进步不仅改变了媒介接近权，也改变了我国社会话语权的分布，为网络意见领袖施展影响力提供了开阔的平台，成为网络意见领袖崛起的技术诱因。

（二）政府官员作为网络意见领袖推进信息执政方式的现代化

政府官员作为政府的代表，拥有绝对的信息知晓权，他们的表态享有很大权威性，是名人和草根意见领袖都无法比拟的，对公众的影响是显著的。云南省宣传部副部长伍皓在“躲猫猫”事件中实际上是充当了意见领袖的角色，虽然后来网上对他的做法也有质疑，但不可否认的是，在事件发生之后，伍皓通过邀请网民去看守所调查、开博客、改变官方话语方式等途径，使得网络舆论向理性的方向发展。当下中国社会正处于转型期，各级政府相关职能部门以问需问计问政于民为目标，采用微博等网络平台进行公众需求调查、建议意见征集等方式，寻找与民心的结合点。随着我国经济改革和民主政治进程不断推进，网络表达的社会舆论生态日渐宽松，也使得政府对于以网络为依托推进公众有序政治参与达成了共识和默契①。

一些政府官员开设了个人博客，通过博客吸纳民意。例如重庆成为网络问政先行者，今年对官员启动网络问责制，而湖南则首次将“网络民意”写入政府工作报告中。“微博问政”一时成为时尚。目前仅在腾讯微博上开通认证的政务微博数就已超过35000个，有些政务微博也拥有了几百万粉丝量，且随着政务微博运行常态化、反应迅速、处理及时、注重互动交流等，逐渐受到了网民认可，影响力也不断提高。

政府一方面需要借助网络丰富政务公开渠道，推进信息执

---

①白贵、王秋菊：《论微博意见领袖影响力与其构成要素间的关系》，《河北学刊》2013年第1期。

政方式的现代化，另一方面需要充分应用运用网络互动型新媒介，改善社会管理方式。网络意见领袖的批评质疑声恰恰说明民众对政府推行“良政”和“善治”抱有热切期待和坚决支持，互联网上的“众声喧哗”是社会生活和谐的标志之一。在此过程中，崛起的草根精英、教育精英、经济精英、文化精英、媒体精英等借助微博表达对公共事务的意见，赢得了大量的粉丝关注并产生了较为积极的社会影响，部分意见进入决策层，有效影响了政府的决策进程①。

（三）信息通过网络意见领袖得以扩散

网民的物质需求得到一定满足后，参与社会公共事务讨论的热情逐年提高，越来越多的公民渴求发出声音推动社会进步，但现实生活中这样的渠道有限。因此，越来越多的网民希望通过网络平台介入到公共事务的讨论中，表达利益诉求，影响公共政策决策或公共活动。在网络空间里每个人都拥有同等的信息表达权，但这并不意味着他们表达的意见都能够广泛传播并产生效果。在网络“众声喧哗”的环境中，大多数网友利益、价值与诉求需要通过意见领袖的影响力来实现，意见领袖的崛起顺应了网友的这一诉求和愿望，更多网民选择诉求于意见领袖作为其参与和表达的途径。

网络意见领袖是信息传播的关键节点。2012 年 10 月 6 日 15 时许，保定市南二环尧和宁苑小区一座 6 层居民楼发生爆炸，楼体部分垮塌，@ 陈小妖儿等网友通过微博发布信息。

①王秋菊、师静著：《网络舆论生成机制与引导规律研究》，河北大学出版社 2012 年 6 月出版，第 276 页。

图 6－1　陈小娇儿的微博

该信息通过@任志强等意见领袖迅速传播，其中@任志强带来的转发 316 次，@老沉带来的转发为 137 次，该微博的总覆盖人数 15041543 人，该微博的传播路径如图 6－2：

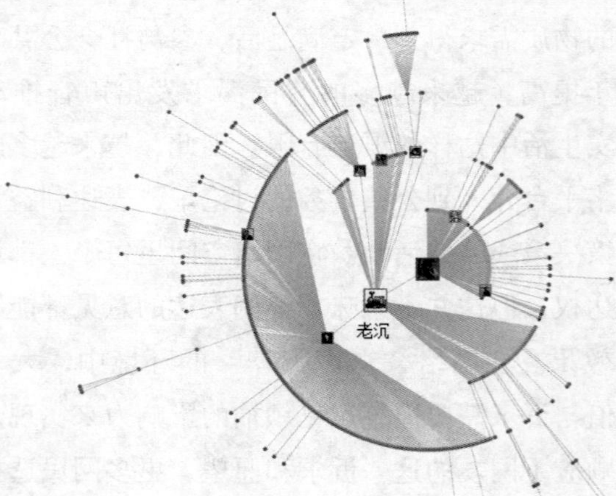

图 6－2　陈小娇儿所发微博的传播路径图

该微博转发随时间的变化规律如图 6－3：

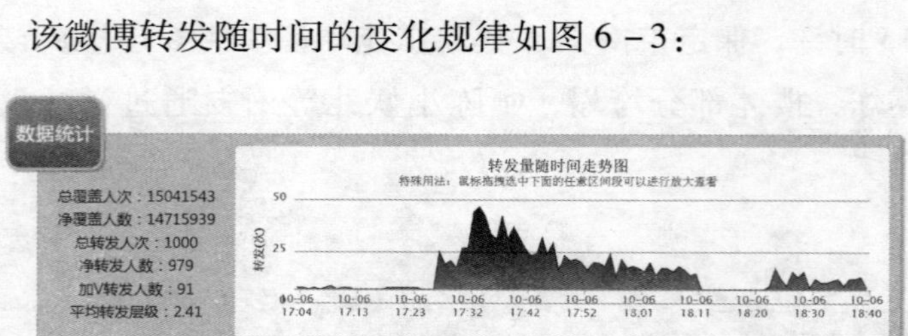

图 6－3　转发陈小娇儿微博的时间走势图

2012 年 10 月 7 日凌晨 4 时许，河北省保定市官方通报，根据现场清查发现遗留和存有部分爆炸物原材料情况，警方初步认定 10 月 6 日在此间一居民楼发生的爆炸是一起非法制造、储存雷管的刑事案件；河北省保定市官方 8 日晚通报称，10 月 6 日下午发生的爆炸案现场已经清理完毕，又清理出 5 名遇难者遗体。这起爆炸案致 8 人死亡，34 人住院治疗。

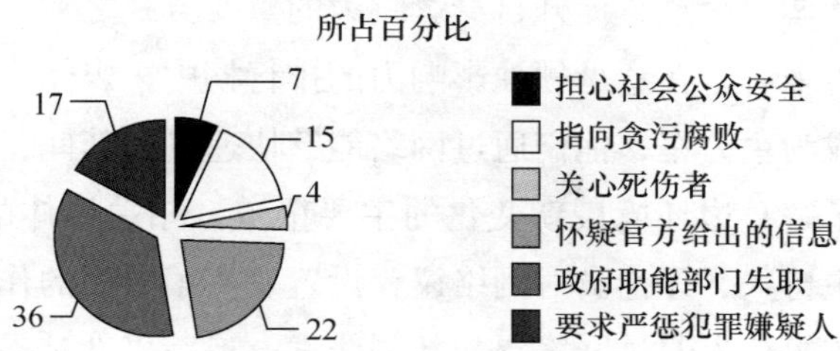

图 6－4　网民对“保定爆炸案”的观点与态度

大多数网民把事故归咎于政府职能部门失职，并且对于官方媒体曝出的死亡人数和爆炸原因持怀疑态度，负面的情绪占主流。网民对于公安和安监部门大多持反面态度。此事最先在新浪微博上爆出之后，河北媒体及时跟进，对事件本身以及事后的处理情况进行了一系列报道；地方政府以及相关部门对此事件做出了合理的善后处理，使得这一危害社会公共安全事件在短时间内得以平息。在该事件引发的舆论中网络意见领袖是信息传播和舆论引导的关键节点。

二、不同身份的网络意见领袖的特点

网络意见领袖之所以能够冠之以“领袖”二字，是与这个群体的社会身份高度相关的。社会身份是人们社会经济、政治、文化等权力结构的现实反映。提升网络意见领袖影响力的一个基本途径，是将现实社会中的身份在网络中进一步放大和强化。因此，有必要分析不同身份类型的意见领袖的特点。

（一）媒体人作为网络意见领袖，强化议程设置的权力

网络的即时性、便捷性等特点，使其在新闻事件中拥有了得天独厚的优势。网络也成为传统媒体寻找新闻源头、发现新闻线索、调取民意、提升自身影响力的重要方式之一。通过对数据分析来看，在意见领袖影响力的排行榜中，媒体人网络意见领袖成为主力军，他们通过网络能够快速发布新闻，成为许多博友了解身边环境最新变化的主要渠道。相关媒体的记者、编辑、主持人、评论员对网络议程设置发挥了重要的作用。越来越多的媒体人通过网络寻找新闻线索、追踪事件进展、引导舆论方向、增进与读者的互动与交流。复旦大学 2012 年《中国微博意见领袖研究报告》数据显示，排名前 100 位微博意见领袖中，媒体人上榜者占比例最高，达 1/3，他们的微博平均评论数仅有 172 条，但在关注数量上平均高达 784 人之多①。作为网络意见领袖的媒体人，不仅包括报纸、电视、广播等传媒人，也包括媒体网站、商业网站从业的新媒体人，他们在强化议程设置方面具有独特的优势。传统媒体从业者在公共事件的发生和传播过程中往往能掌握一手资料，将自身现实世界的影响力嵌入网络空间，并借助网络节点扩散效应拓展个人的话语空间。新媒体从业者则通过掌控信息通道等资源掌握着议程设置的权力②。

①复旦大学《中国微博意见领袖研究报告》（2012），http：//news. ifeng. com/gundong/detail_ 2012_ 03/09/13091832_ 0. shtml 凤凰网 2012－03－09。

②朱峰、马立平、王秋菊：《新媒体视域中的公共舆论引领者》，《山东青年政治学院报》2012 年第 3 期。

（二）作为网络意见领袖的公共知识分子，凭借知识优势促进公共问题的解决

公共知识分子被誉为“社会正义和世道良知的守护人”、“公共意识和公共利益的看门人”、“沉默的大多数的代言人”。在微博中，一些公共知识分子充当了“意见领袖”的角色，他们的微博内容具有很强流动性和号召力，有助于提高事件的关注度。他们来自哲学、传播学、新闻学、信息学等不同领域，是具有不同学术背景的专业人士。关注国家的命运、社会制度的完善、国民的幸福，善于分享自己的知识并利用自己的专业知识对社会进言，积极表达自己的意见引导社会舆论，推动公共舆论问题的解决是当代公共知识分子的共同特点①。每当社会上发生重大突发事件时，网民习惯于在事件发生的第一时间去浏览一些公共知识分子微博，对他们的评论跟帖并加以转发，信息得以迅速扩散，其观点影响网民的认知、情感和行为。

2013 年初，劳教制度的改革再一次成为舆论的热点，而作为网络意见领袖的公共知识分子在促成劳教制度的改革进程中发挥了重要的舆论引导作用。2013 年 1 月 7 日全国政法工作会议在京召开，会议明确提出：2013 年将推进劳教制度等重点工作，全力建设“平安中国”“法制中国”。于是“劳教”一词再次引起了各大媒体的关注，也引起了广大民众以及各界知识分子的强力关注与参与，截止 2013 年 4 月 10 日用户关注度变化如下图 6－5：

①《谁是公共知识分子?》，《南方人物周刊杂志》2004 年第 7 期。

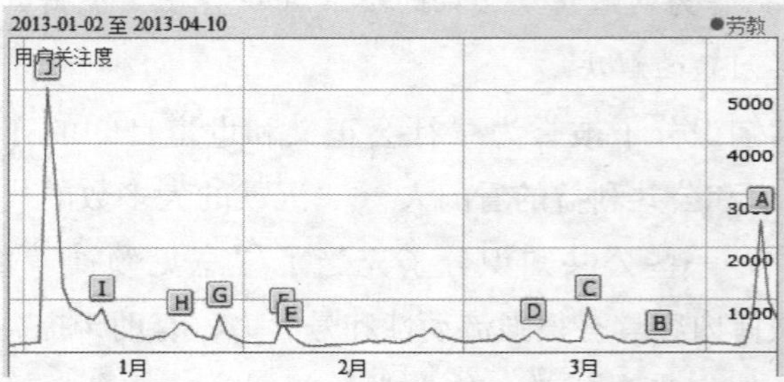

图6-5　微博对“劳教制度”关注度图

由上图可以看出，“劳教”的第一个关注高峰是1月初，关注事件是“全国政法工作会议”有关；第二个高峰关注事件是4月份，关注事件是“一名从马三家劳教所走出来的女访员把‘呼吁书’藏在阴道里”。“劳教”事件与一般社会领域发生的群体性事件不同，是法制建设和人权领域具有标本意义的重大事件。马三家女子劳教所内幕曝光后，以前关于劳教的热点事件再一次进入公众视野：2011 重庆大学生“村官”任建宇因言获罪被劳教事件；2011 年 9 月 62 岁的王桂兰从马三家女子劳教所把藏匿在阴道由刘华写的《劳教日记》带出来的劳教黑幕；2013 年 4 月 12 日与劳教密切相关开庭审理的“上访妈妈唐慧案”败诉事件。在推动改革劳教制度的过程中，粉丝量达498570 的法律专家徐昕功不可没。全国政法工作会议结束后，徐昕带领自己的团队起草的《中国司法改革年度报告 2012》于 1 月 15 日完成，其中有专篇分析我国的劳教制度，并主张废止劳教制度。徐昕等知识分子在劳教制度改革方面起到了巨大的推动作用：3 月 17 日，国务院总理李克强明确指出有关中国劳教制度的改革方案，有关部门正在抓紧研究制定，年内有望出台。在最近的马三家劳教所黑幕事件和

“上访妈妈唐慧案”败诉事件中，徐昕、邓飞等知识分子在扩大事件的关注度和影响力上发挥了很好的舆论引导作用。详见图6-6：

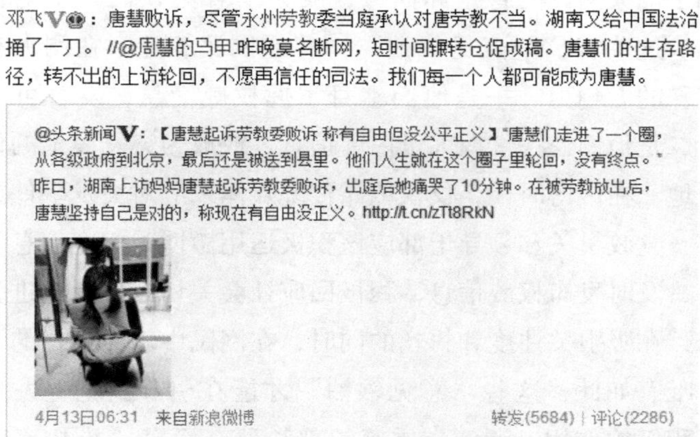
邓飞：唐慧败诉，尽管永州劳教委当庭承认对唐劳教不当。湖南又给中国法治捅了一刀。//@周慧的马甲:昨晚莫名断网，短时间辗转仓促成稿。唐慧们的生存路径，转不出的上访轮回，不愿再信任的司法。我们每一个人都可能成为唐慧。

@头条新闻：【唐慧起诉劳教委败诉 称有自由但没公平正义】"唐慧们走进了一个圈，从各级政府到北京，最后还是被送到县里。他们人生就在这个圈子里轮回，没有终点。"昨日，湖南上访妈妈唐慧起诉劳教委败诉，出庭后她痛哭了10分钟。在被劳教放出后，唐慧坚持自己是对的，称现在有自由没正义。http://t.cn/zTt8RkN

4月13日06:31　来自新浪微博　　转发(5684) | 评论(2286)

图6-6　有关劳教的部分微博

截止到4月14日10：24关于“劳教”的微博数达8665509条。在徐昕等一些知识分子的呼吁下，中国的劳教制度改革取得了重大的突破，废除劳教制度的思想深入到每个人的内心，网友对完善法制建设的呼声随着最近劳教事件的进展也越来越高。从议题分布来看，公共知识分子最关注的话题除了国家发展、金融、政治、文化，还有和民生相关的医疗保险、教育改革、房价等问题。他们凭借知识优势和独到的分析吸引了大量的粉丝关注，提高公共事件的关注度，进而促进公共问题的解决。

（三）政府官员作为网络意见领袖，成为沟通政府与民众之间的桥梁

目前微博已成为网络问政的新渠道。从中央到地方多个层

级的政府机构和官员纷纷进驻微博，尝试网络官民互动新模式。党政领导干部、人大代表、政协委员等通过“开微博”搭建诉求表达新渠道，塑造亲民形象，积极引导舆论的做法，得到了广大网民的肯定和回应，成为“意见领袖”中的特殊群体。这些官员“意见领袖”同普通网民相比，在网上有极其特殊的影响力。一是他们本身掌握权威消息，发言可信度高。二是他们往往掌握大量内部信息，或成为突发舆论的信息策源地。在微博时代，仅仅依靠传统媒体来应对突发事件显然不够，党政机关和领导干部应该积极运用微博，拓宽信息发布渠道，及时发布权威信息，积极回应社会关切，不断改进政府工作，在吸引关注度和粉丝的同时，在网民中培养良好的公信力。唯有如此，这些“意见领袖”才能在引导舆论上发挥正面、积极的作用。浙江省委组织部长蔡奇面对“抢盐事件”，积极运用微博以权威、准确、客观的声音回应民意、解答民疑，成为减少谣言传播的重要因素，起到了沟通政府与民众的桥梁作用。

第二节 意见领袖对网络舆论的影响与作用

活跃在网上的意见领袖是网络舆论形成与发展的重要机制之一。舆论客体（公共事件）、舆论本体（各种意见）与舆论的传播是构成或形成舆论的基本要素。而意见领袖之所以成为舆论形成与发展的重要机制之一，在于意见领袖存在于构成舆论的三个要件中，并扮演着举足轻重的角色。政府官员、名人明星的言行本身因其备受关注往往酿成公共事件；舆论领袖的意见往往最受重视，成为舆论的风向标；在舆论的传播中，舆论领袖往往成为舆论升级、舆论转化的重要的节点。网络舆论总是表现为萌芽、扩散、高潮、衰落的动态过程，网络意见领袖不仅对网络舆论有着重要的影响，而且在网络舆论的不同阶段发挥着不同的作用。

一、网络舆论不同阶段与舆论领袖

（一）公共舆论事件萌芽期：意见领袖扮演提供信源的角色

“共鸣效应”和“溢散效应”是由于传统媒介与新媒介之间信息与议题流动形成的。公共舆论事件萌芽期，意见领袖扮演提供信源的角色。2011 年“微力量”促进了一系列社会事件向改良的方向发展。郭美美事件促进了公共慈善透明，徐武事件促进了精神卫生法出台，小悦悦事件促进了社会道德建设，校车事件促进了校车安全管理，“7·23”动车事故促进了中国铁路改革，钱明奇事件促进了暴力拆迁立法，“戴套不算强奸”事件促进了司法公正建设，剖腹放水事件促进了社会保障救助制度①。在公共舆论事件开始的阶段，意见领袖凭借自身媒体接近权、信息源接近权以及网络使用技术方面的优势，能够在第一时间掌握公共舆论事件的真相和进展情况，并通过微博发布新闻事件的相关消息，凭借自身的影响力迅速吸引大量粉丝的关注、转发、评论。这些意见领袖微博信息通过节点间循环嵌套方式迅速扩散，成为公共事件的信息发源地之一。

2012 年 10 月 20 日，网友@纪许光通过微博实名举报重庆北碚区委书记雷政富与 18 岁情妇淫乱，该微博发出后短时

①《中国社会舆情年度报告指出微博推动社会改革》，http://news.sina.com.cn/c/2012-04-13/221024269258.shtml 新浪网 2012-04-13。

间内迅速扩散，传播路径如下图 6－7：

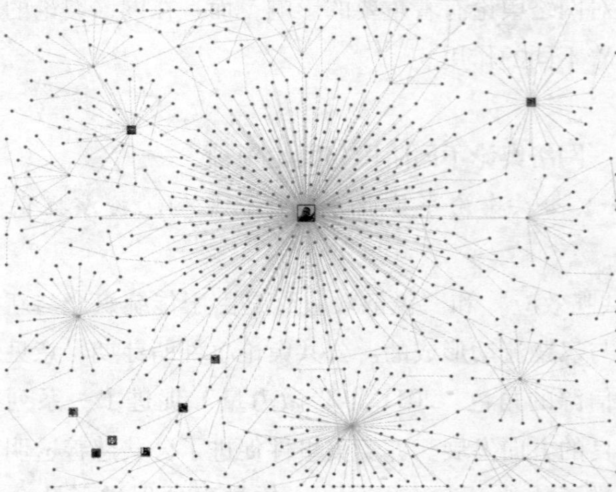

图 6－7　@纪许光实名举报重庆北碚区委书记雷政富微博传播路径

转发是微博信息传播扩散中的一个重要环节。@纪许光实名举报重庆北碚区委书记雷政富微博信息发出后转发人数为 1000，其中加 V 用户 42 人，平均转发层级 2.93 级。从 11 月 20 日晚 23：47 分至 11 月 21 日 13：58 分出现了两个转发高峰，总覆盖人数为 2018627，转发量随时间走势见图 6－8：

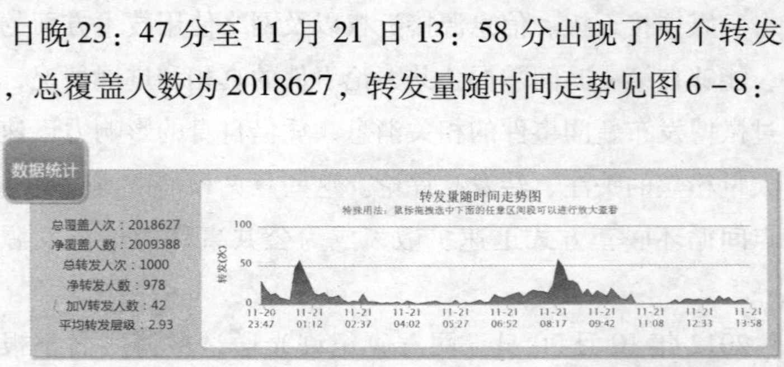

图 6－8　@纪许光实名举报雷政富微博转发量随时间走势图

转发者的粉丝人数分布有什么特点？哪些用户参与了转发？转发者主要集中在哪些城市？参与转发的网友中，0—49

粉丝的603人，50—99粉丝的网友749人，100—100粉丝的网友855人，200—499粉丝的网友990人，500—999粉丝的网友625人，1000—9999粉丝的网友700人，10000—49999粉丝的网友99人，50000—99999粉丝的网友15人，大于1000000粉丝的网友18人。其次转发者的粉丝人数分布与用户所在城市如下图：

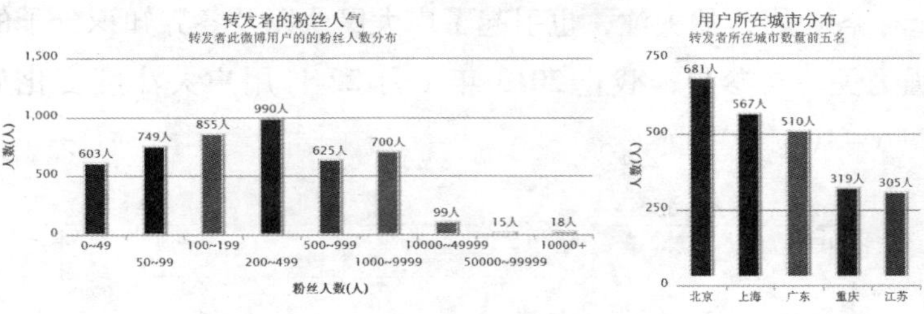

图6-9　转发者的粉丝人数分布与用户所在城市

从上图可直观看出，参与转发的网友中，转发人数最多的网友粉丝在200—499之间，位居第一；其次是粉丝量在100—199之间的网友，参与转发人数位居第二；50—99个粉丝的网友的人数位居第三。转发者用户所在城市数量前五名分别是北京、上海、广东、重庆、江苏。2012年10月23日，重庆市委免去雷政富同志北碚区区委书记职务，并对其立案调查。@纪许光在这次公共舆论事件萌芽期提供了信源，借助舆论中的表现赢得不同地域、不同粉丝量大量用户的关注和支持，大大的提高了自身微博的影响力。

（二）舆论扩散期：意见领袖影响人们的认知、情感和态度

在公共舆论事件萌芽发酵后，网络意见领袖积极推动着事件的进一步发展。其影响力在一定程度上源于其较高的专业素

质，他们往往是某一领域、某一专业的行家。他们对相关事件的消息进行筛选、分析、加工，为公众提供更加清晰和深刻的讯息。此外，他们对公众的疑问与意见予以解答和回应，通过这种方式放大舆论，促进公众对问题更深层次的思考，并激发舆论，开启舆论新的思考方向。

最近发生《南方周末》的新年献词事件，不仅在国内引起了各大媒体的关注，也引起了广大民众以及各界知识分子的强力关注与参与，截止 2013 年 1 月 22 日用户关注度变化如图 6－10：

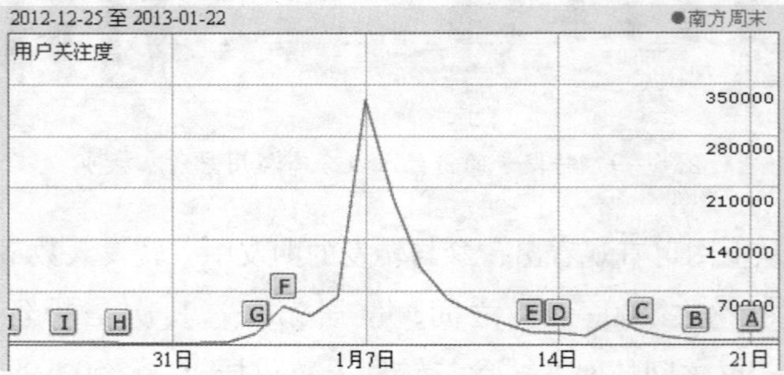

图 6－10　微博对《南方周末》新年献词事件关注走势图

作为 2013 年第一个公共事件，“南周事件”与一般社会领域发生的群体性事件不同，是意识形态领域具有标本意义的重大事件。南周事件发生后，粉丝量达 6673379 个的@李承鹏 1 月 7 日在他的微博中写到：“你删得了世界，删不了尊严：在我看来，说话，是一种尊严。记忆尊严、情感尊严、智力尊严……尊严是个人的需要，也是国家的必要。你很难想像，一群连自己的尊严都不顾的人，会去顾国家的尊严，一群没有尊严的国民，却建成了一个强大的国家。”“我们可以不要高楼，但要一份说真话的报纸。我们可以不要 GDP 世界第二，但要一份说真话的报纸。我们可以不要航母编队，但要一份说真话的报纸。道理很简单：世界上所有令人尊重的大国，都有一份被允许说真话的报纸”。截止到 1 月 15 日该微博转发量 16674 个，评论量 2311 条，大部分网友认同@李承鹏的观点，认为南周事件暴露出媒体管理的一些问题，党对媒体的管理思维与管理模式亟待改革。该事件反映了人民对知情权和表达权的需求与党对舆论控制之间的矛盾。

从对网络意见领袖的个性特质的分析可以看出网络意见领袖的言行极易引起网民争相模仿。究其原因，主要是意见领袖在网民心中具有较为崇高的地位，在一些网民的潜意识中，则多半隐藏着希望通过模仿从而分享或得到意见领袖的成功的渴望。网络意见领袖因此可以轻松自如地将自己的观点、态度内化为众多粉丝们的意见和态度，进而起到示范引导、推波助澜的作用。

（三）舆论高潮期：意见领袖发挥深化认识、组织动员的作用

网络在我们现实生活中创造出了一个虚拟空间或者说虚拟世界，伴随着新媒体技术的进步，网络虚拟空间与现实空间的互动也在不断增强，深刻影响并改变了我们的现实生活，这其中与网络意见领袖的舆论引导、组织动员作用密不可分。网络意见领袖一般具有强烈的社会责任感和参与意识，影响舆论波传播的方向和能量，在维护弱势群体的权益、推动法制建设完善和社会进步方面功不可没。他们深谙网络信息分享之道，对公共问题积极表达自己的意见，具有有深刻的见解、较强亲和力和吸引力，形成网络意见领袖圈群。在舆论高潮期，网络意见领袖对粉丝心理和行为有较强的影响力，微博意见圈群的意见表达会从网上延伸至网下，其组织动员功能便被显著发挥出

来。“随手解救被拐儿童”、“免费午餐”、“随手送书下乡”、“爱心衣橱”等微公益，都是由微博建言发展到网下行动，从而激发了国民人文关怀和对弱势群体的关注。微博在青海玉树地震中发起的祈福、捐助等活动，见证了微博客强大的正面社会动员能力。

二、意见领袖影响微博舆论波的走向与能量

2012 年 7 月 25 日，江苏启东市民在网上发布消息称，日本王子制纸排海工程项目会污染当地环境、危害人体健康，启东市百姓对此项目建设强烈反对，并自发组织向政府请愿。网友在互动平台曝光此事，更引起大量网友关注。7 月 26 日，启东市委常委、常务副市长张建新在启东市政府官方网站发布一段视频，题为《致全体市民的一封信》，视频中讲道，“南通大型达标水排海基础设施工程，正在进一步深入论证评估，暂停排海管道建设工程。”7 月 28 日，启东市民为阻止准备建设的“南通大型达标水排海基础设施工程”在市政府门前抗议，场面一度失控，政府机关被冲击，有官员被扒掉衣服羞辱，有车辆和电脑被砸，该事件在微博中的关注度快速攀升。7 月 28 日 12：37@王功权在微博中发布：

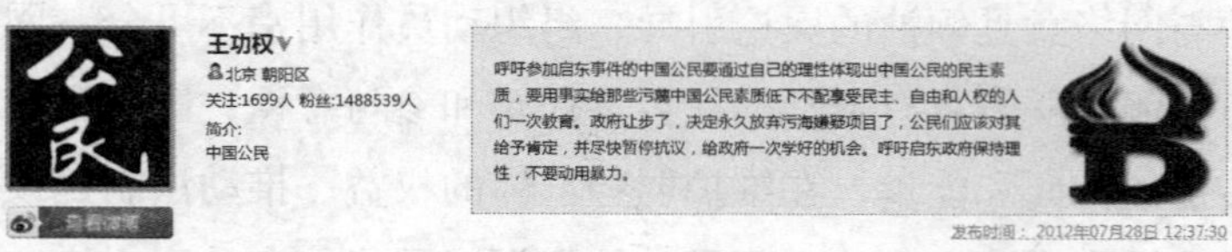

图 6－11　王功权的微博

7 月 28 日 12：37 至 7 月 28 日 17：40，该微博总覆盖 23753153 人次，总转发 3989 人次，加 V 认证用户 282 人转发，平均转发层级 2.67，转发量随时间变化的趋势如图 6－11：

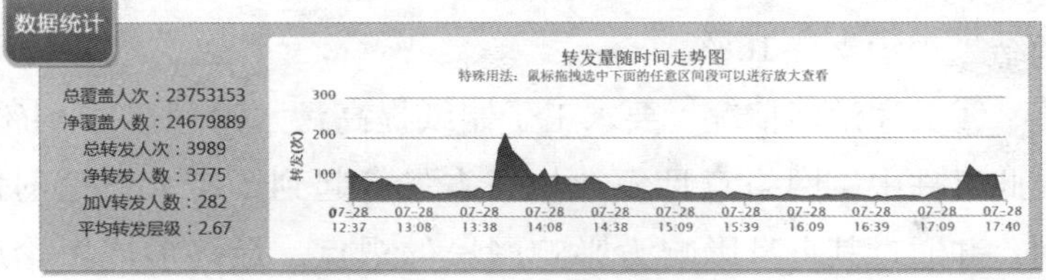

图 6－11　转发王功权所发微博的趋势图

该条微博的传播路径如下图 6－12：

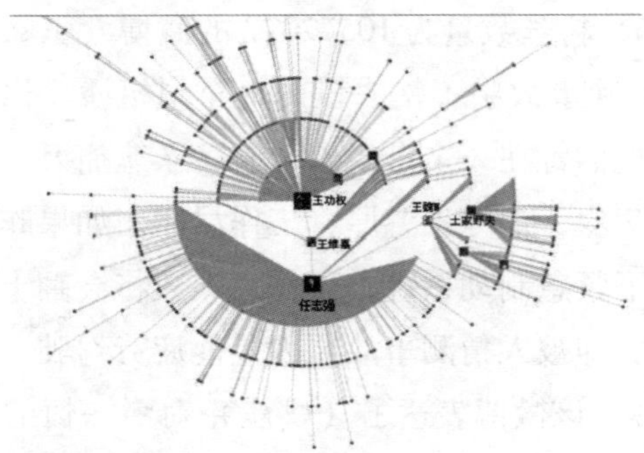

图 6－12　王功权所发微博的传播路径图

该条微博转发中的关键节点如图 6－13：

图 6－13　王功权微博转发中的关键点

7 月 28 日，南通市政府发布消息称，永久取消启东市有关王子制纸排海工程项目。网民的倾向性观点大致分为五类：①政府决议需要听取民意，占总体观点的 38%；②完善政策决策、监督机制，严惩相关决策者 23%；③对政府最终的处理结果表示支持 16%；

④关注治污情况，要求王子制纸提高污水治理标准 14%；在此事件中，网络意见领袖如任志强等起到了扩大舆论的作用，并通过其自身影响力影响网民的观点，最终形成舆论压力，促成了事件的快速解决。

在 7. 23 动车追尾事件中，“43 位超 240 万粉丝的演员明星中，有 36 位对该事件表达了关注，关注率 83. 7%”。7 月 24 日 21：46，粉丝数量为 10577077 的微博女王@姚晨在微博中发布：“昨晚事故中不幸去世的火车司机潘一恒，是我父亲的好兄弟，他们曾在一个车组工作。父亲悲痛万分地说：潘师傅的孩子才 7 岁，他为人憨厚，工作尽职。如果昨晚他临阵脱逃，没有拉下紧急制动系统，那伤亡人数将会翻十几倍。可怜他尸骨未寒，却被人猜测事故原因是他疲劳驾驶，这种说法简直混账之极！”该微博表达了（姚晨）对潘一恒的尊敬及对事故原因的思考，由于姚晨身为明星所具有的巨大影响力及网络意见领袖的特殊地位，该微博被转发 269487 条、评论 71141 条。

微博受关注度的大小与微博主本人及其所发信息相关。在现实社会中具有一定身份地位的名人，凭借已有的名气就能在微博上轻松拥有大量粉丝，也会因名人效应而广受关注。其次是微博信息的质量，有深刻见地的微博主内容或处于信息源上端的微博主，通过发布快捷、权威的信息，也可以迅速获取关注度。这点在突发事件发生时表现得尤为突出①。粉丝量已超过 81 万的民间意见领袖“@作业本”在微博中写到：“高铁 3

①宋好：《微博时代意见领袖特点探析》，《今传媒》2010 年第 11 期。

天4故障，铁道部解释为：雷电天气所致。温州动车追尾坠桥，铁道部解释为：雷电天气所致。呵呵，干脆以后全解释为雷电天气所致。房子为啥这么贵？雷电天气所致。油价为啥越来越高？雷电天气所致。城市为啥这么堵？雷电天气所致。红十会为啥受讨伐？雷电天气所致”。该微博质疑了铁道部雷电天气致动车追尾的解释，转发量16206条、评论为5047条。

微博世界中“马太效应”依然存在，微博意见领袖往往一言九鼎，决定某种意见的走向。“@小崔说新闻”在微博中写道：“铁道部开发布会，却只让cctv与新华社的进，害怕被有良知的媒体逼问，大家盯紧关于温州7.23动车追尾的这十大疑问，请大家转起来，什么临时工，N年不遇的天灾啊，网友的眼睛是雪亮的，别再想转嫁责任了！”，转发共计6万多条，评论9千多条。8月13日，拥有95万粉丝的作家王跃文在新浪微博中写道：“大家都在为动车降速叫好，我觉着一头雾水。此次甬温动车追尾同速度全无关系，雷电之类也是外部原因，灾难出在人身上，即管理混乱，工作人员麻痹懈怠。也就是说：人祸当首，其他次之。拿所谓高铁冒进出气，拿高铁速度出气，平平民愤可以理解，可别因此掩盖了管理方面的大问题。”该条微博指出了铁路管理混乱是不可忽视的原因之一，被转发824条、评论305条。综上所述，意见领袖往往具有较强的分析和判断能力，在微博世界中拥有一定威望，能够对问题进行精彩的分析和判断，因而能够受到众多博友的尊重与追随，引导舆论走向。

可以从不同角度对微博的意见领袖进行分类。从微博用户的角度来看，微博意见领袖包括民间微博意见领袖、媒体微博意见领袖、政府微博意见领袖、行业机构微博意见领袖、媒体从业者精英、新闻当事人、事件的亲历者等。一些意见领袖往往与具体事件或话题相关联，如新闻当事人、事件的亲历者、目击者、拥有第一手资料的调查者等，他们的影响力一般局限于特定事件，具有不确定性、暂时性和分散性特点，例如“宜黄拆迁”事件中的受害人钟如九、动车追尾事件的亲历者、见证者等。各类意见领袖群体的合力对公共事件中舆论波的方向有很大影响。

综上所述，微博的多点内容发布、信息同步、与移动媒体的结合、链式反应和循环跟帖等，是微博舆论产生巨大影响的基础，微博舆论的生成离不开网状链式及循环嵌套的传播机制。微博舆情的爆发看似是偶然的、突发的，但从本质上看是诸多复杂的因素交互作用、互相影响的结果，是博友现实社会中积聚情绪的反应和宣泄。宏观上的微博舆情是博友微观上情绪变化、利益驱使、信息和观点碰撞的结果。微博意见领袖则是微博舆情形成与传播的核心节点，对舆论波的方向及能量有双重影响①。

三、微博意见领袖舆论影响力与其构成要素间的关系

笔者认为，在微博意见领袖舆论影响力的形成过程中，微博数、微博原创率、微博的评论、转发、粉丝数等指标都与微博的影响力相关。为了解这些指标与微博影响力的相关的程度和相关的方向，我们抽取了 30 个微博意见领袖的微博进行相关性分析。为保证数据的有效性，只考察了微博意见领袖中的活跃用户。此次抽样采取的是配比式抽样方式。

通过同一时间段内，对 30 个意见领袖微博的相关数据进行采集，并利用 SPSS 软件对数据相关性线性分析，得出了上述数

①王秋菊、师静：《从“7.23 动车追尾”看微博舆论波成因》，《新闻界》2011 年第 9 期。

量指标与意见领袖微博影响力的相关性系数，详见下表6－1：

表6－1 微博价值、原创率、转发、评论的相关系数

		日发微博数	原创率	评论	转发	微博数	粉丝数	微博价值
日发微博数	Pearson相关性	1	-.103	.118	.075	.288**	-.111	-.119
	显著性（双侧）		.300	.237	.452	.003	.265	.232
原创率	Pearson相关性	-.103	1	.239*	.230*	.300**	.307**	.025
	显著性（双侧）	.300		.015	.019	.002	.002	.806
评论	Pearson相关性	.118	.239*	1	.834**	.471**	.701**	.618**
	显著性（双侧）	.237	.015		.000	.000	.000	.000
转发	Pearson相关性	.075	.230*	.834**	1	.313**	.735**	.804**
	显著性（双侧）	.452	.019	.000		.001	.000	.000
微博数	Pearson相关性	.288**	.300**	.471**	.313**	1	.082	.014
	显著性（双侧）	.003	.002	.000	.001		.409	.892
粉丝数	Pearson相关性	-.111	.307**	.701**	.735**	.082	1	.870**
	显著性（双侧）	.265	.002	.000	.000	.409		.000
微博价值	Pearson相关性	-.119	.025	.618**	.804**	.014	.870**	1
	显著性（双侧）	.232	.806	.000	.000	.892	.000	

表6－1表明，评论数与微博价值的相关系数 r＝0.618，转发数与微博价值相关系数值为0.804，转发数与评论数相关系数值为0.834，微博价值与粉丝数的相关系数 r＝0.870，微博价值与原创率的相关系数为 r＝0.025，原创率与粉丝数的相关系数 r＝0.307，粉丝数与评论数的相关系数 r＝0.471。由此可见，评论数、转发数、粉丝数与微博价值的相关度较高。同时，微博意见领袖的微博舆论影响力与微博价值相关，微博价值也是受日发微博数、原创率、评论、转发数、微博数和粉丝数等因素共同决定的。

在微博舆论影响力形成的过程中，粉丝数、转发评论数与微博影响力呈显著性正相关；而微博数和原创率两个指标与微博影响力成一般性正相关；日发微博数则与微博影响力成一般性负相关。

第三节　网络意见领袖的基本素养

网络使意见领袖进入平民化、个性化时代。尽管网络使意见领袖的产生变得相对简单、便捷，普通网民或许就因为发了一个热帖便成为了意见领袖，但是，成为网络意见领袖并非偶然之事，“一帖成名”背后隐藏着诸多必然因素，其中最重要的就是作为意见领袖的个人素养。本节拟通过对一些意见领袖言行的观察与分析，归纳网络意见领袖的基本素养，以对意见领袖的培养有所借鉴。

（一）熟悉网络技术，深度参与网络活动

早期的网络意见领袖是一些专门从事网络技术的专业人士，由于工作原因，他们经常上网，发帖、跟帖的机会也比较多。一些资深网友也往往比较熟悉电脑技术，或者是电脑爱好

者，也是网络意见领袖的重要来源。版主，作为最基本的网络意见领袖群体，都是由资深网友或从事媒体的专业人员来承担的，熟悉网络技术、深度参与网络活动是他们的基本特点。在各种版主中，BBS版主的意见领袖作用最为突出，他们需要对论坛中每日更新的帖子进行把关，整理筛选论坛的网络界面，可能还需要组织某一时期网友的讨论专题，同时版主要根据自己的经验，以独到的眼光把一些帖子置顶，变为“精华帖”，从而在网络社会中起到了议程设置的作用。版主不仅在网络上的活跃度高，而且对于该版的话题也比较在行，有深刻的见解，因此版主在论坛中具有较高的声誉，并且能够团结网民，聚集民意，经常成为网络意见领袖。紫金网的一篇题为《BBS版主的构成研究》的文章，对国内知名论坛“西祠胡同”网站的31名版主进行了调查研究，发现版主的确是大多数网络论坛中意见领袖的中坚力量。①

2011年以来，微博成为网络舆论的主场。《第31次中国互联网络发展状况统计报告》显示，截至2012年12月底，我国微博用户规模为3.09亿，较2011年底增长了5873万，增幅达到23.5%。网民中的微博用户比例较上年底提升了六个百分点，达到54.7%。经过2011年的高速发展，微博已经成为在网民中普及率最高的网络产品，微博正在重塑社会舆论生产和传播机制，无论是普通用户，还是意见领袖和传统媒体，其获取新闻、传播新闻、发表意见、制造舆论的途径都不同程度地转向微博平台②。

---

①陶文昭：《重视互联网的意见领袖》，《中国党政干部论坛》2007年第10期。

②《第31次中国互联网络发展状况统计报告》，http：//www.cnnic.net.cn/hlwfzyj/hlwxzbg/hlwtjbg/201301/t20130115_38508.htm 中国互联网信息中心网 2013－01－15。

网络参与度在微博中体现为微博活跃度、微博传播力与微博覆盖度。活跃度，指微博主发表微博的条数、转发微博的次数和评论微博的次数。微博主发表微博的条数越多、转发和评论越多，其活跃度越高；传播力，指微博主所发微博被转发、被评论的次数，被转发和被评论的次数越多其传播力越高。覆盖度，指微博主的粉丝数量，粉丝量越大、覆盖度越高，微博的覆盖度越高。微博的活跃度、传播力和覆盖度越高，说明微博的参与度越高。微博中的意见领袖，都具有较高的活跃度、传播力和覆盖度，即具备较高的微博参与度。根据新浪微博名人影响力 2013 年 3 月的排行榜统计，排在前三位的是@李开复（粉丝数 3267 万，微博数 1 万）、@薛蛮子（粉丝数 1054 万，微博数 7 万）、@何炅（粉丝数 2892 万，微博数 5011）；媒体影响力排行榜前三位的是@头条新闻（粉丝数 1724 万，微博数 6 万），@新浪娱乐（粉丝数 614 万，微博数 5 万），@人民日报（粉丝数 472 万，微博数 6967），他们所发微博也都具有较高的转发和评论量。

（二）信息灵通，新闻敏感性较强

在网络传播活动中，意见领袖往往是那些接近信源的消息灵通人士。他们处在信息流的上游，能够及时了解事件的新近发展动态，及时发表意见，在舆论形成的初期占据高点，抢得先机。其次，意见领袖还具有一定的新闻敏感性，能够在海量的网络信息中挖掘出具有讨论价值的信息内容，并引发一定程度的网络关注和讨论。

据美国微博客 Twitter（推特）的统计，2 万名精英用户，只占注册用户的 0.05%，却吸引了一半的注意力，即一半帖文是对极少数精英用户的转发和评论。中国的新浪微博也有类似的情形，大约 300 位“意见领袖”掌握着议程设置权，从而获得相当大的话语权。通过对100位意见领袖的职业分析，发现媒体人士最多（28%），其次是学者（27%）、作家与撰稿人（14%）、党政干部（13%）、企业家商人（5%）、公益人士（4%）、律师（3%）、演艺名人（3%）、网络达人（3%）①。媒体人士越来越多地充当网络意见领袖的角色，一方面由于他们身居媒体的有利地位，另一方面便是他们超出一般人的良好的新闻敏感。

在近期的“房姐”事件中，便充分体现了媒体微博意见领袖的突出作用。此事件被网络媒体曝光后，微博平台迅速跟进。2013年1月16日，@才让多吉（认证信息为新浪微公益爱心团成员）发表微博着重指出龚爱爱在北京房产的总价值，这则微博被转发、评论8千余次。17日，@环球时报、@经济观察报、@21世纪经济报道等几家媒体微博对此事进行了传播。1月18日，@人民日报、@新京报、@南方日报、@新华视点、@财经网、@头条新闻等媒体微博对神木县“房姐”进一步传播，微博平台上的关注度呈现出直线上升态势，主流网络媒体如新华网、中国新闻网开始参与事件的采访调查，并积极刊发当事人龚爱爱的回应，同时，《京华时报》对龚爱爱的回应也做了详细报道，使得民众对事件的认知度不断提升，网络舆论全面爆发。22日，传统媒体《京华时报》爆出龚爱爱有四个户口，其中一个为北京户口，众多实名认证用户纷纷吐槽，使得此事件在22日的微博关注度实现了一个峰值，原本下降的舆情再度发酵、升温。可以看出，媒体人士凭借其较强的新闻敏感和较高的新闻素养，利用网络媒体，在

①祝华新、刘鹏飞、单学刚：《2012年中国互联网舆情分析报告》，wenku. baidu. com/view/803a2dffba0d4a7302763ad8. html 百度文库。

"房姐"事件中发挥了意见领袖的作用，传统媒体以及主流媒体的跟进报道，又促进了媒体微博在此事件上的发声和网民的关注，巩固了其网络意见领袖的地位。

(三) 思想敏锐，独具慧眼

传统意见领袖大多有着较高的社会地位，大多是社会的精英，如韩寒、李开复、姚晨等，诸多的优越条件使得传统意见领袖能够成为一些信息的主宰者。互联网的出现，尤其是互联网媒体的普及给人们提供了一个相对平等自由的发表自己观点的公共空间，许多草根型"意见领袖"成为新一代重要的网络舆论意见领袖。这些草根型的网络"意见领袖"大多出身平民，从事各种各样普通的职业，但平时勤于笔耕、张贴文章多，其中不乏极具深刻敏锐的思想、智慧幽默的言论，因此其点击率高、影响力较大。不管是拥有良好教育背景的精英人士，还是通过自身努力自我充实的草根领袖，对信息的洞察力和提出鲜明观点的能力都是一个最重要的素养。微博用户"作业本"便是这样一个因思想敏锐、独具慧眼而受到广大网民追捧的草根意见领袖。2012 年 8 月 24 日晚上，知名草根网友"作业本"重返新浪微博，第一个帖子"想跟 300 万人拥抱"，在一天时间内，转发 23. 8 万（目前转发 24. 6 万），评论 14. 9 万（目前评论 16. 7 万），其粉丝从停博前的 292 万，暴增至 330 万（目前已接近 420 万）。

"作业本"的敏锐、深刻常常体现在其日常的嬉笑怒骂中。面对一些"跟风从众"现象，作业本总是那么冷静犀利；面对社会上人们已经习以为常的不正常现象，"作业本"的"心痛"读来让人心酸、心颤；即使是目送一片云的远行、遐想一名投递员远在边陲的投递，"作业本"放出的心声也那么触动心灵。请看下面摘录的"作业本"的几则微博：

例6－1　真正深爱张国荣的人也许不会发微博，甚至在每年此时都不会说有关他的任何一句话，更甚至会讨厌别人提起他，深爱一个永不再见的人是疼，想起来会疼，说出去会痛，听别人讲起他心会有要死的感觉…并非不可表达，是你明白，有些铮铮情话说出来就碎了，而有些爱一旦表述成文，即成残忍。

赞（8676）｜转发（46821）｜收藏｜评论（17061）

3月31日23：19来自新浪微博

例6－2　有时候会特别心疼一些写书的人，辛苦熬夜写了几年甚至更长时间，过重重审查还要硬着头皮在微博上吆喝着推销，而一本书就赚几块钱，有些作者甚至才赚一块……其实我一直觉的：买书是世界上门槛最低的高贵举动。只要付出一个汉堡的钱，便可以得到一个作者在那段岁月所有的心思与时间……

赞（5371）｜转发（25705）｜收藏｜评论（7928）

4月3日01：11来自OPPOFind 5

例6－3　在这拂晓，去一座边境小城，做一名快递员。当云去南方，雪落北疆，风至雨夜，你带上所有人的礼物，去往每一条街道，穿过尘埃，敲开所有的门，对满怀期待的陌生人说：你好、快递、签字、再见…无数人都说过再见，而只有你让他们觉得相见恨晚，最难得的不是你梦想照进现实，而是你给陌生人送去的欢喜。

赞（1659）｜转发（6788）｜收藏｜评论（2866）

3月29日06：59来自新浪微博

当许多媒体、网友纷纷以各种方式纪念张国荣时，“作业本”却告诉人们“真正的爱”是不能说出的，“爱”说出来就“碎”了。（例6－1）在这样浮躁的社会，对“爱”如此见解，的确有几分深刻。十几年前，知识贬值的话题还被媒体、公众不断提及，并为之扼腕痛惜不已；今天，知识贬值依然如旧，却不再有人提起，大概是视之如常了。但“作业本”还在从内心深处关注这个话题，并以“用一个汉堡便买到了作者在那段岁月所有的心思与时间”的比喻形象地勾勒出无情的现实。（例6－2）“最难得的不是你梦想照进现实，而是你给陌生人送去的欣喜”——这是一种正能量，而把这种正能量写得如“作业本”（例6－3）这般让人神往的的确不多。

（四）勤于笔耕，善于表达

网络传播作为一种新的传播形态，具有自身特有的传播特性。网民既可以通过网络搜集信息，了解时事，又可以通过各种网络媒体（如论坛、博客、微博等）发表自己的观点和态度；既可以用文字表达，也可以借助声音、图像、视频等来表达；在这个过程中，那些勤于笔耕、善于表达，发帖数量多、质量高的网民往往容易成为意见领袖。因此，要成为意见领袖，除了有思想、有智慧，还要具备良好的语言表达能力。

曾被网友誉为“2008 年度十大最具影响力评论家”和“史上最牛的公民”[①] 的盛大林，在近些年众多的网络热点事件中都发挥了意见领袖的作用，他发表的时评大部分被新浪、搜狐、腾讯、凤凰四大门户网站的博客主页推荐，基本上每周都有文章登上四大门户网站的首页。截至 2012 年 4 月 14 日，盛大林在四大门户网站的博客访问量合计近七千万人次，在国内时事博客访问量中名列前茅。自 2003 年至今，在刘涌案、华南虎事件、瓮安事件、邓玉娇事件、陕西问题疫苗等国内众

①佚名：《盛大林“微言”中显“大义”》，《读览天下·影响力周刊》2010 年第 41 期，http：//www. dooland. com/magazine/article_ 65645. html。

多的突发公共事件中，都可见他的身影。偶像类意见领袖通过名人效应充当意见领袖，草根型意见领袖通过“爆料”在网络舆论中占有优势，而作为时评家的盛大林主要凭借其较高的新闻专业素养，良好的文字表达能力，并借助传统媒体和门户网站影响力，成为网络意见领袖。盛大林基本每天都要发表一篇新闻评论，当面对突发公共事件时，更是连续发表多篇评论，评论频率极高，同时他发表的博文大多是站在公众的立场上，对政府进行例行的监督，论证严密，有理有据，观点鲜明，结构规范。

在2009年7月发生的杭州“胡斌替身门”事件中，盛大林于事件发生当晚（7月20日）就发表《“杭州飙车案”出庭的胡斌是“替身”?》的博文，质疑出庭的胡斌是否为本人。由于其时评家的身份和影响力，这篇博文在四大门户网站的访问量超过了12万人次，该博文也成为许多论坛、博客的转载对象，对“胡斌替身说”的舆论起到了推波助澜的作用。《新民周刊》在分析“胡斌替身门”事件时就将该博文放在了非常重要的位置。7月26日，在网络传出胡斌替身是一个名叫“张礼礤”的人之后，盛大林又很快发表《张礼礤，你妈妈喊你回家吃饭!》的博文，引起网民的疯狂转载，并且频频被传统媒体引用。据腾讯网当时作出的网络调查，有93%的人认为胡斌是替身。[①] 虽然杭州市西湖区法院发表声明澄清此事，但网友依然进行质疑和追问。盛大林在29日发表博文《杭州“替身门”需要“外力”的介入》，认为政府应该拿出更令人信服的解释来说服网民，并提出需公检法以外的“外力”介

①腾讯调查《杭州飙车案出庭受审者是不是胡斌》，http://news.qq.com/zt/2009/standpoint/hubin.htm 腾讯网2009年。

入调查。博文发出后，引发网民热议，进一步深化了舆论。同日，该文被《中国青年报》、《检察日报》等传统媒体刊发，同时又被新浪、搜狐等门户网站转载，进一步扩大了影响力。后来的事实证明，确实是在“外力”的介入下“胡斌替身案”得以澄清，“胡斌替身门”事件的网络舆论才逐渐平息。

在杭州“保时捷撞人案”中，当网民就“受害人是否走斑马线”进行热议时，盛大林另辟蹊径，提出了一个新的角度，就杭州警方不提“无证驾驶”的做法提出质疑，认为杭州警方对嫌疑人有避重就轻之嫌。该博文发出后，立即被四大门户网站推荐到博客首页，点击量和评论数剧增，其观点得到了大多数网友的支持。

从以上两个案例中可以看出，在众多突发公共事件中，盛大林能够及时发现问题、分析问题，并以最快的速度写出连续评论或博文。因此，过硬的写作功底或文字功夫会成为意见领袖的重要素养之一，特别是作为具有持久影响力的意见领袖，这种写作能力和文字功夫显得尤为重要。

（五）较高的社会威望和感召力

意见领袖，并非仅仅因“意见”而领袖，他（她）除了具备提供“信息与意见”的能力之外，还往往具备人格魅力，由于他（她）所具备的美好品质或德行受到人们的尊敬和爱戴。同样一件事，由别人说出来，不会有人信服，而由他（她）说出来，人们就信以为真；同样一个思想，有别人说出来，人们会不以为然，而由他（她）说出来，人们就觉得这是一个多么伟大的真理。

一些深受大众喜爱的明星，如刘翔、徐静蕾、姚晨、谢娜、周立波等，拥有庞大的粉丝群。他们的粉丝群很大程度上是由他们的社会声望带动起来的。他们所拥有的粉丝量是他们所发微博量、关注量的百倍千倍甚至万倍，见表6－1：

表6－1　部分明星微博情况表

微博用户名	关注数	粉丝数	微博数
姚晨	639	44366681	6684
周立波	25	35388013	933
谢娜	505	31650000	5699

从表6－1可以看出，三位明星的粉丝数都达到了千万，而关注数都只有三位数或两位数，发微博数也只有几千条或不足千条，粉丝数与其关注数、发微博数可谓差距悬殊。从他们所发微博的被转次数与被评论情况，可见粉丝们对他们的感情。近期姚晨在其微博上发一些自己怀孕闲居的只言片语或图片，都会引来粉丝几千次的转发和评论。如，4月7日12：53的微博“和孙大圣同烦恼：自从肚子变大后，十万八千个跟斗才能翻一公里。”便有赞扬4431次、转发4050次、评论6786次；3月10日19：12所发微博“医生说数胎动，要在一小时里认真数到四下，宝宝就算正常。问题是，我每次刚数到半小时，就认真的睡着了。我是个多不负责任的麻麻啊。#孕傻期的姚女士#”便有赞扬5592次、转发5647次、评论8293次。评论大多是善意的提醒和由衷的祝福，诸如“哈哈……你太贪睡了！要多活动”“孕期最好不要养猫猫呀”“姚姐加油！”等等，广大粉丝对姚晨的关心、热爱溢于言表。

一些媒体型意见领袖也是如此。媒体型意见领袖，即那些在网络世界里迅速成长起来并成为意见领袖的传统媒体从业者。这一类意见领袖占网络意见领袖的绝大多数，代表人物有大家耳熟能详的笑蜀、戴旭、雷宇、连岳、闾丘露薇、王克勤、李承鹏、十年砍柴、黄健翔等等。这类意见领袖受自身职业的影响，较多地关注一些公共事件，能运用相对浅显易懂的语言，深刻剖析事件的内幕，并通过博客、论坛等媒体形式向网民展现事件的始末。他们也深受网民的信赖和追随，粉丝数量也远远超出他们的微博数和关注数，他们所发微博，也常常有较大的转发量和评论量。

此外，一些公共知识分子型的意见领袖，如李开复，薛蛮子、任志强等，也都以较高的社会威望在网上获得人气。他们大多具有某方面的学术背景和专业素质，对社会进言并积极参与公共事务，具有批判精神和道义担当的理想。据新浪微博名人影响力的排行榜显示，李开复（创新工场董事长兼首席执行官）、薛蛮子（知名天使投资人，微博打拐发起人之一）、任志强（知名地产商）经常名列前茅，他们的粉丝量也已分别达到3200多万、1000多万和1378万。李开复在微博上的发博频率和被转发率都极高，一天经常有十几条之多，转发次数少则几千，多则几万；薛蛮子在新浪博客上的博文也经常被推荐到网站首页，引起众多网友的关注；微博上的任志强，一改“口出狂言爱放炮的任大炮”形象，让微博友们看到的是低调、随和、关心弱势群体的任志强。任志强微博除了敢于对房地产业提出问题和怀疑外，对一些社会现象或社会问题也时常发表独到的见解。微博进一步改善和提升了任志强的社会威望。

本章小结

意见领袖是影响网络舆论的重要因素之一。在网络舆论的兴起、扩散、转折以及促成问题的解决方面，意见领袖都扮演着重要的角色。来自媒体人的网络意见领袖，往往起到议程设置的作用，来自知识分子的意见领袖往往能够促进问题的解决，来自政府官员的意见领袖主要承担了沟通政府与公众的桥梁作用。在网络舆论萌芽期，意见领袖扮演提供信源的角色；在网络舆论扩散期，意见领袖对舆论走向产生重要影响；舆论高潮期，意见领袖发挥深化认识、组织动员的作用。

意见领袖都有自己的个性与风格，但是，在他们身上总会有一些共同的特点或素养。熟悉网络技术、深度参与网络活动，是早期网络意见领袖的突出特点；较高的社会威望和感召力是名人意见领袖的突出特点；消息灵通、思想敏锐、擅长表达，可能是公知型意见领袖和草根型意见领袖所共有的特点。

第七章　网络舆论引导与网民心理

舆论，是社会心理的集中反映。网络舆论，因网络平台高度的自由性、开放性、便捷性、直接性等特点，成为各种社会心理激荡、碰撞、变化、集聚的动态反映。网络所具有的宣泄、集群、发酵等突出功能，使得网络具备了强大的舆论功能，其产生舆论的频率、舆论的强度都远远超出了传统媒体。如果认为网络舆论是自发、自为的，没有舆论引导或不需要舆论引导，那就大错而特错了。舆论引导，是舆论自生、自产的。在网络舆论运行过程中，“意见领袖”应运而生。“意见领袖”不是由权力赋予的，也不是他们自己自封的，而是作为网络的一个用户，在网络舆论的论辩、交锋中对很多网友产生了影响力，起到了“舆论引导”的作用。“网络水军”是一些利益集团有目的、有组织地对“意见领袖”的制造，其最终目的只有一个：制造或引导舆论以满足自身的需要。因此，网络舆论已经成为国内外各种势力的“角力场”。网络舆论充斥着真相与谣言的厮杀、各种价值观的博弈、多方利益的角逐。党和政府、主流媒体在网络舆论中要发好声，成为网络自产的“意见领袖”，引导网络舆论走向理性、文明、健康、建设的通途。

第一节　积极社会心态的建构

任何舆论都是社会心理的凝聚物，社会心理则构成了舆论的基因。要对网络舆论进行引导，通过心理疏导建构和谐、健康的社会心态，是根本途径之一。

一、积极心理学与积极心态

积极（positive），“实际而具有建设性的”或“潜在的”意思。在当代心理学中，“积极”一般有“正向的”或“主动的”含义①。积极心理学是上世纪末首先在美国兴起的一个新的心理学研究领域。在过去将近一个世纪的时间里，心理学一直致力于研究人的消极心理，即着重研究人的心理问题与心理疾病的诊断与治疗，忽视与漠视人的积极品质。虽然消极心理学对人类与社会的发展做出了很大贡献，但是，当世界局势相对和平，物质文明得到高度发展的同时，患有心理疾病的人数不仅没有减少，反而呈现不断增长的趋势。这种现象给心理学的启示是：不能指望对问题的修补来为人类谋取幸福，心理学必须转向人类的积极品质，通过大力倡导积极心理学来帮助人类真正到达幸福的彼岸。积极心理学认为，即使那些患有严重心理疾病的人，也不仅仅是要求减轻痛苦，处于心理失衡状态的人们更需要满意、愉悦与快乐，人们需要建构力量，而不仅仅是纠正缺陷；人们需要有目的、有意义的生活，而这些并不会因为痛苦减轻了便自动产生②。

积极心理学的研究主要集中于积极的情绪和体验、积极的人格特质、积极的情绪对生理健康的影响以及培养天才等方面。积极的情绪和体验包括高兴、兴趣、满足、自豪、爱、幸福感和快乐等。这些积极的情绪之间具有很强的相关性和一致

①罗艳红、蔡太生、张斌：《积极人格的研究进展》，《医学心理学》2011 年第 1 期。

②江雪华、申荷水：《积极心理学在心理评估与干预中的运用》，《中国临床心理学杂志》2007 年第 1 期。

性，当体验到其中的一种情绪时，也都体验到其他的积极情绪。被研究最多的积极情绪是主观幸福感和快乐。

主观幸福感是指个体自己对于本身的快乐和生活质量等“幸福感”指标的感觉①。幸福被划分为三个层次：第一个层次，快乐的生活；第二个层次，投入的生活；第三个层次，有意义的生活。快乐的生活，包括满足、满意、平静、感官愉悦和精神愉悦，对未来抱有乐观、希望和信念的积极情绪；投入的生活，发挥自己的特性，即在生活中发挥自己的性格力量与才能，体验投入、专注与沉浸；有意义的生活，使自己的生活服务于一些积极、有意义的事业。主观幸福感除了与生活事件、人格因素有关，与人际关系、价值取向、社会风尚也有直接的关系。

快乐与不快乐的人在认知、判断、动机和策略上都有所不同，并且这种不同经常是自动化的，并不被意识到。国外的一些研究表明：快乐的人对社会性比较信息较那些不快乐的人不敏感；在较为贫穷的国家，人们的快乐程度与收入水平有较大的相关，而在富裕的发达国家，个人的快乐程度与收入水平相关甚少，几乎可以忽略不计；亲密的人际关系包括友谊和婚姻，对于快乐有较大的影响，具有亲密朋友的人更快乐一些，而已婚、未婚和离婚者的快乐程度则依次递减；同时，越有虔诚的宗教信仰的人越容易快乐②。由此可见，一定的物质生活保障是快乐的前提，而当解决了温饱之后，家庭的和谐、亲密的友谊、明确而坚定的信仰、有意义的生活等才是快乐的源泉。心理学家 Vailliant 对三个大的成人样本进行了几十年的研

①崔丽娟、张高产：《积极心理学研究综述——心理学研究的一个新思潮》，《心理科学》2005 年第 2 期。

②李金珍、王文忠、施建农：《积极心理学　一种新的研究方向》，《心理科学进展》2003 年第 3 期。

究，在所得结果的基础上，Vailliant 总结了“利他主义、升华、压抑、幽默、预期”等成熟的心理防御机制对成功及快乐生活的作用①。

积极心理学强调，必须研究人内心应有的积极力量，只有人的积极力量得到培育和增长，人的消极方面才会得到抑制或消除。从另一方面看，要成为幸福、快乐的人，从个体来说，就是要具备积极的人格特质。积极心理学认为，在积极人格特质中存在两个对立的维度：正性的利己特征（PI positive individualism）和与他人的积极关系（PR positive relations with others）。前者是指接受自我，有个人生活目标或能感觉到生活的意义，感觉独立、感觉到成功或者是能够把握环境和环境的挑战；后者则指的是当自己需要的时候能获得他人的支持，别人需要的时候愿意并且有能力提供帮助，看重与他人的关系并对于已达到的与他人的关系表示满意。1994 年出版的《人格力量与美德分类手册》（Peterson 和 Seligman，1994）列出了六种重要美德，即智慧、勇气、仁爱、公正、节制和卓越，列出了与这些美德相联系的 24 种人格力量，包括创造力、好奇心、心胸开阔、好学、洞察力、直爽、勇敢、诚实、热情、善良、爱心、社交能力、公平、领导才能、团队协作、宽容、谦虚等。这 24 种人格力量就是积极心理学研究的 24 种主要积极人格特质。

积极心理学认为，人格主要是在人与社会文化环境的交互作用中形成的，并在一个复杂的因果活动过程中得到发展，人格的形成发展过程是个体主动建构的过程，也就是说，人类在

①陈浩彬、苗元江：《积极人格研究概述》，《北京教育学院学报（自然科学版）》2008 年第 2 期。

自身发展的过程中具有很大的主动性。积极人格特质主要是通过对个体各种现实能力和潜在能力加以激发和强化，当激发和强化使某种现实能力或潜在能力变成一种习惯性的工作方式时，积极人格特质也就形成了。因此，在积极心理学视野中的“心理疏导”便具有了心理建构的内涵。

二、社会建构论心理学与心理建构

社会建构论最初是作为一种社会学理论于20世纪60年代中期出现的，并很快席卷了所有的社会科学领域。社会建构主义心理学是近年来活跃于西方心理学领域的一股重要的思潮，是西方后现代主义思潮在心理学中的反映。社会建构主义心理学正是以其对“世界”“人”与“知识”等的本质及其相互关系的重构，为我们提供了一种全新的后现代心理学思想和理论框架。

（一）心理是社会构建的结果

社会建构论心理学的主要观点就是否定知识、心理的实在性和语言的中性，认为知识、心理都是社会建构的结果，语言是先在的规定。社会建构论认为，知识是建构的产物，即知识起源于各种关系，知识不是通过客观方法“发现”的，而是人们在社会生活中互动、协商和建构出来的。“这就意味着，知识可以被人为地改变或重新安排。如果我们的社会是另一种社会，我们的文化是另一种文化，我们的需要、兴趣、价值观、社会风俗和意识形态是另外一种样子，那么就可能建构出完全不同的知识体系。”① 纵观心理学知识的确如此，心理学一些著名流派主要还是适应社会和文化需要的产物。“精神分

①叶浩生：《社会建构论与心理学理论的未来发展》，《心理学报》2009年第6期。

析是19世纪欧洲性压抑文化的产物，格式塔心理学的整体论反映的是德国民族统一的要求，行为主义体现了20世纪初期美国资本主义控制劳工的愿望，人本主义心理学则是美国20世纪60年代社会潜能运动的结果。”① 现代心理学将“个体心理”作为价值中心，个体心理及其差异成为解释行为的主要依据。构建论心理学则认为不存在独立的“个体”，“人只能存在于与他人、他物的关系之中，作为孩子的父母、学生的老师、商品的消费者、政府的纳税人……，祛除这一切关系之后，人什么也剩不下。因此，人是由关系构成的，是‘关系的存在（relational being）’”②。既然人是关系的存在，人格的关系性也就是必然的了，“人心是一个流动的舞台，其中上演的内容取决于剧目、剧情、角色的身份及角色之间的关系。表现在现实生活中，人的心理和行为随对象的不同、情境的改变而不断变化，体现了人格的多面性、分裂性和流变性特点。”③认知、情绪、自我、态度和动机等心理现象也是社会建构的结果。认知中的认知图式、情绪的情境性、自我中的社会角色、动机中的社会需求等都是社会性的，即都是以文化、社会关系、社会事件为依据的。

知识是用语言来表述的，而语言并非中性、透明的工具，语言本身是文化的产物，它包含着一个民族的价值取向、思维方式、情感与志趣。因此，人的思维是被语言规定的，而不是思维规定语言。语言并非单纯地表达人的思想、感情，也并非中性地呈现客观实在，语言不仅仅表征心理现象，也构建心理

---

①叶浩生：《社会建构论与心理学理论的未来发展》，《心理学报》2009年第6期。

②杨莉萍：《析社会建构论心理学思想的四个层面》，《心理科学进展》2004年第6期。

③杨莉萍：《析社会建构论心理学思想的四个层面》，《心理科学进展》2004年第6期。

现象。心理学家洛夫特斯（Loftus，1996）进行了一项经典实验：人们观看一段汽车事故的录像，其中一组人被问的问题是“当相撞时”汽车的速度有多快，而另一组的问题是“当汽车撞碎时”汽车的速度有多快。尽管两组人看的是同一段录像，但听到“撞碎”一词的那组人对车速的预期比另外一组人快了19%。撞击听起来可能不够恐怖，但“撞碎”则会产生这样的感觉。很明显人们的记忆受到了语词和人际互动的影响。Loftus已经证实超过200个案例（试验）的目击者的证词是基于错误记忆，她认为，记忆是有可能被外在暗示挑起、被建议、被植入或在心里被创造的①。

既然人的心理是由文化、社会关系、社会事件构建的，那么，通过构建或改变文化、社会关系、社会事件，就可以对心理进行干预或构建了。

（二）心理建构的途径——互动

个体心理、群体心理、社会心态是三种互动的社会心理。个体心理既有差异，又有共同之处。每个人都归属于特定的群体，群体因群体成员的某些共同特征而成为群体，真正使群体具有聚合力的是群体心理，即群体成员在一定时期共有的心理。尽管群体心理也各有各的不同，但在社会生活网络中，当面对共同的问题，不同群体（包括不同个体）总会找到共鸣，形成一定的社会心态。不论是个体心理、群体心理还是社会心理都是可以通过疏导、引导介入加以调节或建构的。

群体心理是群体成员心理互动的结果，因此，个体心理是群体心理的建筑材料，但群体心理不是个体心理的相加，群体心理也不是个体心理的最大公约数。在群体环境中个体的心理

①叶浩生：《社会建构论与心理学理论的未来发展》，《心理学报》2009年第6期。

互动，由于群体因素（群体规范、群体目标、群体情感等）的介入，群体心理呈现出从众、极化、冒险、封闭、排他等特征。社会心理作为公众在一定时期共有的心理往往是通过公共平台（如大众传媒、广场集会、集市、剧院、餐馆、茶馆等）进行沟通而形成的。而群体心理、社会心理一旦形成便对个体心理形成无形的影响力或压力，因此，个体心理与群体心理、社会心理是无法截然分开的。

不难看出，无论是个体心理，还是群体心理、社会心理都是在心理互动中形成、变化或构建的。互动，是人与人之间借助言语、行为所进行的相互了解、沟通以至相互影响、认同的过程。影响互动效果的基本因素是：一是与谁互动；二是互动的内容。互动可以是一对一的（如谈心），也可以是一对多（如演讲、大众传播）、多对多（讨论）。即使是在一对一的互动中，互动双方的力量也不是完全均衡的，尽管是双方互有建构，但一方被建构、另一方输出建构的情况还是比较普遍的。

在一对一的个体互动中，往往是社会地位高、知识水平高、思想水平高、控制力强的一方对社会地位低、知识水平低、思想水平低、控制力弱的一方具有较强的建构力；在群体互动中，构成建构力的因素除了社会地位、知识与思想水平、控制力等因素外，群体角色、对群体的贡献、对群体的忠诚等因素也是不可忽视的因素。在家庭中，父母对孩子的影响具有首因效应；在学校，任课教师、班主任对学生的心理构建具有权威效应；在社团中，社团的领头人、热心人对成员的心理构建具有归属感效应；在工作组织，组织领导对下属的心理构建具有强迫效应。

在社会心理互动中，由于一般个体都变成“无名氏”，个人资质无从了解与确认，于是，标签化的各种社会身份变得十分重要，如官衔、职称、学历等，最具广泛认可度的身份标签就是“名人”（包括明星）。所谓“名人”是那些被广为流传的、有较高美誉度的名字，他们可以是历史名人，也可以是时下健在的名人。传统意义上的名人，往往是因其对人类卓越的贡献、拔群的才华、高尚的德性而成其美名；而当下对名人的鉴定似乎简单了许多，被誉为“名人”的人未必做出了骄人的成绩，也不一定具有崇高的道德，似乎只要被很多人知道的名字，都是名人。大众传播的繁荣，特别是网络的发达，使人类进入“草根英雄”或“平民英雄”辈出的时代。时下名人也成为一种流行，成名快，有的一夜成名，但被人遗忘得也快。时下名人包含着太多的策划或表演，一旦卸妆，公众可能大失所望。名人，是对社会心理具有很强建构力的个人或群体，今日名人虽不像以往名人那样非凡、高大、历久弥新，但因其数量多、多元化、平民化、个性化等特征，对公众特别是青年一代的心理构建力还是不容小觑的。大众传媒不仅为公众的心理互动提供平台，其本身也是社会心理的构建力量。大众传媒通过议程设置、行为示范、制造名人、舆论引导等方式，垄断人们对社会的认知、使某种意见成为优势意见，从而左右公众的心理走向，包括价值取向、态度、情感等。

（三）心理建构的方法

“十二五”规划纲要明确提出要培育和引导社会心态，“弘扬科学精神，加强人文关怀，注重心理辅导，培育奋发进取、理性平和、开放包容的社会心态。”，把“培育社会心态”写进五年规划，这还是首次。那么，如何培育或构建社会心态呢？

心理构建的目的是削弱或消除心理中的消极因素、维护与强化心理中的健康因素，使人们的心理保持在平衡、和谐、健康、积极的状态中，愉快地、充满活力地生活与工作。因此，心理构建有两个任务，一是削弱或消除消极的心理因素，二是寻找、培养并强化积极的心理因素。这两个任务是密不可分的，是相互配合的。

1. 心理疏导

心理疏导是心理学中针对心理问题、心理疾病进行心理咨询、心理治疗的总称。心理疏导是指“通过解释说明、同情、支持和相互之间的理解，运用语言或非语言的沟通方式来影响对方的心理状态，改善或改变心理问题人群的认知、信念、情感、态度和行为等，以达到降低或解决不良心理状态的目的行为。”①

中国改革开放30年，在经济取得辉煌成就的同时，由于在经济发展模式、分配制度、政治体制等方面存在的问题，出现了贫富悬殊、道德滑坡、信仰危机等社会问题，整个社会心态出现了失衡倾向。从风险社会的角度看，随着我国人均GDP超过1000美元，当代中国社会已进入国际公认的高风险时期，主要表现在社会心理失衡现象比较严重。心理失衡是社会公众的心理预期和对社会现实的感觉存在反差的一种心理表现。“当多数社会成员的心理期望与其经历的实际情况和直接感受基本吻合、心理发展态势比较稳定的时候，社会心理就呈现出相对平稳和谐的状况；反之，当一定数量的社会成员的心理期望与其所处的客观环境和直接感受出现较大反差并超过其心理承受能力的时候，便会出现一定程度的社会心理失衡”②。

①解丽君、郝学武、韩忠治、王岩：《运用心理疏导方法增强高校思想政治工作的实效性》，《学校党建与思想教育》2010年第4期。

②黄奕柱：《转型期社会心理失衡及其矫正排解》，《厦门理工学院学报》2007年第2期。

心理失衡会导致一些不良的心态。有学者总结当下中国八种不良的社会心态：浮躁、喧嚣、忽悠、炒作、炫富、装穷、暴戾、冷漠（夏学銮，2011）；也有学者认为，价值迷失、道德失范、理想幻灭为主要表现的信仰危机和以怀疑、冷漠、欺诈为主要表现的信任危机是社会心理失衡的集中体现。

对这些不良的社会心态要进行疏导。心理疏导可分为两种：医疗情境的心理疏导和非医疗情境的心理疏导。医疗情境心理疏导，即由医疗机构的专业心理医生对有心理障碍的个人或集体进行心理咨询与治疗。这种疏导方式效果有保证，但受心理医生数量的限制，惠及人数有限。据估计，我国受到天灾人祸影响的人次每年平均有2亿，而目前我国精神心理医生加起来还不到2万人。如果单按照5亿的城镇人口数来计算，中国的心理咨询师尚有47.6万的缺口。非医疗情境心理辅导，是指能发挥心理疏导功能的社会制度体系，如公平、合理的社会制度，以伸张正义、鼓励正气为核心的精神文明建设，畅通的自下而上的意见通道、情绪发泄渠道以及媒体抚慰、说服、引导功能的发挥等。

精神分析论的疏导。按照精神分析理论，人的心理问题或心理失衡是因“压抑”引起的，如情绪的压抑、个性的压抑、发展的压抑等。压抑是一种主体感受，与这种感受相关的主要因素有压力感、安全感、信任感、认同感、成就感等。其中压力感与压抑应为正相关，即压力越大，压抑程度越高，反之，压力感越小或没有压力感，压抑程度越低或者没有压抑。其余皆为负相关，即安全感、信任感、认同感、成就感越强，压抑感应越小。要对社会心理问题进行疏导，就要弄清“压抑”的原因，然后对症下药。如，据《2011中国社会心态研究报告》报告：接近或超过一半的中国人对“物价上涨、收入低、买不起房、医疗支出大、子女教育经费高”等感到压力很大，特别是在“住房条件差，买不起房”“医疗支出大，难以承受”方面感到压力很大的达到71.7%。电视剧《蜗居》的热播、热议一方面证实了调查数据，另一方面也成为公众“房奴”心理的宣泄口。对物价、医疗、教育、就业等方面的负关注、调侃、批评甚至谩骂在很大程度上是这种压抑的释放。显然，这种社会心理任意的、放任的宣泄与释放是有破坏力的，必须加以引导与管理。比如，在日本、西方一些国家，公司、企业都很重视对员工的心理抚慰，在工作环境中设有减压室，室内设有供攻击之用的沙袋、画有老板头像的射击靶子等。

认知论的疏导。认知心理学认为，人的心理问题的根源在于认知，要纠正心理问题应从认知入手。认知疗法于20世纪60、70年代在美国产生。这种疗法的基本理念是“不合理的认知和信念引起不良的情绪和行为反应，只有通过疏导、辩论来改变和重建不合理的认知与信念，才能达到治疗目的。”① 认知疗法多种多样，但理念都是一样的，都是通过改变人的认知过程以及由这一过程产生的观念来改变其情绪与行为。认知疗法的实施有三个途径：一是对认知对象的介入，即控制人感知到什么，从而控制人的认知，如，传播学的议程设置论就是关于“不能影响人们怎么想，可以影响人们想什么”的大众传播效果理论，即通过大众传媒设置议题，影响受众的感知，最终达到影响受众的态度的效果。二是对认知过程的介入，认知过程包括注意的选择、记忆的选择、联想、想象、归纳、演绎、判断等，对认知对象的理解与解释，可以通过设置情景、

①许婵贞：《认知疗法的整合性发展》，《社会心理科学》2008年第5期。

改变认知对象的呈现方式（如文字、图片、音响等），通过讨论、对话，对认知过程加以有目的的影响；三是对错误的价值观、观念、概念进行纠正。

2. 强化积极心理

积极心理，指积极的情绪体验、对自我的满意感和自信感、对他人的信任感等。幸福感往往是积极心理的较为综合的指标。许多学者认为，良好的社会支持（友谊、婚姻、家庭）可以使个体获得比较高的主观幸福感。多参加社会活动、集体活动，也会增强幸福感。Fordyce 是最早用实证方法验证和发展建构积极心理方法的研究者之一，他将社区学院的学生进行随机分配，对实验组实施幸福策略指导（如保持忙碌、投入更多的时间参与社会活动等）。到学期末，实验组与对照组相比，感到更幸福，焦虑与抑郁则明显减少。一项网上实施积极干预的研究也是如此：对 471 名参与者实施五种干预：①“记录自己的美好时光”[①]，写一则自己最佳时的故事；②“三件好事”，即记录每天发生的三件好事，为时一周；③“感恩拜访”，写一封感谢信，并约见感激对象，然后亲自大声朗诵感谢信；④“认可你的力量”，通过测量，得知自己得分最高的性格力量；⑤“使用你的力量”，通过测量得知自己得分最高的性格力量，并在一周之内，每天用一种新方法使用一种性格力量。研究结果表明，参与者的幸福感较刚参加时有明显提高。[②]

有关积极心理建构的研究还处在探索中，已有的研究为我们建构与强化积极心理提供了重要的启示。人际关系、团体生

①江雪华、申荷永：《积极心理学在心理评估与干预中的运用》，《中国临床心理学杂志》2007 年第 1 期。

②江雪华、申荷永：《积极心理学在心理评估与干预中的运用》，《中国临床心理学杂志》2007 年第 1 期。

活的改善以及对自己生活和社会生活的积极关注是积极心理干预与强化的基本方面。网络空间存在的虚拟人际关系、虚拟社区对个体的影响实实在在地存在，网络虚拟人际关系、网络虚拟社区的现状及其对网民的影响，如何改善网络生态，如何建构强化网民的积极心理，都是值得研究的重要课题。

第二节　心理失衡与网络舆论

心理失衡是由个体的愿望、需求得不到满足或遭到失败或挫折时产生的一种心理不平衡状态，可表现为情绪上的失望、不满、情绪低落、自卑、冷漠或愤怒等，也可表现为行为上的消极、懈怠、攻击等。这种心理失衡，是由环境因素与心理因素的相互作用产生的。具有共同遭遇的人，有的人容易产生心理失衡，而有的人则不易产生心理失衡，原因在于个性差异；同一个人，由于所处环境的变化，心态也随之变化，可能由失衡变为平衡，也可能由平衡变为失衡。网络作为现实生活的一种延伸或补充的拟态交往空间，是心理失衡的调节器，还是强化了人们的心理失衡，是很值得研究的问题。

一、社会心理失衡的表现

中国自上世纪70年代、80年代初直至现在的改革是以经济改革为中心、并已经取得了巨大经济成就的改革，中国于2010年第一次超过日本成为世界第二大经济体，人们的物质生活水平有了普遍的提高。但是，改革与社会发展的不平衡性，各种社会问题与社会矛盾日益凸显。由于政治体制改革的滞后，官僚主义、形式主义特别是官员腐败问题严重；在经济体制改革中，没有处理好效益与公平的平衡，致使出现贫富差距过大甚至贫富悬殊的情况；在集中精力从事经济建设的同时，忽视了精神文明的建设，导致大多数人价值体系混乱、信仰危机，拜金主义、享乐主义、个人主义大行其道，道德滑坡。

社会发展的不均衡以及由此产生的不公平问题是公众心理失衡的现实基础，经过个体心理对不公平现实的内化、群体内部以及群体之间不平衡心理的沟通与共鸣、意见领袖或媒体的渲染或突出，个体的不平衡心理很容易被强化并形成相应的社会心理。这种失衡的社会心理不断在舆论中得以表现，或者说这种社会心理不断酿成相应的社会舆论，而这种社会心理往往在这种社会舆论中得以扩展与强化。社会失衡心理主要表现为以下三个方面：

（一）不公平感

社会不公平感是一种主观感受，它是人们对于社会现实中社会不平等状态和自己在社会不平等状态中位置的评价和主观判断。社会不公平感已经发展成为我国当前最严重的社会心理问题①。近年来一些对中国公众“不公平感”的调查研究发现，造成我国公众严重不公平感的社会因素包括：普通百姓看不起大病重病、贫富差距拉大、普通百姓买不起房、官员贪污腐败现象、特殊行业的垄断竞争优势、岗位竞争中的不正之风、高校毕业生就业难，行业间福利待遇、发展机会差距大，城乡或地区间医疗条件差距大、一些地区居民生活环境污染严重（薛洁，2007）。不公平感分为两个层次，即个人层次和社会层次的社会不公平感。个人层次的不公平感，是指个人对于自己在社会不平等中位置的评价和主观判断；社会层次的不公

①王甫勤：《转型期社会不公平感的产生与调适》，《西安电子科技大学学报（社会科学版）》2007 年第 5 期。

平感是个人对于整体社会不平等状况的评价和主观判断。这两个层次的不公平感是相互联系的。无论哪个层次的不公平感，都会使人产生不舒服、压抑的情绪，“容易导致个人对整个组织分配体制的抵触和排斥，还可能导致个人的自我否定。”[①]严重者，还可导致攻击、复仇、暴乱等。

一些调查还表明，当前中国公众的这种“不公平感”在一定程度上呈现被夸大的趋向。一项问卷调查显示，认为自己是“弱势群体”的党政干部受访者达45.1%，公司白领受访者达57.8%，知识分子受访者达55.4%；而网络调查显示，认为自己是“弱势群体”的高达七成[②]。由于收入水平差距过大，甚至出现贫富悬殊的局面，致使多数人产生了不公平感。每当有媒体和机构公布一些收入指标（如人均收入、中产收入标准）等，在网上都会引发嘘声一片，都说自己给人民“拉后腿”了。“仇富心理”“仇官心理”正是这种不平衡心理被放大的集中体现。

（二）社会信任危机

信任，是一种对交往对象（个人或组织）能否恪守社会规范所持的确定无疑的态度。信任是人类文明大厦的基石，具有多层面的社会功能，它对人类社会生活而言具有不可或缺性。信任，常常被称为社会生活的润滑剂，社会组织的黏合剂，社会凝聚力的基础以及社会系统的动力。信任能够使人获得安全感，提高人们生活的幸福指数。能够被他人信任，也是自我实现的一种方式。

---

①王甫勤：《转型期社会不公平感的产生与调适》，《西安电子科技大学学报（社会科学版）》2007年第5期。

②《观点1+1《你认为自己是“弱势群体”吗?》，http：//opinion. people. com. cn/GB/13409482. html 人民网 2012－12－06。

然而，“社会信任危机”已经成为近年来中国社会的突出问题之一。2011 年，中国人民大学中国调查与数据中心、首都经济贸易大学统计学院和中央财经大学统计学院联合发起关于社会信任问题的大陆消费者民意调查，调查显示，中国社会的信任危机凸显，其中人与人之间的不信任现象最为突出。调查结果显示，19.9%的受访者认为现在社会人与人之间的信任度很低，28.7%的受访者则认为信任度较低，43.3%的受访者对信任度的评价是中等水平，仅 7.2%的受访民众认为信任度较高，有 0.9%的受访者认为信任度很高。[①] 中国社会的信任危机从宏观的政府信任、制度信任以及对专家、证书、货币等系统的信任，到微观的消费信任与人际信任，几乎席卷到社会生活的所有方面。（朱虹，2011）社会信任危机对我国的经济发展、政治稳定和社会安全造成严重的威胁。如，2008 年“三鹿奶粉”事件发生之后，人们由于不信任国产奶粉，纷纷转向购买国外奶粉，使得我国整个奶粉行业陷入了萧条；2006 年，南京“彭宇案”发生后，人际信任骤然恶化，“老人跌倒，众人观望，无人问津”的事连连见诸报端，“老人摔倒无人扶直至身亡”的消息也不乏其例，看后令人扼腕；“郭美美事件”后，公众对红十字会从愤怒、怀疑到抛弃，甚至对所有公益机构和公益行为都抱有怀疑或保留态度。因受“郭美美事件”的影响，2011 年全国接收国内外社会各界的款物捐赠总额约为 845 亿元，较 2010 年下降 18.1%，而红十字会接收社会捐赠同比减少了 59.39%[②]。

①刘慧：《中国社会信任危机凸显》，《中国经济时报》2011 年 10 月 28 日第 02 版。
②《2011 年红十字会接收社会捐赠同比减少近六成》，《法制晚报》2012 年 06 月 28 日。

《值得关注的八种不良的社会心态》（夏学銮，2011）一文总结了当前中国社会的八种不良心态，这些心态可以说都是以上这两种失衡心理的具体表现：

1. 浮躁。浮躁即轻浮急躁、心浮气躁、飘浮躁动。浮躁的人往往不愿深入思考问题的本质或原因，放弃了价值判断、放弃了思考本身甚至放弃了基本的感情冲动。

2. 喧嚣。喧嚣是浮躁的发酵物，是浮躁心态的行为表现。如果说浮躁心态使得转型期的社会变得干瘪、缺乏思想内涵的话，那么喧嚣倾向则使之更加疯狂。

3. 忽悠。在当前中国文化娱乐生活中，“忽悠”似乎变成了动词，指用云山雾罩、貌似有理的话把人侃晕、从而达到使人受骗上当目的的一种骗术。可悲的是，忽悠心态已从娱乐舞台转向现实生活，毒化了社会风气和心理文化氛围。

4. 炒作。炒作原本是中医的一种制药方法，在今日的娱乐舞台上，它变成了“宣传”、“包装”和“推销”行为的总和。炒作是“忽悠”的高级发展，虽然炒作中包含着忽悠，但是炒作比忽悠带有更强烈的行为意向性和行为导向性。炒作的目的就是为了引起社会的注意。有人以自毁形象的方式炒作，就是为了抗议社会的忽略，即使引起社会否定性的注意也在所不辞。

5. 炫富。炫富即炫耀、夸耀财富或富有。炫富是浮躁、喧嚣、忽悠、炒作心态的必然结果，是一种非理性的飘浮躁动，是一种用行动表达出来的喧嚣，是大写的忽悠和疯狂的炒作。

6. 装穷。装穷是炫富的反面，是否定形式的炫富。装穷是富人的一种相对弱势心态，目的或为免担社会责任，或为向别人借钱。

7. 暴戾。暴戾即粗暴乖张。暴戾心态可以为社会上日益增多的他杀、甚至灭门案件提供说明。

8. 冷漠。冷漠是当前最可怕的社会心态，其结果就是麻木，麻木是冷漠的孪生兄弟，麻木就是对他人痛苦失去敏感性的反应能力，就是无动于衷，当人们需要正义行动却无动于衷的时候，冷漠就变成了麻木。

二、不良社会心态在网络舆论中的表现

舆论是社会心态的集中反映，舆论的状貌与走向受到社会心理的影响与制约。网络舆论在很大程度上能够发挥伸张正义、主持公道、舆论监督的作用，但有时网络舆论事件也成为一些人发泄、围观、攻击甚至施暴的机会或场所。

（一）道德评价的泛滥与浮躁心理

道德与道德评价是舆论的重要内容，道德也在很大程度上依赖于舆论。人不仅生活在自然环境中，更重要的是生活在观念的世界中。人不仅生产观念，更重要的是运用观念对世界进行评价。舆论，正是个体评价借助社会平台得以社会化的结果。评价，“是人类把握客体对人的意义、价值的一种观念性活动。”[①] 评价，即主体对客体的价值判断。在现实生活中，评价活动有多种，主要有道德评价、审美评价、功利评价等。道德评价被视为最具神圣性的评价领域。道德评价，即以道德规范或道德准则对人的行为进行善与恶的评价。道德评价类型主要有：（1）事物、现象或对象在道德上是善还是恶；（2）人的行为在道德上是否正当；（3）社会制度安排在道德上是否正当；（4）人的德性或品德如何[②]。

①冯平著：《评价论》，东方出版社1997年3月出版，第1页。

②马永翔：《我们应该如何进行道德评价》，《学习月刊》2008年第8期。

无论哪种道德评价，都应做到合理。道德评价合理性要求是：区分道德评价与非道德评价；道德评价以事实评价为前提；明确道德立场。所谓区分道德评价与非道德评价，即“在进行道德评价时，应明辨我们的评价立场是道德性质的，还是非道德性质的，同时应确保我们站在道德的立场上进行道德评价，而不能从非道德的立场来做道德评价。”① 在这一点上，网络舆论容易出现的问题往往是对一些非属道德问题的行为盲目地进行道德评价、道德谴责；所谓道德评价应以事实判断为前提，即在进行道德评价之前，必须对事实的“是”与“不是”进行辨别与判断，否则，就不能得出合理的道德判断。在这一点上，网络舆论容易出现的问题往往是：多数网民不问青红皂白、并未弄清事实真相甚至在臆断事实的基础上，对当事人做出了并不恰当的道德评价。所谓明确道德立场，是指依据事实或行为道德的性质所采取道德评价的出发点或立足点，如道义论立场、职责论（职业道德）立场、自由论立场、圣贤论立场等。在这一点上，网络舆论容易出现的问题往往是广大网民道德立场模糊，从多种道德立场进行道德评价，致使各种评价出现矛盾、冲突，莫衷一是。

网络舆论中道德评价的泛滥，是一些网民“浮躁”心态的反应：不愿对事实真伪进行缜密的调查与分析，凭着自己的直觉、经验便做结论；没有耐心对道德作层次、范畴的区分，自以为是；挥舞道德大棒，动辄进行道德审判。

（二）网络围观与看客心理

围观，本是日常生活中一种群聚现象，即在一些公共场所（街头巷尾、餐厅酒吧、娱乐场所、学校等）众人自发地聚

①马永翔：《我们应该如何进行道德评价》，《学习月刊》2008 年第 8 期。

集、观望、议论特定的对象（人、物或事件）。围观的人一般为“乌合之众”，即由无组织的甚至是不相识的人构成。围观，构成临时舆论场，对被围观对象产生无形的控制与影响。“网络围观”则是指广大网民通过互联网、利用网络手段即点击、发帖、转帖等对特定信息所形成的网络聚集现象。2011年中国青年报社会调查中心对1758人进行的一项在线调查显示，84.7%的受访者确认现在“网络围观”现象很普遍①。

自“网络围观”流行以来，社会上对其利弊的争论就没有停止过。支持者认为，“网络围观”是民意的体现，能形成巨大的舆论监督力量，甚至有人称“围观改变中国”；反对者则担心，“网络围观”可能成为散播虚假信息与不良情绪的平台，过度围观可能对当事人造成伤害，一些“网络围观者”还容易被“网络水军”利用。在2011年中国青年报社会调查中心对1758人进行的在线调查中，被调查者对“网络围观”的正负作用给予了大致相当的认可：28.3%的人认为“网络围观”利大于弊，21.7%的人认为弊大于利，25.0%的人觉得利弊相当，另有24.9%的人表示“不好说”。的确，从众多的“网络围观事件”来看，一方面，网络围观可以促使被围观对象朝着积极的方面发展，但另一方面，也可能由于围观者的冷漠态度或冲动的言行，对被围观者乃至对社会产生不良的影响。

不久前发生的一起众网民围观“网友直播自杀”事件可谓令人胆寒：2012年10月4日晚21：19分天涯深圳论坛版网友“祭奠逝去的嗳”发出一条“活着好累，直播死亡”的帖子，立即引起网友们的围观。有好言相劝的，但也有“极少

①向楠：《民调：84.7%受访者确认“网络围观”现象普遍》，《中国青年报》2011年5月26日。

数人怀着一种看客的心理不怕把事闹大，一再极力怂恿刺激发帖者抓紧时间自杀，如若不挂掉就没脸活着就更没脸呆在深圳滚出深圳，你死呀赶紧死呀，怎么还没死呀等等迫不及待等待他死亡消息的跟帖。”① 发帖者在最初的几个跟帖里还与网友互动，大约在40分钟后的10点留下自己深圳竹子林某小区的具体地址，也没人去报警，直到1小时后版主上线发现后才报了警，但发帖者已经自杀身亡。

网络围观者最普遍的心理莫过于“看客心理”。看客心理，即以置身事外、事不关己高高挂起的心态观看身边的人与事。面对善举义行，无动于衷；遇见恶人恶事，麻木不仁。更有甚者，竟可以把别人的痛苦当作快乐。看客心理实质上就是“冷漠”。网络围观者的“冷漠”是社会冷漠心理的延伸，而网络的匿名性、虚拟性，又使得“冷漠”心理加剧。网络围观中的看客心理与现实生活中的看客心理有所不同，除了“冷漠心理”加剧，还增添了“宣泄心理”。有时，一些网络看客，时而冷漠，时而疯狂——借围观而宣泄。中国科学院研究生院信息科学与工程学院教授朱挺劭认为，当前许多“网络围观爱好者”将“围观”视为一种宣泄对现实世界不满的途径。“稍加分析就不难发现，现在能引起大范围‘围观’的，基本都是一些与社会不公、贫富差距、官员腐败等主题相关的事件。可见，大多数‘网络围观者’指向的，其实都是自己在现实生活中的遭遇，希望通过‘围观’发泄自己的不满情绪。”②

①彩云飞：《围观网友直播自杀事件：网络可救人也可杀人》，天涯杂谈 2012－10－71：00：00。

②向楠：《民调：84.7%受访者确认“网络围观”现象普遍》，《中国青年报》2011年5月26日。

（三）网络舆论的负面偏向与弱势心理

舆论有“正面舆论与负面舆论”之分。所谓“正面舆论”即对社会抱有积极、肯定态度的舆论，而“负面舆论”则是指对社会抱有消极、否定态度的舆论。中国网络舆论自1998年发端至今，随着网络的迅速发展和网民数量的快速增长，网络舆论已经成为影响中国社会舆论的格局、走向，影响政府决策的重要政治力量。网络舆论在表达民意、伸张正义、反对腐败、促进民主等方面发挥了积极而重要的作用。网络舆论中不乏正面舆论，特别是在涉及国家利益、民族尊严等重大事件和在重大自然灾害面前，网络舆论能够迅速激发出众志成城、守望相助、同仇敌忾、共御外侮的舆论声势和爱国热情，集聚与传播着巨大的“正能量”。但是，从总体来看，网络舆论中的负面舆论比较多，负面舆论强度也相对较大，“网上各种舆论交锋，常常是负面舆论压倒正面舆论”①，有学者认为中国网络舆论存在着负面偏向，即“网络舆论多数指向社会负面甚至夸大负面的倾向”②。负面舆论过多、过强，对社会稳定、国家的凝聚力、社会风气都会产生极为不利的影响。

2010年，美国尼尔森发布了一份网民的用户习惯报告，报告称在整个亚太地区，中国网民最喜欢发布负面产品评论，约有62%的中国网民表示，他们更愿意分享负面评论，而全球网民的这一比例则为41%③。《中国青年报》社会调查中心

---

①柯缇祖：《〈求是〉：中国网络舆论呈现负面非理性等特点》，http://www.chinanews.com/it/2011/09-02/3301258.shtml 中国新闻网 2011-09-02。

②曹茹、白树亮：《试论现阶段我国网络舆论的特点》，《河北大学学报》2008年第2期。

③肖舒楠：《调查显示：超过六成的中国网民更愿分享负面评论》，http://news.xinhuanet.com/society/2010-08/03/c_12402230.htm 新华网 2010-08-03。

的调查显示，对于尼尔森这一调查结果，41.3%的中国网民明确“认同”，41.9%的网友认为批评性言论更有价值。的确，分享负面的心态，是当前国人最重要的心态之一。那么，是什么导致网民的这种“负面偏向”呢？“公共信息的透明度太低”、“转型时期的社会矛盾、冲突比较尖锐，民众急需找一个发泄口”、“爱之深，恨之切，良药苦口”等都是其中的原因，但主要原因恐怕还是业已蔓延成社会心态的“弱势心理”。“弱势心理”本是弱势群体具有的群体心理，也就是说，弱势心理的“主体”应该是社会中的弱势群体而不属于非弱势群体。但是，由于种种原因这种心理在目前的中国社会中却蔓延甚广。2010年11月由《人民论坛》杂志组织的“我们成了‘弱势群体’吗?”的调查显示：受访者中自认为属于弱势群体的达50%，其中党政干部受访者达45%，公司白领受访者达57.8%，知识分子受访者达55.4%。而网络调查中，认为自己“弱势”的民众则高达70%。

“弱势群体”是指“那些依靠自身力量或能力无法保持个人及其家庭成员最基本的生活水准，需要国家和社会给予支持和帮助的社会群体”①，按照国家统计局的相关数据，即使是上调后的现行国家贫困线标准，即人均年平均纯收入1500元，目前只有近1亿人在列，按照联合国的标准，这一数据约为1.5亿左右。不管采取哪种标准，与贫困人口画上等号的弱势群体在国家总人口中的比例的上限也只在11%左右。有研究认为收入差距的相对剥夺感、社会比较中的不公平感、面对权力寻租的无助感、社会保障乏力的不安全感、梦想与现实巨大

①赵中源：《弱势心理蔓延：社会管理创新需要面对的新课题》，《马克思主义与现实》2011年第5期。

落差的失落感是造成弱势心理蔓延的主要原因。（赵中源，2011）

弱势心理最典型的特征就是消极心理，包括消极——依赖型、消极——不满型、消极——抵抗型和消极——侵犯型；弱势心理还具有敏感性、脆弱性、动荡性、仇富心理和被剥夺感强烈等特征①。从社会认同的角度看，当人们不能从正面获得社会认同，如收入与付出相匹配、应得的社会尊重、正当合法的权利保障等，便会趋向从反面求得社会认同。比如，在学校中一些学习成绩不优秀的学生，很少能够得到家长、老师的表扬，他们中的某些人可能选择发奋学习获得好成绩以争得表扬或尊重，另一些（可能是多数）则以不合作的、违反学校纪律或社会规范的言行招摇过市，其心理是复杂的，如表达不满、反抗等，一个普遍心理就是通过这样的超常行为引起人们的关注甚至喝彩，从而获得一种满足感。网民在网络舆论中表现出的“负面偏向”也是如此。一些网民比较关注负面消息、喜欢分享负面观点，有发泄不满的情绪的目的，也有获取认同的动机。但是，无论这种“负面偏向”基于何种心理，“负面偏向”付诸舆论表达，总是弊大于利。如何纠正网民的“负面偏向”是一个急需研究与解决的重要问题。

第三节　网络舆论引导的心理策略

舆论，是各种意见碰撞交锋的过程，是由分歧、争议最终达成某种共识的过程；舆论，也从来都是各种社会力量为了各

---

①参见张居永、陈烯：《近五年来我国弱势群体心理问题研究述评》，《资料通讯》2007年第6期。

自的利益相互博弈的过程。舆论，有时因为信息的缺乏或信息的不对称，或者因为真相不明，一时陷入迷茫，表现为谣言四起、莫衷一是；舆论，有时因为一些人或组织的误导，一时误入歧途，表现为是非混淆、良莠不分。网络作为最具自由性、平等性、批判性的社会平台，在理论上很接近哈贝马斯所提出的产生“真正”公共舆论的“公共领域”，但从实践来看，网络舆论距离“真正的舆论”还相去较远。特别是网络舆论存在的非理性问题比较突出，如语言暴力、谣言、恶搞等，“网络水军”也在一定程度上左右网络舆论。因此，网络舆论需要社会公共力量特别是政府和主流媒体给予适当的引导。

一、网络舆论引导者的正确心态

各级政府与主流媒体是网络舆论引导的主要力量，对网络舆论进行正确引导，也是政府和主流媒体不可推卸的责任。引导舆论不是压制舆论，更不是消除舆论。引导舆论的实质是为舆论的传播创造宽松、健康的环境，对舆论形成过程中出现的非理性倾向通过各种渠道予以纠正，使网络舆论发挥舆论监督、伸张正义、凝聚民心、提振精神的作用。网络舆论引导者要达到正确引导网络舆论的目的，必须首先对网络舆论抱有正确的心态。

（一）政府及政府官员面对网络舆论的心态

首先，正确认识与包容网络舆论。网络不同于任何传统媒体，它被称为“草根媒体”，即老百姓的媒体。实际上，网络的特点决定了网络舆论与生活中的“街谈巷议”没有本质的区别，只不过网络中的“街谈巷议”传播得快、影响面大，甚至具有蝴蝶效应。“街谈巷议”就是七嘴八舌，公说公有理，婆说婆有理；多元性，也正是网络舆论的特点与优势。网络舆论不仅意见多元，有些意见的表达往往犀利、尖锐、不留情面，很多意见都指向政府及其官员，听起来比较刺耳。一些官员直到现在对网络舆论还心存芥蒂，甚至有较强的抵触情绪。对网上这些“刺耳的声音”缺乏包容的心态，要么以“吃饱了撑的，胡说八道”为由捂上耳朵不听，要么利用手中的权力发淫威，删帖、封贴。

当然，也不能否认有些网络舆论存在一定的偏颇、过激的言论，在网络舆论传播的过程中还时常夹杂着流言蜚语甚至谣言，但是，必须要看到网络舆论的主流是好的，网络舆论总体上是反映民意的，它反映着民心向背；网络舆论尽管本身存在种种不足，但它却可以成为社会丑恶（违法乱纪、道德沦丧、不正之风等）的清洗剂，是推动社会进步的重要力量。特别是对于政府和政府官员来说，它是法律系统之外的监控器，这个监控器只能是有利于党和政府机体的健康。这个监视器，对那些腐败分子就是“照妖镜”，近年来有多少贪官污吏在网上原形毕露、被绳之以法？诸如“表哥”“领带哥”“房婶”“房姐”“房妹”等恐怕是不计其数。而对于那些“好官”网络舆论则是“保护神”。2007 年 12 月 25 日，陕西省绥德县职业中学校长高勇为落实国家对贫困生补助款去找县长崔博签字，却赶上县长要去参加重要会议，心急的校长追着县长两次打开车门要求签了字再走。为此，绥德县教育局决定让校长停职检查，公安局对其做出了行政拘留七天暂缓处理的处罚决定。县教育局和公安局对校长的这种做法在网上曝光后引起网民一片讨伐声，在全国酿成轩然大波。网上的“大民主”起了作用：新华网 1 月 6 日报道，绥德县职中校长高勇和县长于 1 月 5 日互致歉意；绥德县公安局和教育局已分别撤销了先前对高勇作出的拘留决定和停职处分。1 月 5 日，榆林市委书记周一波看望了职中校长高勇。

网络舆论如涌动的潮水，堵是徒劳的，只有顺势而动。中国互联网舆论平台已经十分发达，几乎每个网站都有论坛/BBS，约有130万个，全球第一[①]，热门论坛上的帖子和跟帖每天有几十万，甚至几百万，如何一一审查、删除？微博作为新的舆论平台用户已达3.09亿，手机网络用户达4.2亿[②]，如何对每一个用户、每一条信息进行监察？

舆论的声音潮水般地涌入现实社会，也浸润着、改变着现实社会。因此，政府和政府官员对网络舆论首先应抱有宽容的心态。对网络舆论的包容，就是静下心来认真听包括那些“骂的声音”，真正做到“有则改之，无则加勉”。许多矛盾、问题正是因为缺乏包容心态，对网络舆论置若罔闻，最后酿成了影响甚广的群体事件。作为党政部门特别是领导干部，要认清网络媒体的特点和网络舆论的特点，更要充分认识到网络舆论的积极作用。网络舆论从根本上来说，是民意的反映，不能因为网络舆论中存在着这样或那样的问题，就全面否定网络舆论。

其次，要抱有坦诚的心态。有些官员对网络舆论存有一定程度的恐惧心理，因此，面对网民旨在了解真相的疑问、质询往往不是抱着开诚布公的态度，有一说一，有二说二，而是避实就虚或三缄其口，极力回避问题、掩盖真相，以为只要不公开、不引发舆论关注，就是安全的，而结果往往是适得其反。很多舆论事件之所以闹得沸沸扬扬，有关部门不能以诚相待、不能及时公布相关信息或不能公布真实信息是重要的原因之

①据《中国社会科学院首次出炉的中国互联网舆情分析报告》（2008年数据）。

②据中国互联网信息中心《第31次中国互联网络发展状况统计报告》。

一。坦诚面对网络舆论，就是站在党和人民利益的立场上，把网络舆论看作是检查政府工作、改善政府工作的机制，把如实公布相关情况、对舆论作出及时反应看作是政府的职责，并真正做到有则改之、无则加勉。如何坦诚？请看下例：

例 7－1 2009 年 2 月 8 日，因盗伐树木被拘押的 24 岁男子李乔明在晋宁县看守所死亡。警方称李乔明是跟同监室的狱友玩“躲猫猫”游戏时，不小心撞到墙壁致死。警方的说法遭到网友普遍质疑。为了平息舆论，取信民众，省委宣传部副部长伍皓出面邀请网友代表组成调查团亲赴现场实地调查。2 月 21 日，“躲猫猫”事件调查报告被发布到网络上，内容详尽记录了“网民调查团”在 10 多个小时里所听到、看到的情况，但没有作出明确的结论。2 月 27 日，云南省政府新闻办召开新闻发布会，公布“躲猫猫”事件司法调查结果：死者李乔明在晋宁看守所遭到同监室牢头狱霸以“躲猫猫”为借口进行施虐和体罚导致死亡。

例 7－2 2010 年年初，一则关于“湖南省委干部要横砸店打人”的帖文在国内网络论坛上广泛流传，帖文称湖南某厅级高官撞坏了别人的车子，还动手打人扬言砸店。很多网民义愤填膺，骂声一片，舆论呈现一边倒的趋势。当记者与湖南宣传部门取得联系以后，当地积极协助记者采访，最后查清事实真相并非网民所言，新闻发出去以后，网络上的各种谣言立即就得到了平息。①

例 7－3 郑州市城市规划局副局长在接受媒体记者采访时态度恶劣，要求检查记者的采访设备，并拔掉了采访机的话

①余宽宏：《地方政府该如何应对网络舆论》，http://www.cnhubei.com 荆楚网 2010－05－13。

筒。当记者要求他对出具的信访处理意见进行解释时，逯军却向记者反问道："你是准备替党说话，还是准备替老百姓说话?"顿时，在网上激起千层浪。值得庆幸的是，当地政府采用了低调而简洁的处理手法，将逯军停职调查，果断切割，而不是像另一些地方政府遇事总要下意识地为自己的官员辩白修饰。这就避免了"越抹越黑"的被动循环，同时又有效地减弱了负面影响。网民的关注点也逐渐由这句话转变到违规建别墅这一事件本身。

启动公民参与机制、让网友参与相关事件的调查和处理，可以说是"躲猫猫"事件中由云南省宣传部开创的"最坦诚"的方式；积极配合媒体和记者弄清事实真相，是最简便的坦诚方式；快刀斩乱麻、低调说高调做是一种重在实效的坦诚。

第三，对网络舆论要抱有主动的心态。对网络舆论抱有否定、对立心态的官员可能是极少数，但对网络舆论抱有被动心态的官员却可能不在少数。所谓被动心态，即对网络舆论疲于应付，甚至被网络舆论牵着鼻子走。一些领导干部不愿意上网，对"网人、网事、网论"抱有"鸵鸟心态"，认为眼不见为净，与网络舆论处于隔绝状态。有些问题、事件已经在网上议论纷纷甚至舆论沸腾，而有关部分的领导却还闭目塞听，不闻不问，以至事态扩大，造成极坏的影响，小事弄成了大事。对网络舆论不仅要有包容的心态，更要抱以主动的心态，即研究网络舆论、辨别网络舆论、积极应对网络舆论。那么，怎样才是主动心态呢？见下例：

例 7－4　早在 2003 年，新华网就报道过胡锦涛、温家宝等国家领导人在百忙之中总会挤出时间上网了解民情。十六届六中全会通过的中共中央关于和谐社会建设的文件提出：通过因特网，拓宽社情民意表达渠道，搭建快速广泛的沟通平台，政府建立社会舆情汇集和分析机制，引导社会热点、疏导公众情绪、搞好舆论监督。

胡主席先后视察东方网、中国军网，审定过人民网的“强国论坛”网友管理条例。2003年，在视察广东时，他对一位参与“非典”防治工作的医生说：“你的建议非常好，我在网上已经看到了。”

2004年11月，温总理依据因特网信息，对建筑商拖欠农民工的工资问题作出批示，表明社会弱势群体的疾苦和呼声通过因特网得到政府高度重视。

例7-5 2008年2月3日，当时的广东省委书记和省长联名在网站上发布了《致广东网民朋友的一封信》，新华社和《人民日报》向全国发布了这则消息，并公布了信的全文。信中高度评价网络和网民对广东的改革开放作出的积极贡献，谦虚地说“我们正在学习如何更好地使用互联网，也在学习如何与大家一起建设管理互联网”，并承诺“我们愿意成为大家的网友，求计问策，接受监督。对于共同关心的话题，我们愿意和大家一起‘灌水’；对于我们工作和决策中的不完善之处，我们也欢迎大家‘拍砖’。”①

例7-6 2010年2月3日，网上曝出重庆开县一农妇跪求保安欲进县政府被踢出的热帖，此帖配有三幅照片，分别表现了农妇跪在地上求保安进门，大楼人员进出楼门无动于衷的情景。这个事件一经发布迅速引起社会广泛关注。就在次日早上，开县县委县政府已经就此事给予高度关注，并组织专门人力处理这一问题。开县公安局治安大队正就其是否涉嫌人身伤害作深入调查。经过当地政府连夜深入调查探访，该事件调查

①据 http://www.southcn.com 南方网 2008-02-04。

工作现已全面结束，2 名涉事保安已被辞退。①

经常关注网络舆论、平等地与网民交流、闻过则喜、知错即改，这才是面对网络舆论应有的积极态度。

（二）媒体对网络舆论的心态

媒体，主要指报纸、广播电视、杂志等传统媒体。2009—2010 年，本书作者指导其研究生就“新闻记者对网络舆论的态度与行为反应”问题用问卷调查的方法进行了专题研究，调查范围为河北省地方党报的编辑、记者。态度，主要考察新闻记者对网络舆论的评价，包括对网络舆论的信任度、美誉度等；行为反应，主要考察新闻记者作为普通网民对网络舆论的参与以及作为新闻工作者对网络舆论的介入。调查结果表明：从整体来看，传统媒体的新闻记者对网络舆论的态度是比较积极的，但对网络舆论的参与和报道却是不积极的，或者说是消极被动的。具体来说：

首先，不完全的肯定与“老大”心态。传统媒体的记者对网络舆论的知晓度和关注度较高；认为网络舆论对社会的影响是积极的、不太同意“网络暴民”的说法、认同网络舆论的自由性等，但他们并不同意“网络舆论的影响力已经超过传统媒体”的说法，对“你是否同意网络舆论将推进我国民主进程”和“您是否同意网络舆论是政府决策的依据”的说法也抱有不太肯定的态度。这说明传统媒体的记者在肯定网络舆论积极作用的同时，认为网络舆论所能发挥的作用是有限的，或者可以说这也正是网络舆论不能超过传统媒体的原因所在。说明传统媒体的从业人员在网络面前还是固守着“老大思想”。

---

①据 http://news. sohu. com 搜狐网 2010－02－05。

其次，传统媒体记者以个人身份对网络舆论的参与程度较低。他们很少在论坛发帖、跟帖，在论坛中他们的角色定位是旁观者——“看看就行了”，对论坛中的热点话题能够做到比较关注和了解。原因可能在于时间问题，记者的本职工作都比较忙，没有更多的时间泡在网上；原因也可能是角色归属问题，一些记者可能会把网络归属于网民，而把自己归属于传统媒体。

第三，传统媒体记者对网络事件的报道率很低。尽管媒体记者认为“网民在网上披露的信息”基本可信，也认为这些信息也有报道的价值，他们也都表示网民对新闻报道的反响很重要，但是他们却很少对网上披露的消息加以报道。其中的原因，一方面客观条件不具备，如网上消息需要进一步核实但又难以采访；另一方面也有主观上的原因，怕惹是非。原《南方周末》调查记者傅剑锋结合自己的采写经历提出：“在微博时代，由于它强大的舆论场力量，可能正在使传统媒体的记者与编辑陷入这样的一种危险：对一条带有强烈社会情绪的新闻，立场变成了第一位，还原与调查事实反而降到次要位置。甚至可能还出现这样的情况，如果记者调查的事实与网络民意的想象有所不符，媒体甚至不一定敢发表这类新闻。因为强大的网络舆论压力，会使这家媒体、这个记者感到害怕。”的确，记者也是人，他们也要考虑规避风险。

总之，传统媒体记者尽管对网络舆论抱有积极肯定的态度，但却还是有不肯放下身段的“老大”心理；传统媒体记者尽管也很关注和了解网络舆论，却大有置身事外、隔岸观火的心理。这样的心态显然不利于媒体对网络舆论实行正确和有效的引导。这也就无怪乎出现这样的景象：网上热得发烫，可怎么就广播上无声、电视上没影、报纸上没字呢？近年来，传统媒体也积极地走媒介融合之路，国内的大小媒体几乎都上网了，在技术设备更新、经营管理、新闻采访、内容制作方面有了很多改变和创新，在一些大的舆论事件上，与网络互动，也形成了比较好的舆论引导效果。但是，在网络舆论面前，传统媒体处于被动的局面还并未从根本上改观。如何改变这种局面，首先应调整心态：既要看到网络舆论的强大作用，也要看到网络舆论的问题；放任网络舆论和回避网络舆论都是错误的；在对网络舆论进行甄别、分析、挖掘、批评中，可以实现对网络舆论的引导。

二、培养积极的网络心态

心态，是在特定时间、特定环境下的心理状态，是人在特定时间和环境里表现出的观念、情感与行为的总和。社会心态，则是在某一历史时期内社会上广泛形成和存在于各类社会群体内的观念、情感和行为的总和。网络心态是社会心态的延伸，但又不完全等同于社会心态，因为尽管人还是同一个人，“特定的环境”却变了。

尽管网络环境与真实的社会环境并非完全隔绝，但这的确是两个截然不同的环境。网络是信息数字化的虚拟世界，在网络中人变成了一个符号，人的行为简化为敲打键盘和移动鼠标；在网络里，人们都成了语言的“巨人”，不用顾忌自己是谁，也不用顾忌别人是谁；然而，在网络里，在不经意中却可能掀起轩然大波，就像一只蝴蝶轻轻扇动了一下翅膀，也可能引发山呼海啸。网络世界就是一个高度灵敏的神经系统，只要你进入其中，你就会被感知到；只要你给出超出寻常的刺激信号，你就会在较大的范围内被关注或围观、被议论或吐槽；当你一旦成为聚焦点，你便会在瞬间由一个抽象模糊的符号变成一个活灵活现的透明体。而当新的太阳升起，透明体们就像露珠一样破灭。但是，神经系统是有记忆功能的，被潜意识封存的记忆总是有机会被提到意识中。因此，网络空间是虚拟的，也是真实的；网络空间是自由的，也是不自由的；网络空间是个人化的，也是群体化或社会化的。当然，网络技术还在更新，网络规范与管理还在完善过程中，人们对网络的认识、使用也处在发展变化当中，网络心态也在建构、调整当中。所以，在改善网络环境的同时，积极引导与建构网络心态是必要的，也是可行的。

前文（本章第一节）已经对心理与心态的建构性以及心理或心态建构的方法进行了较详细的阐述，在此对“引导与建构网络心态”的可行性不作赘述。本章第一节也论述了目前我国网络心态出现的一些失衡现象，下文也将主要针对这些心态失衡现象论述对网络心态的引导与建构问题。

（一）引导网民正确认识网络

首先，网络的自由也是有限的。提到网络，很多人首先想到的恐怕就是“自由”，包括自由获取信息、自由地结交网友、自由发言等，似乎网络就是自由的代名词；与网络的自由性紧密相关的就是网络的个性化，一些网络平台如聊天室、社交网站、论坛、博客、微博等都是以个体为主体的，网民通过这些平台的确可以自由地展示自己的生活、好恶、个性等。带着自由、个性的概念，进入网络，在初始阶段绝大多数网民真可谓不知深浅：口无遮拦惹是非者有之；爆粗口触众怒者有之；晒隐私晒出官司者有之；自以为是而招拍砖者有之；稍有不慎言行失当遭围观者有之……

有过以上种种经历的人对网络的“自由”“个性”一定会有新的理解。这种种的经历只是又一次证明了那条真理：“任何自由都是有限度的”，网络也不例外，因为网络不过是工具，主导网络的还是人。尽管网络技术的设计者是按照“自由”的理念设计的，但一旦到了人的手里，因为大家要共享“自由”，就不得不对自由加以限定。网络是一个神经系统，真正是“牵一发而动全身”。你以为只是在记录自己的生活和心情，只是给自己看的，其实很多人都看得到；你以为只是有感而发，说出了自己的心里话，可却冒犯了别人，别人就要冒犯你；你以为你只是因为心情不好，说了脏字、爆了粗口，可你让别人的心情更糟，于是，脏话、粗话在网上飞起来，污染了网络环境。

因此，在网络中非但不可以信口开河、不能造谣传谣，即便是所言不假，也要谨慎开口；即便是动机良善，也要注意说话的时机和别人的感受；即便自以为握有真理和正义，也要斟酌再三，因为真理和正义都有相对性。

其次，网络有更大的欺骗性。在网络世界中同样潜伏着很多危险，而这些危险更具隐蔽性和欺骗性。网络欺骗无外乎骗钱、骗色、骗取国家机密或商业机密，还有一种欺骗就是舆论欺骗。“网络水军”一词就与舆论欺骗有关。一般而言，网络水军是指受雇于网络公关公司，以各种网络手段为他人（客户）制造舆论的人。他们常常混迹于门户网站、论坛、贴吧、博客、QQ、微博、视频网站和 SNS 制造话题。他们制造舆论的手段有转发帖、回帖、制造问答、软文发布、微博加关注、微博转发、点击率、注册会员等。请看下例：

例 7－7　“蒙牛陷害门”事件

2010 年 7 月，部分媒体刊发了《深海鱼油大多有问题，专家称造假现象严重》、《专家：“深海鱼油”危害超过地沟油》等文章，随即网上相继出现大量宣传“深海鱼油不如地沟油”的恶意攻击性文章。这些文章主要出现在大型门户网站论坛、个人博客和百度等主流网站的问答栏目中。之后，网络攻击深海鱼油的行动有组织地向深层次发展，宣传添加深海鱼油的产品不能食用。同时，攻击方向又直指伊利集团生产的“QQ 星儿童奶”，煽动消费者抵制“伊利 QQ 星儿童奶”。事件发生后，伊利集团向呼和浩特市公安局报案。警方调查显示，2010 年 7 月 14 日，博思智奇公司副总经理肖雪梅带领公司网络组职员赵宁、郝历平和综合组职员马野与蒙牛集团“未来星儿童奶”产品经理安勇共同商讨炒作打击“伊利 QQ 星儿童奶”的相关事宜，并制定了《借势〈生命时报〉传播规划》、《DHA 借势口碑传播》、《鱼油传播精彩效果示意报告》、《鱼油传播汇报总结》等资料。

从这些例子可以看出，对网络信息包括网络舆论保留几分警惕、几分冷静是非常必要的。

第三，理性是网络的归宿。人类自身的发展、人类社会的发展都是由非理性到理性，人们对一件新事物的认识与参与也往往是越来越理性。非理性的行为表现往往是偏激、过度、盲目等，非理性的认知表现往往会是片面、轻信、武断等。网络的发展在我国已经有十几年了，非理性仍然是网络比较突出的问题之一，“网络暴力”成为网络非理性最集中的表现。然而，随着人们对网络的体验不断加深和网络知识的普及，网民们对非理性网络行为（造谣、传谣、爆粗口等）带来的危害也看得越来越清楚，一些网民开始自发地、有组织地抵制网络非理性行为。请看下例：

例 7－8 早在 2008 年汶川地震后，网上便流传一个《“5·12 地震”中国网民自律公约》：

一、不恐慌——对地震灾难及其损失，尽量保持镇定、克制的态度。

二、不信谣——对地震谣言不要轻易相信，要从正规渠道了解灾情。

三、不传谣——对来源不明的所谓地震信息和言论，不要传播扩散。

四、不造谣——对地震灾难要冷静，不编造不散布毫无依据的言论。

五、不盲动——对灾情进展要关注，但不要盲目跟风前往灾区现场。

六、不悲观——对地震等自然灾害，不要产生地球末日来临的想法。

七、不恶搞——对灾民要有同情之心，不要把灾情作为搞笑的题材。

八、不冷漠——对地震灾难，不无动于衷，尽自己之所能援助灾民。

九、不无知——对地震逃生、救灾常识，要积极学习，并告知他人。

十、不谩骂——对地震带来的紊乱，不恶意谩骂，不草率厘定责任。

例 7－9　2011 年，“新儒家小子”以动漫虚拟人物“海叔”的名义在网上发起“中国网民自律日”活动，把 9 月 28 日（孔子诞生日）作为中国网民自律日，并发布《网民自律公约》：

1. 记住人的存在，如果你当着面不会说的话在网上也不要说。

2. 网上网下行为一致，不要以为在网就可以降低道德标准。

3. 入乡随俗。先爬一会儿墙头再发言，这样你可以知道坛子的气氛和可以接受的行为。

4. 尊重别人的时间和带宽。不要以自我为中心，别人为你寻找答案需要消耗时间和资源。

5. 给自己网上留个好印象，不要故意挑衅和使用脏话。

6. 分享你的知识。

7. 平心静气地争论。要以理服人，不要人身攻击。

8. 尊重他人的隐私。

9 不要滥用权力（针对管理员版主）

10. 宽容

例 7－10 2010 年 11 月开辟的新浪官方的“微博辟谣”粉丝数量已达 87 万名，网民 2012 年 7 月自发形成的“辟谣联盟”微博也有 7 万名粉丝。

从这些例子我们看到了网民走向理性的自觉，也看到了网络最终走向理性的希望。

（二）积极的网络心态

积极的心态是指高兴、兴趣、满足、自豪、爱、幸福感、快乐、期待、进取等正向而主动的心态。针对目前网络的实际情况，应着重培养平和的心态、宽容的心态、信任心态、责任心态等。

1. 平和的心态

平和，是相对于激动、浮躁、焦虑、抑郁等非正常心态而言，指以心理平衡为基础，以情绪平静放松、行为适当为特征的心理状态。保持心理平衡是必要的前提。心态，作为动态的心理过程，要保持平衡，依赖心理调节机制的有效运行。比较常见的心理调节机制有：酸葡萄心理、换位思考、自我激励。

酸葡萄心理，是一种合理化的自我安慰，是人类心理防卫功能的一种。当自己真正的需求无法得到满足产生挫折感时，为了解除内心不安，找一些“理由”自我安慰，以消除紧张，减轻压力，使自己从不满、不安等消极心理状态中解脱出来，使自己的心理恢复平衡。比如，当你情场失意，你就想她（他）并不适合你；当你被老板“炒了鱿鱼”，不妨对着老板喊：“你会后悔的!”当然，也可以到网上发泄，但是，网络并非垃圾桶，你的左邻右舍都是网友，发泄的结果很可能会伤及无辜。有些网络舆论之所以演化为网络暴力，一些网民的借题发挥、无节制地宣泄恐怕是重要的原因之一。

换位思考，简单地说，就是能够站在他人的立场去思考问题。如当某个人的言行冒犯或伤害了你，你感到非常气愤，你的心理便失去平衡。但你转念一想：他并非有意要冒犯或伤害你，他主要还是就事论事罢了，于是心情豁然开朗。这说明，你思考的角度从自己转到了“他”的角度。其实，很多时候事实正是如此：当站在别人的立场考虑问题时，就会发现事情没那么糟糕，别人也没有那么坏。

自我激励，指个体通过自我肯定、自我欣赏、自我设定目标使自己战胜困难、奋发向上的心理机制。当一个人消极、颓废，处于人生的低谷时，特别需要自我激励的心理机制找到自信和勇气。美国有一位小说家写过一篇小说，叫做《最后一片叶子》。说的是一位年轻的艺术家得了严重的肺炎，生命垂危。她看着窗外的树叶一片一片地飘落，绝望地感到自己的病再也不会好转了。她认为当最后一片叶子落下时，她也将孤独地死去。而那最后一片树叶在寒风中随时可能被风吹落。一片平常的树叶维系着一个艺术家的生命。一位好心的画家在寒风中画了一片不会凋落的树叶。靠着这片树叶，年轻人终于又产生了生的希望，战胜了疾病。没有这片蕴涵着激励和希望的树叶她很可能被病魔夺去脆弱的生命。这虽然是小说，却科学地反映出激励对人的生命力的重大作用。

2. 宽容的心态。宽容，是一种心态，更是一种精神和品质。宽容是个体基于对人性的正确理解、基于对人的自由与个性的尊重，对差别、复杂甚至混乱、变化、错误抱有忍耐、理解、包容的心态。宽容并不意味着怯懦、无原则、无立场，而是以客观、辨证、发展的眼光看问题或人。

宽容，意味着抛弃成见。成见即定见，指对人或事物所抱的固定不变的看法。刻板印象，是"成见"的典型。"作为一种特定的社会认知图式，刻板印象是有关某一群体成员的特征及其原因的比较固定的观念或想法。"① 刻板印象的思维模式是：这些人都是这样的，你是这些人中的一员，所以，你也是这样的。比如，农村人都不讲卫生，你是农村人，你也不讲卫生，而实际情况是"你"却是讲卫生的，农村人中也有讲卫生的。网上的一些言论特别是一些网络舆论在一定程度上反映了这种心态，或者说一些舆论正是借助人们刻板印象的心理才得以形成。比如，本书第三章提到的哈尔滨医科大学附属医院实习医生被杀案，被杀的实习医生完全是无辜的，而舆论对他不仅没有同情，却有很多人表示高兴，理由是"医生都可恨"；2012 年 4 月，两名中国留学生在美国被枪杀，中国媒体在转载国外的报道时突出或渲染了这两名留学生在被害时开着一辆宝马轿车，于是，引来部分网民的赞叹声、叫好声。这两个舆论事件的背后，正是一些网民的"刻板印象"在作祟。"刻板印象"之所以作祟，有思维惯性的原因，也有心态上不够宽容的原因。

---

①佐斌等：《刻板印象内容模型：理论假设及研究》，《心理科学进展》2006 年第 1 期。

宽容，意味着乐观。一个具有宽容心态的人，总是能够看到事物积极的一面或好的一面，对人也是多看优点，对未来总是充满希望。一个乐观的人，肯定是一个宽容的人。所以，要让自己变得宽容，就从乐观开始。多看正面，少看负面；多看优点，少看缺点。不管现状多么糟，相信未来。当然，乐观不是盲目乐观，乐观也不是无所作为的乐观。有人说：“到网上看看，感觉天都要塌了；再到《新闻联播》看看，感觉好幸福啊。”粉饰太平不可取，但一味悲观失望也于事无补。生活中不如意十之八九，大家到网上吐吐槽、泄泄愤，未尝不可，但要适可而止。试想，如果5亿人都把心里的垃圾往网上倒，网络势必会成为一个臭不可闻的垃圾场，到那时，你还愿意上网吗？网络也是一个公共场所，每一个网民都应该爱护它，自觉保持它的环境卫生。在网上吐槽的同时，也把宽容、乐观带到网上。

3. 信任心态。信任，是指一个人对他人未来不确定性行为的良好预期，即对他人品性、能力的体认。信任总是涉及人与人的关系，与交往活动密切相关。各种社会关系的维系都需要信任，一份关系一旦失去了信任，关系也就完结了；社会失去了信任，便会矛盾重重、危情四伏。“当一个人对世界完全失去信心时，早上甚至会没办法从床上爬起来。”然而，转型期的中国当代，由于信仰、价值观的缺失，从上到下对发展经济、积累物质财富的迫切需要，以及对社会行为（包括权力的行使、生产经营、职业行为、个人行为等）缺乏规范与监督，以权谋私、营私舞弊、弄虚作假等成为严重的社会问题。在这种社会氛围中，“不信任”的心态逐渐形成。主要表现为在官民关系中，“官”与“民”相互缺乏信任；在买卖关系中，买方对卖方缺乏信任；在人际关系中，包括陌生人、同事、甚至夫妻之间缺乏信任；专家学者、媒体在公众中也在失去信任。2013 年 1 月 7 日，中国社会科学院社会学研究所发布的《社会心态蓝皮书》指出：社会的总体信任指标在 2012 年进一步下降，已经跌破及格线。

这种“不信任”心态在网络上的集中表现就是“习惯性质疑”。质疑，从某种角度上讲，是拒绝盲从和轻信，通过多方位的质疑不断地接近真相。而“习惯性质疑”则几乎是事事质疑，以至出现“疑神疑鬼”“杞人忧天”的倾向。事事怀疑往往导致既不相信假的和片面的，也不相信真的，有时候还会出现不信真话而误信谣言的状况，引发不必要的恐慌。“不信任心态”在网络上还时常表现为反向情绪，本该同情却欣喜，本该愤恨却钦佩，本该谴责却赞美。

信任是相互的，用信任换信任，不信任得到的一定是不信任甚至更多的不信任。什么都不信任，避免了受害，也避免了受益，失去了应有的机会，因此，什么都不信者，也是最终的受害者。有所不信，还要有所信。从大的方面说，首先要有信仰、有信念，相信正义终会战胜邪恶；其次，要培养分辨真伪、是非的能力，真正做到不信谣、不传谣；第三，要多看好的、积极的一面，多传播正能量。

4. 自律心态。自律，即自我约束、自我管理。在现实生活中，每个人都必须遵守法纪和伦理道德规范。法律、纪律以及伦理道德规范是对每个人的约束，也是对每个人应有权益的保障；法律、纪律具有强迫性，违法违纪会受到相应的惩罚；伦理道德规范不具有强迫性，靠每个人的自觉遵守；违背伦理道德规范，虽然不会受到实际的惩罚，但有可能受到舆论的谴责，有些人还会受到自己良心的谴责。因此，在文明社会，人们特别是受到良好教育的人们都有比较强的自律意识或自律心态，即使在没有外在监督的情况下也能自觉地规范自己的行为，避免违法违纪、违背伦理道德规范的行为发生。自律心态的形成，不仅因为违法、违纪以及违背伦理道德规范必须付出相应的代价，更因为在现代文明中对这种行为所赋予的不光彩的、令人不齿的文化内涵。

网络空间虽然被称为“虚拟空间”，但是生活在其中的人却是真实的，网络空间对人、人的生活以及社会政治、经济、文化等方方面面的影响也是真实的。网络也绝不是法外之地，网上犯法，照样不能逃脱法律的惩罚。2011 年 3 月 11 日，日本发生 9.0 级大地震引发福岛核电泄核危机。3 月 16 日，中国各地突然爆发“抢盐盛况”，各大超市的食盐很快被抢购一空。一些不法商贩乘机抬高盐价，北京平日 40 元一箱的盐卖到了 600 元。同时，社会上和网上盛传日本福岛核电站发生核泄漏污染海水，海盐不能吃了。尽管政府、媒体很快辟谣，向公众说明我国食盐储备充足、保障供应，但公众还是将信将疑。这是一起典型的由谣言引发的公共恐慌事件，那么谣言是怎么出笼的呢？原来谣言是出自网上的一条微博信息。3 月 15 日上午，在杭州一电脑公司工作的陈某，用网名“鱼翁”转发一条信息：“据有价值信息，日本核电站爆炸对山东海域有影响，并不断地污染，请转告周边的家人朋友储备些盐，干海带，暂一年内不要吃海产品。”3 月 20 日，杭州市公安局西湖分局将陈某逮捕并作出处罚决定，依法给予在网上散布日本核电站爆炸污染山东海域谣言的杭州网民陈某行政拘留 10 天，并处罚款 500 元人民币。

对于网上大量的色情网站和色情内容各国政府也相继采取了各种措施加以管制。

2011 年加拿大出台了一部法律草案，准备通过立法的形式把在互联网上浏览儿童色情照片的行为定为犯罪。按照该法案，今后任何人倘若在互联网上浏览儿童色情照片最高会被判入狱 5 年。根据这项法律，加拿大法官将有权命令删除加拿大服务器中的在线儿童色情内容以及与国外儿童色情网站的链接。德国也立法规定任何传播儿童色情的互联网公司都将受到严厉的处罚，网上散布儿童色情照片的人最高判处 15 年徒刑。2004 年 3 月我国最高人民法院、最高人民检察院联合出台《最高人民法院、最高人民检察院关于办理利用互联网、移动通讯终端、声讯台制作、复制、出版、贩卖、传播淫秽电子信息刑事案件具体应用法律若干问题的解释》，根据这一司法解释规定：以牟利为目的、利用互联网、移动通讯终端制作、复制、出版、贩卖、传播淫秽电子信息，以制作、复制、出版、贩卖、传播淫秽物品牟利的定罪处罚，情节特别严重者，最高可判处无期徒刑。迄今因在网上散布淫秽色情内容而受法律处罚者已有数名。

此外，因在网上散布他人隐私、伤害他人名誉而被起诉并受到法律制裁者也已有先例，通过网络侵害他人或法人知识产权而诉诸法律的更是不乏其人，在网上进行诈骗而落网受到法律制裁者也不计其数。

因此，随着网络的日益成熟，网络也将越来越规范。广大网民应尽快熟悉和适应网络的各种规章制度，并逐渐形成自律心态。

三、引导网络舆论的心理策略

舆论从根本上来说是民意的反映，而舆论的形成（包括舆论形成的时机、过程以及形态）都与社会心理有着密切的关系，因此，也可以说，舆论是社会心态的反映，社会心理是舆论形成的重要机制。顺应、利用或调控社会心态也是对网络进行引导的必要手段。

（一）首因效应与先声夺人

首因效应是一种心理效应，指最初接触到的信息所形成的印象对人们以后的行为活动和评价具有很大的影响力。人与人第一次交往中留下的印象，在对方的头脑中占据着主导地位，这种效应即为首因效应。舆论的形成过程实际上是各种信息或各方意见相互博弈的过程，决定信息与意见产生多大影响的因素有很多，诸如信源的权威性、信息的独特性、信息的重要性、信息的曝光性等，以及意见主体的权威性、意见的独家性、意见的尖锐性、意见的超常性等，时间因素也是不可忽视的因素，即首发信息或意见往往因其时间优势而被赋予了影响力优势。

近年来在此起彼伏的网络舆论中，首因效应可谓频频出现；有的人或单位、企业、公司，因捷足先登，赢得舆论，出尽风头，而有的人或单位、企业、公司却因“慢三拍”陷入被动局面回天无力。最典型的个案就是“王老吉、王石捐款门事件”。汶川地震当天，万科宣布捐款 220 万元，作为中国市值最大的房地产公司（万科销售额排名内地地产企业第一，超过 523 亿元，净利超过 48 亿元）此次捐赠的善款不足其净利润的万分之四，由此引发了网友对于万科捐款数额过低的质疑。5 月 18 日晚，在央视举办的“爱的奉献——抗震救灾募捐晚会”现场，民营企业“王老吉”品牌持有者加多宝集团以一亿元人民币的国内单笔最高捐款感动了每一个中国人。5 月 20 日晚，在经历和承受了一周的社会谴责风暴之后，万科终于出手，宣布无偿投入 1 亿元参与灾后重建，5 月 22 日王石就“捐款门”事件公开表示了道歉，6 月 5 日万科股东大会高票通过捐赠一亿预案后，王石再次无条件道歉，但百般努力皆枉然，网友依旧不依不饶，有人说万科是名为捐款实为投资，有人说这只是万科危机公关的障眼法，网友要求王石“引咎辞职”的呼声一浪高过一浪……大有将王石投入万劫不复的深渊之势；而在王石本人遭到网友唾弃的同时，在资本市场上，万科似乎也被股民抛弃，从5月15日收盘价21.85降到6月13日转派股之前的16.5，股价大跌24.5%（虽说大盘同期也跌幅不浅，但不排除舆论的影响）。以前我们常说“要允许人犯错误，改了就是好同志。”而实际上，改正错误容易，但要改变“第一印象”的确不容易。万科第一次捐款的数额与其企业地位极不相称，在公众中形成了“抠门、为富不仁”的印象，第二次捐款1亿，不仅没有扭转舆论，反而更激化了舆论。“王老吉”义举，进一步强化了“首因效应”。

政府在应对网络舆论方面，也往往因为不能及时、快速反应，造成被动局面。2008年1月，湖北省天门市发生城管殴人致死事件，尽管当地政府当晚就组织调查并作出了处理，但事过几天才公布了事件真相，致使不实传言通过网络发酵演变成社会舆论，引发上千人游行①。还有“邓玉娇案”、“石首事件”、“瓮安事件”“最年轻市长周森峰”等之所以酿成负面影响广泛的舆论事件，政府有关部门不能及时回应是其中重要的因素。而有些突发事件最终能够妥善解决，有关部门的快速反应以先声夺人掌握舆论主动权是主要原因之一。2011年9月27日，上海地铁10号线因设备故障转为人工调度，导致两列

①参见李萍：《地方政府网络舆情应对机制研究》，《山西行政学院学报》2010年第2期。

车发生追尾，造成271人受伤。事故发生后，微博成为信息首报源头，大量网民通过微博关注事件进展并发表评论。上海地铁官方微博“@上海地铁 shmetro”在事故发生26分钟后即在微博上通告事故，随后直播救援情况，并多次向市民致歉，把握舆论导向，遏制谣言传播。事故发生当天晚上，上海市新闻办召开新闻通气会，上海地铁运营方总裁就追尾事故道歉。一系列做法保障了网民的知情权，达到了良性沟通的目的。

“首因效应”说明了“第一印象”的重要性。就一个人而言，在公开场合的第一次亮相非常重要；对于一件事的感知，首先感知到的信息非常重要；一个人、单位或组织对一件事发表意见，第一次表态至关重要。一些突发事件，很容易成为舆论的焦点。事件主体即事件所涉及的人或部门要争取舆论或要争取舆论的支持，要尽快地针对舆论发声即先声夺人，哪怕是仅仅表达对事态的关注、承诺查明真相、采取必要措施也是好的；装聋作哑，只会给公众留下不好的印象，并使谣言四起。对舆论尽快作出回应，未必要宣告实质性的内容，主要是要起到安抚人心、建立良好第一印象的作用。

（二）近因效应与舆论重建

近因效应，指在对事物进行认知或形成总体印象的过程中，新近获得的信息比以前获得的信息影响更大的心理现象。近因效应与首因效应正相反，这不是自相矛盾吗？当然不矛盾，因为这两种效应的发生是有各自不同的前提条件的。首因效应发生的前提是人们在此之前对该对象没有什么了解，那么首先出现的信息被认知后就往往被“定型”，即构建起相应的认知图式，与图式相符的信息便被图式同化接纳，而与图式不相符的信息则很难被接纳。而近因效应发生的前提则是：人们对某一认知对象早就有所了解，但因时间流逝以往的记忆或印象已经被淡化。也就是说，当两组有关同一对象的信息相隔一段时间发出，后发出的信息即新近的信息总是较远的信息对人的影响大。

近因效应的深层心理除了对以往信息的淡忘，就是潜意识中认为现在比过去更重要，因此，近因效应经常表现为现在的一条信息胜过以往的多条信息，今天的一条信息便可颠覆以往形成的印象。这种现象在实际生活中经常出现，如以前对某个人的印象不错，可突然听说这个人做了件不光彩的事，一下子就改变了对这个人的看法。最近发生的“袁厉害事件”反映了公众的这种心理。袁厉害，河南省兰考县人。从 1986 年开始，袁厉害收养的弃婴已超过 100 人，因自费收养这些先天性残疾的弃婴获得了“爱心妈妈”的美誉。多年来，袁厉害一直被当作先进典型，受到社会的尊重与帮助。然而，2013 年 1 月 4 日，河南兰考县城关镇一居民楼发生火灾事故，袁厉害收养的孩童中 7 人不幸丧生。后查明儿童玩火导致了火灾的发生。这场大火把袁厉害推到风口浪尖上，其收养孩子的合法性受到质疑，有些舆论甚至怀疑她收养孩子的目的是以孩子为工具骗取社会捐助。一时间，袁厉害似乎成了罪人。

当然，近因效应也为名誉修复或公共形象的重建提供了机会。同时也说明，社会声誉或商业品牌的建立不可能是一劳永逸的，而是一个动态的传播过程。改革开放以后“河南人形象”的变迁，就是一个很好的例子。河南形象，在过去一个相当长的时期内，在外人的眼里，突出的就是一个“穷”字。新中国成立后，为了解决温饱问题就用了几十年的时间。改革开放后，河南人外出打工的人比较多，他们中的绝大多数是堂堂正正做人的，但也的确有一些人做些不文明的事，如小偷小摸、骗人、随地吐痰等。河南商界也出了一些不好的典型，如郑百文事件、巩义的假电线、棉花造假、毒大米事件等。河南人在全国人民的心目中的负面形象逐渐形成，这表现在：新闻媒体有关河南人报道的负面新闻比较多，有些负面报道后来被证实是失实的，比如2000年的毒大米事件，事实真相是：掺油在山东鱼台，贩卖在河南，受害是广东，即河南人从山东鱼台购进“毒大米”销往广东，但媒体在报道中皆称是“河南的毒大米”；一些影视剧对河南人带有某种程度的丑化或歧视，如热播电视剧《武林外传》中的乞丐小米、电影《失恋33天》中的“傍款女”；网络上或坊间流传一些段子、笑话、顺口溜或搞笑视频对河南人也有恶搞或丑化的成分。河南人被过度丑化的现象引起了很多河南人包括河南的政界、学界、商界以及民间的关注和不满，并有意识地通过多种渠道去改善河南人的形象。《河南人惹谁了》（马说，2002）《河南人谁也没惹》（丁离，2002）等书籍的出版，较早地发出了为河南人正名的声音；而河南政府早在1999年就全面展开了“我为河南添光彩、立足岗位作贡献”的形象工程。后来又将2002年定为“环境优化年”，2005年又举办了“谁不说俺家乡好”大型主题宣传活动，同年“感动中国”10名人物中就有两名来自河南（三次跳海求人的魏青刚和背着妹妹上学的洪战辉）；影视屏幕上也开始出现了一些河南人的正面形象，如《士兵突击》中的主角许三多就是操着一口河南方言的河南人，特别是2008年春节期间央视4套播出的10集历史人文纪录片《河之南》，用大量史料讲述了一个文明的、文化的河南。今天，河南人在国人心目中的形象的确好转了。

河南的经历启示我们：面对一些不公正的负面的“标签”不必心急、气馁，相信“身正不怕影子斜”，待时机成熟（过去的记忆淡化）就有意识地或有组织地通过多种渠道发出一系列正面信息，便可以起到“正名”的作用。

（三）自己人效应与平民化引导

自己人效应，是指人们在人际交往中往往对“自己人”采取认同、信任的态度。“自己人”指心理上有认同感、亲近感的人，如家人、朋友、熟人等；一些陌生人也会因为某些原因（相似的经历、背景，相近的观点等）让人有自己人的感觉。在生活中，应用“自己人效应”的例子屡见不鲜。如，两个人初次见面，经常会询问籍贯、学业之类的问题有时候会惊喜地发现对方是自己的老乡或校友。这样，就可以套套近乎，拉近彼此的心理距离。接下来，如果有什么事想要对方帮忙，也会比较容易了。记者采访也是如此。

“自己人效应”生效的条件有四：首先，强调双方一致的地方；其次，对对方感兴趣；第三，努力使双方处于平等的地位；第四，要有良好的个性品质。一些成功的政治家、宣传家往往都具有突出的迅速让人产生“自己人效应”的能力。老一辈无产阶级革命家毛泽东、朱德、周恩来、邓小平等，深受人民群众的爱戴，这不仅是因为他们为人民建立了不朽的功勋，更因为他们从人民中走来、时刻不忘人民、与人民同呼吸共命运、时刻牢记与践行为人民服务的宗旨，不愧“人民领袖”的称号。人民群众既把他们奉为领袖，也视他们为“贴心人”，因为他们的确既是领袖，也是普通一兵。在民主意识、个性意识、平等观念已深入人心的网络时代，党和政府、媒体、舆论领袖要真正掌握舆论的主动权，能够发挥舆论引导的作用，就要实施“平民化”舆论引导策略，因为舆论的主体永远是平民百姓。

2008 年 6 月，胡锦涛主席视察人民日报，通过人民网强国论坛同网友们进行了20分钟的在线交流，开创了国家领导人与网民平等交流的先例。他首先说明他是一个网民，“平时因为工作忙，不可能每天都上网，但还是抽时间尽量上网”，他称呼网民为“网友朋友”；他十分坦诚地解答了网友们提出的大量问题，就像拉家常，情真意切。胡主席这次与网民的线上交流，舆论反响很大，提升了我国领导人的亲民形象。温家宝总理分别于2009年2月28日、2010年2月27日、2011年02月27日三次通过新华网与网民在线交流，在三次交流中温总理都一贯地显示了诚恳、亲切、温情的姿态，他遵循母亲的教导“用心说话”，绝不口是心非、敷衍塞责；他表示很喜欢与网友“随意谈心”，尽显“平民总理”的一贯风格，受到舆论的广泛好评。两位国家领导人与网民的网上交流，以他们位高而谦卑的态度，坦诚、亲切、拉家常似的话语，以及关心人民疾苦、自信开放、谦虚坦诚、平和的品格拉近了与广大网民的距离，赢得了网民的心，也赢得了舆论。

在应对突发事件、舆论危机时，引入“公民调查”机制，也是一个不错的方法。所谓引入“公民调查”机制，即针对一些热点问题、舆论事件，有关部门在进行调查、处理过程中，请网民代表参与其中，以示透明与公正。这种机制的引入，不仅可以增强事态的透明度和公正性，更重要的是使网民产生“自己人心理”，从而获得改善舆论的重要机会。在“躲猫猫事件”（云南，2009）云南省宣传部开创了引入“公民调查”的先例。虽然“公民调查团”在“躲猫猫事件”中由于种种原因在弄清事件真相上并没有达到预期的目的，也未能满足广大网民的期待（是否期待过高?），但对于有关部门最终查清并公布事件真相、争取舆论的支持，还是发挥了一定的作用。在“躲猫猫事件”之后，“钱云会事件”“富士康十连跳”等事件中，都出现了“公民调查团”的身影。如何完善“公民调查”机制，充分发挥它的作用，还需要进一步的研究和实践。

政府及其官员、主流媒体利用微博也收到了不错的舆论效果。微博是具有个体性和个性的公共平台，在这个平台上无论是谁都应该有其个性化特征，如可以发布个人信息、个人意见、个人喜好等；在这个平台上，每个人都是平等的网民，只有真名与匿名之分。因此，微博本身所具有的个性、平等的本性，就使得政府微博、官员微博以及媒体微博较容易做到“平民化”。以官员微博为例，尽管还有不少官员微博近乎“死尸”，但也有一些官员微博受到广大网友的追捧，蹿红网络，如省级党委书记开博第一人张春贤，浙江省委常委、省委组织部长蔡奇，云南省红河州委常委、宣传部长伍皓，等等。他们共同的特点是：普通人的情趣、个性的张扬、亲民的作风、心系百姓的赤子情怀等。他们在微博上也像普通人那样晒心情、晒生活；他们不说官话、空话，言之有物，掷地有声；他们通过微博及时上情下达，说明真相；他们还通过微博为一方百姓寻求致富门路、为民呼吁、为民请命，等等。

（四）名人效应与舆论领袖的培养

所谓名人效应，即名人的出现所达成的引人注意、强化事物、扩大影响的效应。名人效应基于一种光环效应和从众心理。光坏效应，是一种认知误区，即当认知到某人的一个优点，就会对其他方面也做出好的评价。名人，往往是因在某方面突出便被认为是了不起的人。从众心理，即人们往往认为，既然那么多人都知道他、欣赏他，他就一定是好的。名人效应的产生，与其说是出于人们对名人的信任或喜欢，不如说是出于对众人的追随所获得的安全感。

名人效应也适合于舆论及舆论引导。首先，名人往往是舆论的焦点。一些事情如果发生在普通人身上，不会受到关注，而如果是发生在名人身上，就会被广泛关注、议论，并很快酿成舆论事件。如，“李天一事件”，李天一作为未成年人两次触犯法律，受到舆论的极大关注，正是因为他“星二代”的身份，其父母为国内著名歌唱家。他两次犯事都有同伴，特别是第二次是与其他四位同伴涉嫌轮奸一 17、18 岁的姑娘（法院还未就此案作出审判），但媒体和舆论直指“李天一”而不及其他人。其次，名人的一言一行很容易对舆论产生影响。名人是舆论运行过程中重要的节点，名人的一句话就很可能决定舆论的进程与形态。比如，药家鑫事件。该案发生于 2010 年 10 月 20 日深夜，药家鑫驾车撞人后又将伤者刺了八刀致其死亡后逃逸，两天后即 23 日药家鑫在其父母陪同下投案。当时，媒体就此事做了简短的报道，但并未引起舆论的注意。5 个月后即 2011 年 3 月 23 日一审开庭，一个月后即 4 月 23 日作出一审判决，以故意杀人罪判处药家鑫死刑。在这一个月的过程中，舆论对此案的关注逐渐升级，直到一审判决的前一天，掀起了舆论狂潮。舆论狂潮的始作俑者便是著名犯罪心理专家、中国公安大学的李玫瑾教授。这天晚上，李教授接受央视记者采访以“钢琴杀人”解释药家鑫的犯罪心理，再加上北大著名教授孔庆东在网上对其言论“开炮”，引起舆论轩然大波。在此之前，虽也有人对药家鑫的行为表示同情，但未引发舆论如此激烈的反应。这就是名人效应。

名人在舆论中所发挥的作用，相当于舆论领袖的作用。舆论领袖，是那些舆论中的活跃分子和积极分子，他们往往能够影响一些人的态度与行为，成为舆论的风向标。舆论领袖不一定都是名人，但名人是天然的舆论领袖，他们不一定是舆论的积极分子，但只要他们发出声音，无论对错，都会引发舆论一定的反应。因此，作为名人特别是网络时代的名人，应该增强舆论意识，学会谨言慎行。否则，屡屡失言，屡屡成为舆论的靶子，于舆论环境不利，于己更不利。当然，名人也要增强引导舆论的责任感，有意识地利用与发挥作为名人在舆论引导中的积极作用。名人微博粉丝动辄百万千万，一条无关痛痒的微博也可以达到上百上千的转发量，这些名人、名人背后的团队，有没有想过如何开发这种舆论潜能，服务社会、传播正能量呢？

舆论领袖不一定都是名人，但他一定是有影响力的人。网络时代的舆论领袖，可以是一个真实存在的人，也可以是一个虚拟的符号。他们具有以下特征：对网络的深度参与；超群的智慧；独特的思想；魅力的人格；个性的表达。2004 年，强国论坛综合专家和网友的意见曾评出“十大网友”。这些网友多勤于笔耕、张贴文章多、点击率高、影响力较大，他们在某种意义上就是论坛的意见领袖。在网络上集聚着一群“网络知识分子”，他们受过良好的教育，但多数不屑于主流的学术知识分析，他们写作能力强、思想敏锐、观点尖锐，他们大量地在各种网站发表言论、集聚热点，是网络意见领袖的主要来源。要及时了解与掌握网络舆论动向，就要密切关注这些网络意见领袖的动向，同时，对这个人群加以组织和引导。另外，我们的主流媒体、记者微博、官方微博、官员微博，都具备成为舆论领袖的潜质，要注意培养舆论领袖的基本素质：保持网络活跃度、掌握舆情与民意、超强的思想能力和表达能力。

（五）视觉偏好与视觉化引导

人类对视觉信息有一种本能的偏好。这与人类的传播经历或传播历史有关。在语言产生以前，人类只能靠非语言进行传播，非语言传播的历史至少有几十万年甚至几百万年，而在非语言传播中主要是视觉传播。正如伊尼斯在《传播的偏向》一书中所指出的：传播媒介的性质往往在其文明中产生一种偏向[①]，在漫长的视觉传播生活中，人类早已形成了对视觉的偏好甚至成为一种文化基因，它使“我们对世界的把握很大程度上依赖于视觉，视觉为我们提供认知世界最直接可观的信息、态度和方法”[②] 网络时代被称为“后读图时代”。网络技术的发展，使人们的视觉偏好从本能上升到意识——有图有真相，无图无真相。事实上，层出出不穷的网络热点、网络红人、网络热词等，都是这种“视觉偏好”的顽强表现。2007年年初，引发网络舆论风潮的重庆“最牛钉子户”事件，就与一照片有密切关系。在此之前“拆迁钉子户”已经屡见不鲜，媒体也时有报道，这家重庆的“钉子户”在网上走红之前，当地媒体也有报道，但都没引起网民的关注。三月初，在网上各大论坛开始流传一个帖子，题目是《史上最牛的钉子户》，帖子的内容就是一张图片：一个被挖成10米深大坑的楼盘地基正中央，孤零零地立着一栋二层小楼，犹如大海中的一叶孤舟。重庆网友将其命名为“史上最牛的钉子户”。可以说就是这幅极具视觉冲击力的照片引发了这场舆论风暴。类似的情况还有许多，如“华南虎照”事件、闫德利事件、北京站售票员大量出票事件、成都公交燃烧事件、中华女事件等。

由此可见，善于运用具有视觉引力的图片、视频引导舆论，可以收到事半功倍的效果。具有视觉冲击力的视图已经成为引爆网络舆论、影响网络舆论的重要元素，网络管理必须重

---

①哈罗德·伊尼斯著，何道宽译：《传播的偏向》，中国人民大学出版社2003年6月出版，第52页。

②金霞：《读图时代的视觉文化转向》，《湖北民族学院学报》2009年第3期。

视视图管理，清除不良视图，压缩无趣又无意义的视图，以减少网民无聊的围观；媒体、政府要对网络舆论施加影响力或引导，应调动科技手段与艺术手段，强化视图的视觉冲击力。

（六）破窗效应与信息链切割

破窗效应，由政治学家威尔逊和犯罪学家凯琳提出，其内涵为：如果一座建筑物的一块玻璃窗被打碎而没有及时修补，其他的玻璃就可能被一块块地被打破。因为被打碎的玻璃对人们是一种暗示，即这些玻璃都是可以被打破的。在生活中也经常可以看到类似的现象：一块干净的墙壁一旦被涂抹几笔，更多的涂抹（写字、画画等）就会随之而来。一些旅游景点，警示写得很清楚："禁止涂写!"，但还是被写满了"某某在此一游!"。在一些公共场所，干净的地面一旦出现一点垃圾，这个垃圾就会很快变得多起来。要避免破窗效应，唯一的办法也是最有效的办法就是及时修补被打破的玻璃。

在舆论传播过程中也有类似现象，如围观、谣言的传播等。在网络上，一些无聊、低俗的内容（帖子、网页、网站）也会有很高的点击率，有些内容属严重违背人伦（如虐猫论坛）也不乏观众，有些内容则属存在明显的政治错误（如历史中学教师袁腾飞歪曲历史、丑化开国领袖毛泽东的讲课视频）也能在网上走红，还有一些别有用心的谣言帖在网上盛传（如有关"世界末日"的传言）。如果任这些内容在网上自由传播，网络的信誉何在？网络的正义何在？网络的和谐何在？这些内容的肆意传播，不仅危害社会，也终将毁掉网络。

要避免以上网络危害，要多管齐下，而"信息切割"则是关键的"第一管"。信息切割，是公关领域的一个重要概念，它是指公关组织或公关人员对负面信息或不利信息及时进行消除、屏蔽以消除其进一步产生影响的做法。就网络而言，信息切割是指网络执法和网络管理部门，对有害信息及其生产、发布者依法进行删除（内容）、关闭（网站）等。信息切割的关键是“快”，在第一时间消除“污染源”，错过了第一时间，就很可能无法收拾。网络超链接的功能加大了信息切割的难度，但只要监测得力，及时发现，及时处理，还是能够避免恶劣影响的。

本章小结

前几章（第2、3、4、5、6章）在探讨网络舆论与网民心理时也多少涉及了网络舆论引导问题，但网络舆论引导并非这几章的主要内容。而本章则在前五章的基础上，专门探讨基于网民心理的网络舆论引导问题。本章可算是此项研究的最终成果或核心成果，是本书最重要的一章。

让网络舆论沿着理性的轨道运行，成为维护公平与正义、鞭挞假恶丑的利剑，是网络舆论引导的目标。而积极心理学是实施网络舆论引导的理论依据。政府、主流媒体是实施网络舆论引导的主力，要正确引导舆论，必须构建积极的心态特别是对网络舆论的积极心态，包括包容心态、坦诚心态、主动心态等。构建积极的网络心态也是实施网络舆论引导的重要前提，积极的网络心态包括平和的心态、宽容的心态、信任心态、自律心态等；还要使网民正确认识网络，纠正网民对网络的一些不正确的认识。

借助心理效应引导网络舆论会收到事半功倍的效果。心理效应有很多，本章主要分析了六种心理效应在网络舆论中的表现和应用，即首因效应、近因效应、自己人效应、名人效应、视觉偏好和破窗效应。

第八章　网络舆论与网民的媒介素养

网络舆论在当今社会举足轻重，网民是网络舆论的主体，网民的素养特别是媒介素养关系到网络舆论的质量和走向。媒介素养是传播学研究的一个重要课题，目前已经形成了较为成熟的媒介素养理论和媒介素养测量指标，为研究网民的媒介素养提供了重要的前提和基础。但是，网络媒体毕竟不同于传统媒体，它对网民的媒介素养提出了新的、更高的要求。本章将拟借鉴传播学中的媒介素养理论，依网络的特点、针对网络舆论，探讨网民应该具备的媒介素养。

第一节　媒介素养理论

一、媒介素养理论的兴起与溯源

美国学者甘布尔说过“媒体在我们的生活中占据了中心的地位。媒体既可以帮助我们分享自己的经历，也可以分裂我们的社会，这取决于你怎么运用它。”① 不管我们有意还是无意，媒介活动都在我们身边，并有可能随时发生。网络时代，我们不仅是媒介的接受者，也可以是媒介的拥有者；我们不仅使用信息，也可以发布信息。然而，无论是接受还是拥有，无论是使用还是发布，都存在正反两种可能性：造福与危害。因

①【美】特里·K·甘布尔、迈克尔·甘布尔著，魏婷婷译：《有效传播》（第七版），清华大学出版社2005年1月出版，第445页。

此，如何合理、有效地运用媒介便成为现代人最重要的素养之一，有关公众媒介素养教育的研究也就显得十分必要。

媒介素养理论成为传播学新发展的重要部分。传播学研究在很长一段时间都将传播效果作为研究的重点，随后才逐步转移到以受众为中心的研究。媒介素养的概念最早出现于 20 世纪 30 年代的英国。1933 年学者 FR · 利维斯（FR Leavis）和他的学生 D · 汤普森（Denys Thompson）共同发表的《文化和环境：批判意识的培养》一文被认为是媒介素养教育的开山之作。当时，学者们对以电影为代表、以新兴电子传播媒介为核心的大众传播、流行文化的泛滥给予极大的关注，对流行文化给文化传统、价值观念、社会生活方式和生活观念等诸多方面所带来的冲击，表示出极大的担忧。他们希望能够唤醒人们的批判意识，呼吁维护传统价值观念和精英文化。简单地说，提出“媒介素养教育”的初衷只是为了保护英国的价值观念与传统文化不受当时流行文化的冲击。[①]

作为老牌的资本主义国家，英国在世界上率先步入了资本主义，资本主义的充分发展为其传媒事业的发展提供了得天独厚的条件，同时，传媒发展过程中出现的问题也最先得以暴露，这就解释了媒介素养教育最先出现在英国的现象。

（一）自由主义理论下的受众权益缺失

在“媒介素养”概念提出之前，西方社会盛行自由主义媒介规范理论。作为 17 世纪、18 世纪在资产阶级与封建专制的斗争中形成的理论，其核心反映的是资产阶级自由主义的观点。英国诗人、政治家约翰 · 弥尔顿在 1644 年出版的《论出

①段京肃、杜骏飞主笔：《媒介素养导论》，福建人民出版社 2007 年 7 月出版，第 17 页。

版自由》中提出“出版自由是人的与生俱来的权利”，认为真理只有在与谬误“自由而公开的斗争”中才能战胜谬误，证明自己的真理性。在此基础上，他提出“实行许可制和查禁制，实际上等于伤害真理本身”的观点，这为自由主义媒介规范理论奠定了重要理论基础。

在自由主义理论时期，研究关注的重点在于“权利”本身，也就是说，谁应该拥有传播的“权利”。早期自由主义理论出于打破极权主义专制制度、等级观念的需要，确立了自由、平等、博爱等理念，主张“人人可以办报，报刊必须私有，政府不得拥有报刊”。但该理论并没有从根本上解决以下问题：谁给予报刊经济支持、报刊自由的限度在哪里以及应如何控制报刊①。首先，在报刊的经济支持上，自由主义派的理论家反对政府垄断通讯工具，但是他们从来没有正视过公众通讯工具的经济支持问题。为避免形成操控，他们反对政府给予支持，转而相信私有资本能够找到合适的方法，并没有考虑到作为私有企业营利活动的信息传播的性质和影响问题。自由主义理论毕竟与资本主义的政治和经济制度相结合，这一制度并不能保障全体社会成员的利益，其保障的只是私有资本的利益。恩格斯曾经指出这一出版自由的本质，在一切以资本和金钱为转移的条件下，“出版自由就仅仅是资产阶级的特权，因为出版需要钱，需要购买出版物的人，而购买出版物的人也得要有钱”。其次，关于报刊的自由限度，自由主义理论认为在传播的过程中，政府牵涉得越少越好，但对于政府参与的程度问题并没有明确说明。同时，对于社会公众来说，发表意见的自由度也难以确认。目前公认的是，国家承担保护个人名誉的

①刘琰琰：《浅析西方新闻自由理论和社会责任论》，《新闻世界》2010年第8期。

职责以及禁止报刊传布淫秽和不体面的内容，但是一般性的原则仍然没有形成。再次，关于如何控制报刊，自由主义理论宣扬的是“自我修正”，这是一种非正式的过程，寄希望于通过报刊自我修正以及消息、评论和娱乐市场的自由竞争来代替国家监督。这只是一种理想化的想法，在当时的社会条件下是很难实现的。

进入 20 世纪以后，传播媒介的垄断程度越来越高，传播资源越来越集中到少数人的手里，受众中的大多数逐渐丧失了表达自己意见的手段和机会，所谓“观点的公开市场”的理念与当时的社会现状发生了尖锐的矛盾；同时，为了获取更多的利润，私有媒介的传播内容浅薄化、刺激化、煽情化的倾向愈发明显，严重危害了社会道德。在现实面前，学界和新闻界不得不对自由主义理论进行反思。

自由主义理论实际上强调的是传播者的权利，作为公众的受传者的权利并未被考虑到。或者说自由主义理论并没有能够将媒介的权利与受众的权利加以区分。而自由主义理论下的传媒实践却说明媒介的权利不等于受众的权利，如果不对媒介的权利加以规范，受众的权利就不能得到保证。事实上，在媒介高度垄断的情况下，媒介已经伤害到了公众“言论自由、隐私、享有健康文明的文化环境”等权益。

（二）社会责任理论的窘境

面对自由主义理论的困境，学界在对“新闻自由状况”进行反思的同时，开始寻求新的理论出路——社会责任理论。1947 年出版的《一个自由而负责的新闻界》一书被认为是社会责任理论的代表作。社会责任理论指出了传媒的种种弊端（媒介集中于垄断、媒介成为少数人发言的工具、媒介不能真实而完整地报道当天事件、不能全面反映社会群体等），主张媒介在享受新闻自由时应对社会负起责任来，并提出了比较详细的媒体的责任以及如何履行责任的措施。社会责任理论提出的目的有两个：一是为了防止由于传媒与社会的矛盾加剧导致政府对新闻界进行干预；二是为了防止传媒在商业化的道路上越走越远引起社会道德和文化的进一步堕落。

社会责任理论得到了西方社会的广泛认同，媒介在社会责任理论的影响下在60年代掀起了自律的高潮，媒介的伦理道德状况有所改观，但只不过昙花一现。媒体集中的趋势从未改变，自《1996年电信法》颁布实施后，传媒集团的兼并愈演愈烈。今天，传媒集团已经发展为国际传媒集团，传媒集团也变成了包含了多种经济成分的公司。在美国这样最推崇言论自由、新闻自由的国家，六家公司统治了所有的新闻业，这六家公司分别是：通用电气（General Electric）、维亚康姆（Viacom，哥伦比亚广播公司与西屋公司的联合体）、迪斯尼（Disney）贝塔斯曼（Bertelsmann）、时代华纳（Time Warner）和新闻集团（News Corp）。贝塔斯曼总部在德国，新闻集团在澳大利亚南，其他四家是美国企业。这些媒介集中的结果只能是削弱言论自由，削弱了民主。“在整个20世纪，媒体的集中化发展产生了一个严峻的问题，即这些集中化的市场抑制了思想的流动，而这恰恰是民主所必须的条件。”① 与此同时，媒体不顾社会各界的呼吁，色情、暴力、庸俗的内容还是有增无减。美国儿童科学院的传媒委员会的报告说：“一般年轻人到18岁时，仅在电视上看到的暴力行为就大约20万起。电子游戏、儿童漫画和歌词中的暴力描写也更加直接。打斗电影中准

①罗伯特·W·麦克切斯尼著，谢岳译：《富媒体 穷民主》，新华出版社2004年1月出版，第22—23页。

确描述杀人、强奸和暴力攻击的场面，而且影片中死去的人越来越多。”①

社会责任理论试图通过唤起媒介的自律而改善新闻自由状况的想象，在严酷的现实面前的确显得苍白无力。

（三）民主参与论——受众权利意识的觉醒

20世纪70年代以后，社会信息化快速发展，信息与传播在社会政治、经济、文化生活中的作用越来越重要，与此同时，媒介集中垄断程度达到了新的高度，传播资源越来越集中在少数人手中，在资本主义排他性私人占有制下，普通民众接触和使用传播媒介的机会越来越少。在这样的背景下，美国和欧洲以及日本等发达国家出现了民主参与理论，也称“受众参与理论”。该理论要求大众传播媒介向一般民众开放，允许民众个人和群体的自主参与，其核心价值是多元性、小规模性、双向互动性、传播关系的横向性或平等性。换句话说，民主参与理论提倡媒介在草根层面上支持文化的多元性。② 该理论号召发展能够由社团成员直接控制的“小”媒介。政府应该认可“小”媒介，并对其提供资助，并有责任提供培训项目教这些社团的成员如何运作小媒介。

民主参与理论是“保障受众权益”的理论，标志着受众媒介权利意识理论自觉的开始。首先，该理论认为，任何民众个人和弱小社会群体都拥有知晓权、传播权、对媒介的接近和使用权、接受媒介服务的权利；其次，该理论认为，媒介应主要为受众而存在，而不应主要为媒介组织、职业宣传或广告赞

①【美】本·H·贝戈蒂克安著，吴靖译：《媒介垄断》，河北教育出版社2004年10月出版，第30页。

②【美】斯坦利·巴兰、丹尼斯·戴维斯著，曹书乐译：《大众传播理论：基础争鸣与未来》（第3版），清华大学出版社2004年10出版，第118页。

助人而存在；第三，该理论认为，社会各群体、组织、社区都应该拥有自己的媒介。

民主参与理论倡导小规模的媒介，因为小规模媒介便于民众参与、双向互动性强。由于民主参与理论反映了民众的呼声，还是产生了一些影响。例如，在美国、德国等一些西方国家，不少地方自治体规定，商业有线电视必须开设“开放频道”（open channel），允许一般受众自主参与①。但是，在不改变大众传媒根本制度的前提下，受众对媒介的参与总是有限的。不过，民主参与论为思考受众权益与受众媒介素养问题却开辟了道路。

从“自由主义理论”强调传媒的权利，到“社会责任论”强调媒体对社会的责任，到“民主参与理论”强调受众在传播过程中的参与，对于受众的重视度逐渐增强。对受众的重视，不仅仅意味着媒介对受众的尊重、满足受众需要，重要的是受众有参与媒介、使用媒介的权利。受众要行使好这种权利，就必须具备一定的媒介素养；退一步说，要抵挡媒体不良信息的侵害、要有效地利用媒体及媒体信息，也需具备一定的媒介素养。如此看来，当民主参与理论产生一定的影响的时候，媒介素养理论就呼之欲出了。

二、受众媒介素养的内容

受众应具备哪些媒介素养？国内外专家学者相关论述比较多，分析的角度也各异。有的阐述得比较详细，有的则相对粗略。

---

①郭庆光著：《传播学教程》，中国人民大学出版社 2011 年 4 月出版，第 144 页。

（一）国外学者对媒介素养内容的界定

英国媒介素养教育专家 David Buckingham 认为："媒介素养是指使用和解读媒介信息所需要的知识、技巧和能力。"[①] 这一定义是对媒介素养的高度概括，主要强调了受众对媒介信息的理解和运用能力。

美国学者 James Potter 谈到："媒介素养是一种观察方法，即当我们置身于媒介中时，为了解读我们所遇到的信息主动采用的一种方法，我们通过知识结构来构建我们的方法。要建构知识结构需要工具和原始材料，工具是技巧，原始材料则来源于媒介和现实世界的信息。主动采用是指我们不但知晓信息，而且还会不断与信息进行互动交流。"[②] 该定义将媒介素养归为一种对信息进行解读的方法。

加拿大学者关于媒介素养的描述是：媒介素养旨在帮助学生发展对大众媒介的本质有知晓和批判的理解力，懂得大众媒介所运用的技术以及这些技术所产生的影响。具体来说，媒介素养是一种教育，其目的是增加学生对媒介如何运作、媒介如何传递意义、如何组织起来以及如何构建现实的理解和享受。媒介素养也希望能够培养学生创造媒介产品的能力。[③] 这种对媒介素养的界定似乎与传媒专业的学生所要掌握的传媒知识差不多，包括：认知媒介、理解媒介、创造媒介产品。

大众传播学者阿特·西尔弗布拉特（Art Sliverblatt）最早系统性地将媒介素养置于以受众和文化为中心的理论中，他认为媒介素养的五要素为：（1）意识到媒介对于个人以及社会

①David Buckingham，media education—literacy learning Literacy Movement and contemporary culture，polity press in association with Blackwell Publishing Ltd 2003 第 36 页。

②James Potter，media literacy sage publication 1995 第 4 页。

③蔡帼芬等著：《媒介素养》，中国传媒大学出版社 2004 年 11 月出版，第 66 页。

的影响（2）了解大众传播的过程（3）形成分析及讨论媒介讯息的策略（4）意识到媒介的内容是对我们当今文化及我们自身提供洞识的“文本”（5）培养对媒介内容更深程度的享受、理解和欣赏。① 可见，要具备媒介素养并非易事，的确要经过一番学习或受训。

（二）国内学者对媒介素养内容的界定

中国传媒大学张开副教授指出：“媒体素养是传统素养（听、说、读、写）能力的延伸，它包括人们对各种形式的媒介信息的解读能力，除了传统的听、说、读、写能力外，还包括批判性地观看、收听并解读影视、广播、网络、报纸、杂志、广告等媒体所传输的各种信息的能力，还包括使用宽泛的信息技术制作各种媒体信息的能力。”②

段京肃、杜骏飞认为：“媒介素养是指公众接触、解读、使用媒介的素质和修养。它包括了三个主要的环节：接触媒介——获取信息；解读媒介——批判地接受媒介信息；利用媒介——借助媒介工作和生活，通过媒介发出自己的声音并维护自己的利益。”③ 二位学者强调的是受众对媒介信息的辨别力和如何使媒体“为我所用”的能力。

上海复旦大学新闻学院博士张志安、沈国麟在《媒介素养：一个亟待重视的全民教育课题》一文中指出“媒介素养指的是人们对各种媒介信息的解读和批判能力以及使用媒介信息为个人生活、社会发展所用的能力。”这种对媒介素养的解释与段京肃、杜骏飞的解释具有异曲同工的效果。

①蔡帼芬等著：《媒介素养》，中国传媒大学出版社 2004 年 11 月出版，第 369 页。
②张开：《媒介素养教育在信息时代》，《现代传播》2003 年第 1 期。
③段京肃、杜骏飞主笔：《媒介素养导论》，福建人民出版社 2007 年 7 月出版，第 17 页。

香港基督教服务处对媒介素养的定义是："传媒素养指增进对各种传媒的认识，用批判的态度去接收及分析大众传媒的讯息，能够解读讯息背后的意识形态，了解传媒在日常生活中扮演的角色，做个主动的受众，不让传媒牵着鼻子走。"这一定义把受众的媒介素养高度概括为"受众的主动性与独立性"

台湾政大传播学院媒体素养研究室对媒体素养的定义是：指大众能够解读媒体、思辨媒体、欣赏媒体，进而利用媒体来发声，重新建立社区的媒体文化品位，并了解公民的传播权利和责任。①

国内外学者们对媒介素养内容的界定大同小异，不存在原则性分歧。具有较好媒介素养的受众，对媒介内容具有理解力和批判能力，并能够正确地、创造性地使用媒介（如能够制作媒介内容）。

三、网民媒介素养的主要内容

近年来新媒体快速崛起，截至2012年底，我国网民已经超过5亿。作为自媒体的互联网，每一个网民都是网络的拥有者和自主使用者。网民的媒介素养在很大程度上决定着网络生态的质量，决定着网络的发展和未来。因此，网民的问题也就格外引人关注。观察近年来对网民的研究，多集中在网民网络活动的商业价值、网民的行为特征以及网民的道德素质和文化水平等方面，也有学者开始关注网民的媒介素养问题。

对于网民媒介素养的研究，中国人民大学彭兰教授认为，目前很多关于媒介素养的定义更多的还是把网民当作传统媒体的受众，或将网民作为纯粹的消费者。而网民不仅是消费者，

①蔡帼芬等著：《媒介素养》，中国传媒大学出版社2004年11月出版，第67页。

更是一种媒介活动的积极参与者，是内容的一种生产者，因此，对于网络时代的媒介素养的认识，需要从建设者或生产者这样一个角度加以扩展。① 她认为网民素养主要体现在以下方面：

1. 网络基本应用素养：包括对网络技术和网络应用的合理、合法以及有节制地使用等。

2. 网络信息消费素养：包括在网络中获取有效信息的能力，对网络信息的辨识与分析能力，对网络信息的批评性解读能力。

3. 网络信息生成素养：包括负责地发布信息和言论的素养、负责地进行信息再传播的素养。

4. 网络交往素养：对个别的交往对象的判断、选择与关系的维持，有效地人际交往网络的构建与维护能力，对自己的社会归属的选择及其获得归属的能力。

5. 社会协作素养：与协同工作的其他人达成一致目标的能力，为自己在协同系统中定位的能力，执行协同任务的能力，与协同工作者进行有效沟通的能力。

6. 社会参与素养：积极参与网络社区建设的能力、理性参与公共事务的能力。

显然，网民的媒介素养比传统意义上受众媒介素养要丰富得多，这是由网络的特点所决定的。除了第 2、3 款属于受众媒介素养的内容，其他 4 款都属于网民独有的媒介素养。

美国学者詹金斯（Jenkins）将新媒介素养应当具有的技能归纳为 11 种，即：游戏能力，模拟能力，表演能力，挪用能力，多重任务处理能力，分布性认知能力，集体智慧能力，

---

①彭兰：《网络社会的网民素养》，《国际新闻界》2008 年第 12 期。

判断能力，跨媒介导航能力，网络能力以及协商能力。[①] 这种能力划分，可以看作是对彭兰教授提出的6条中第1条的详解。当然，网络技能与网民媒介素养恐怕还不能画等号，但是，没有基本的网络使用技能，媒介素养恐怕也就成了一纸空文。

党静萍认为，在如今受众参与式的传播过程中，网络媒介创造出来一种全新的传媒素养范式，即从培养受众的“媒介批判意识”为核心的传统传媒素养，向以“参与媒介、创造传播”为主要内容的网络传媒素养过渡，网民不再是纯粹的信息消费者，而同时是媒介活动的积极参与者，是网络信息的创造者。[②] 强调网民对网络的参与是对的，但是网民对网络信息保持批判的态度也是必要的。

综上所述，笔者认为网民的媒介素养的内涵可以从以下三方面进行理解：

（1）对网络的认知：包括对网络基础知识以及网络运作模式等的了解。与报纸、广播、电视等传统媒体相比，使用网络的技术门槛提高了。作为传统媒体的受众，看报纸、听广播、看电视，几乎不需要什么技能，而要使用网络，至少要会使用电脑、会打字、能够进行网络的基本操作。此外，与传统媒体相比，互联网的受众——网民参与性更高，因此对于相关的网络基础知识的了解要求的层次更高。比如，按照CNNIC对我国网站的分类，大致有以下类型：政府网站、企业网站、商业网站、教育科研机构网站、个人网站、其他非营利机构网

---

①张晓冰：《“网络问政”中网民媒介素养的培育》，《新闻知识》2009年第8期。

②党静萍：《网民传媒素养对舆论监督水平的影响》，《中国广播电视学刊》2012年第6期。

站以及其他类型等。不同的网站有不同的运作模式，网民需要对此有所了解，才有可能更好地认知网络。

（2）对网络的解读：能够批判性地解读网络传播的信息。针对传统媒体而言，网民对网络信息的辨别与选择更为重要，而辨别与选择的难度更大。传统媒体信息量相对小，而且是经过媒体机构把关，保障了信息的真实性、规范性、有序性；而互联网上海量信息，绝大多数信息的发布是没有把关的，信息传播的自由性、匿名性使得很多信息真伪难辨，因此，需要网民具备更强的警惕性和批判的眼光。

（3）对网络的使用：能够熟练运用网络搜索所需信息以及创造网络产品，积极并理性参与网络社区建设及公共事务，负责任地发布信息或者对信息进行再次传播，遵循网络伦理道德。网络使用，包括三个方面：一是能够浏览、搜索网上信息或知识以及使用网络产品，如使用聊天工具、使用博客与微博等；二是能够制作网络内容，如发帖、写博客、写微博等；三是能够参与网络社区建设和公共事务，如做版主、举报不良信息等。

网民的媒介素养也可分为三个层次：初级层次、一般层次和高级层次。初级层次的网民一般只具备对网络信息的浏览、搜索能力，对信息的批判意识不强，很少制作网络内容，几乎不参与网络社区建设和公共事务；一般层次的网民较多地浏览、搜索网络信息，也做一些网络内容，如写博客、微博、发帖等，对网络信息具有一定的警惕性和辨别力，偶尔参与网络社区建设和公共事务；高级层次的网民是网络中的活跃分子，经常性地浏览、搜索网络信息，对网络信息有着敏锐的洞察力，经常制作网络内容，是网络社区建设的积极参与者或核心人物。据一些网民调查和实际情况看，多数网民的媒介素养还处在初级层面。

网民的媒介素养与其上网时间、受教育程度、社会背景都有着密切的关系。据中国互联网中心报告（2012 年 12 月），目前我国网民中初中与小学文化程度的网民占 44.2%，0—29 岁的网民占 58.2%，学生群体占 30.2%。我国网民年龄偏年轻、学历偏低，对网民特别是青年学生进行媒介素养教育是非常必要的。

第二节　网民媒介素养存在问题分析

廓清我国网民媒介素养的现状以及网民媒介素养存在的问题，是实施媒介素养教育的前提。目前，还未见有关我国网民媒介素养现状的权威文献；也未见对网民媒介素养存在问题的系统阐述，但一些论文或文章在探讨网络出现的问题时谈及网民的素养，并认为网民的媒介素养问题是造成网络问题的原因之一。

2012 年 5—6 月份，课题组成员对保定、石家庄等地区部分网民进行问卷调查，通过对最终回收到的 587 份有效问卷的汇总，结合目前一些相关的研究成果，笔者从“对网络认知、对网络的使用、对网络的解读”等三个方面对当前我国网民媒介素养现状及问题进行归纳和分析。

一、网民媒介素养现状

（一）对网络的认知

目前，学界对网民的媒介素养的研究已经取得一定的成果，研究对象大多为某一特定群体，如大学生，初中生，青少年，高等师范院校学生、中产阶级、城市职业女性等等。这些成果有一部分是理论探讨，还有相当一部分是实证研究（调查问卷或者是深度访谈），得出的数据与结论较为可靠。一些对大学生网民的调查表明，多数大学生对网络的功能、特质认识模糊，对网络信息缺乏辨别、防御能力。据媒体的一项调查，4%的大学生居然“不知道”网络中存在不良信息，69.7%的大学生认为网络中存在的不良信息“不太会”或“绝对不会”对自己产生不好的影响。而根据有关机构最近公布的一项调查显示，上网的大学生中80%以上访问过色情网站，经常光顾者占12%。[①]

当然，随着互联网的普及，网络媒介素养教育在我国也逐渐受到重视。学校的初中阶段大多开设计算机的基础课程，起到了普及网络知识的作用。但是，这种课堂教育一般着眼于计算机技术或操作，并非完整的网络媒介素养教育。因此，计算机知识不等于网络知识，网络知识也不等于网络媒介素养。我国网民特别是青少年网民在对网络的认识上、对网络信息的鉴别与防御方面还有诸多问题与缺陷。

（二）对网络的使用

在问卷调查中有一部分内容是考察网民使用网络的目的和方式的，虽然不能覆盖所有的网络方式，但也能从中看出网民对使用网络的一般倾向。问卷主要考察了网民如何使用博客、微博、论坛的情况，涉及使用动机、内容偏好等。网民对网络的使用显示出下列特点：

1. 个体性、自由性、交流性动机占主导。网民使用博客的主要动机为“自娱自乐”和“与更多的人分享”，使用微博

①蒋宏大：《大学生网络媒介素养现状及对策研究》，《中国成人教育》2007年第19期。

的主要目的是“增长见闻”和“思想交流”，进入论坛的目的主要是“交流思想与情感”和“看大家说什么”。从网民使用这三种网络平台的动机看，交流性、个体性和自由性的动机并存。

而当进一步考察网民的网络发言动机时，情形有所不同。网民网络发言的动机依次为“有感而发”、“发泄”“显示自己的才华”、“想一鸣惊人”、“影响舆论”、“警醒社会”和“示范、引导别人”，前四个都是个体化、自由性动机。

2. 随意性占主导的网络发言。问卷调查中有关发言方式的结果显示，“有感而发，不想那么多”的网友占58.7%，认为“没必要认真考虑，凑热闹发言”的占13.6%，“深思熟虑后谨慎发言”的仅占30%。网民如何评价“随大流”现象，调查结果显示，有将近7成的被调查者认同网上发言属于“随大流”，约3成被调查者不认同网上发言属于“随大流”。

3. 网络社交亲缘化。网络是一个无限广阔的平台，网民最初的网络形态是“冲浪”，随着对网络熟悉程度的加深和寻找归属感的需要，网民会逐渐形成网络群落。一些迹象表明，网络群的构成也有亲缘化倾向，即在网上网民们也愿意与亲人、朋友、同事等熟悉的人结群。本次问卷调查有关“微博关注”的结果显示，网民的关注从高到低依次是草根用户（45.93%）、朋友的微博（40%）、媒体微博（36.60%）、名人明星的微博（22.60%），选择关注朋友微博的占第二位（40%）。通过对社交网站、QQ聊天群的了解也发现，同学、同事、朋友是主要的社交圈子或聊天对象。

（三）对网络的解读

对网络的解读能力，主要指网民对网络中的各种信息理解力、分辨力和批判力。在此次问卷调查中，有些问题与此有关。

1. 对大众媒体的信任超过对自媒体的信任。

本次调查结果显示，网民对媒体的信任度从高到低依此为网络媒体（67.00%）、国外媒体（55.37%）、电视（42.40%）、报纸（40.74%）、论坛（36.85%）、微博（35.37%）、广播（25%）、政府网站（20%）、播客（7.00%）、博客（5.90%），前五位即网络媒体、国外媒体、电视、报纸、网络论坛都属于大众媒体。

2. 对网友的信任超过对媒体的信任

网友与网民不同，网友一般指作为个体网民在网上交往的朋友。本次问卷在测量网民对信源的信任程度时，还采用了比较法，即让被调查者在对不同信源的比较中进行选择。当媒体与网友的观点有根本矛盾时，不确定信任哪一方的网友占55.9%，选择“多数相信网民”的占20%，选择“多数相信媒体”的占12%；选择“当然相信网民”的占8.9%，只有2.8%的网友选择“当然信任媒体”。可见，相对来看，当媒体与网友的观点发生矛盾时，网民们在犹豫不决的同时，还是更倾向于相信网友。

3. 对自己的信任超过网友。

当自己的观点与多数网民的观点不一致时，在被调查者中，47.0%的人不确定信任哪一方，“多半相信自己”的占34.3%，“当然是相信自己”的占12.4%，当然是相信网民的占2.8%，多半是相信网民占3.5%。可见，网民在犹豫不决的同时，还是比较倾向于相信自己。

从以上调查结果可以看出，网民的信任取向是符合实际的，同时也显示出一定的自主与自信。当然，也存在一些问题。

二、网民媒介素养存在的问题

网络在我国的发展还不到20年的时间，而网络的快速发展和网民的快速增长只是近几年的事。从2006年互联网普及率升至10.5%开始，网民规模迎来一轮快速增长，平均每年普及率提升约6个百分点，尤其在2008年和2009年，网民年增长量接近9000万。在2011年，这一增长势头出现减缓迹象。大量网民的网龄不足5年，而青少年网民仍然是网民中的大多数，再加上我国媒介素养教育起步较晚，我国网民的媒介素养水平不高，在某些方面问题比较突出。

（一）责任意识淡薄，造谣传谣。

近年来，网络日益繁荣，上网人数也日益增多，网络谣言也接连不断。最近《人民日报》盘点出近年十大网络谣言，它们是："蛆橘事件"、"地震谣言"、"爆炸谣言"、"皮革奶粉"、"盐危机与抢盐"谣言、"47号公告"谣言、"针刺"谣言、"滴血食物"谣言、非典谣言、"军车进京"谣言。从这些谣言的兴起和传播看，除了极少数人是有意造谣，多数人并非故意造谣。也就是说很多人由于责任意识单薄，扮演了造谣或传谣的角色。

"针刺"谣言的散布者便是如此。2011年10月20日，重庆交通大学土木建筑学院06级本科生皮某某在百度"重交吧"以"我热，针刺事件居然闹到重庆了"为题发帖，引起许多网友关注并回帖。"针刺"信息很快在该校部分学生中传播，并引起了一定程度的不稳定情绪。皮某某后来在发出的"个人声明"中说，他在与母亲通电话时，听说老家永川出现犯罪分子疑似用毒针扎小孩的事件，而母亲在电话中一再要求注意安全，于是他出于提醒同学的目的在未经核实真实性的情况下就发了帖子。

有些网民特别是一些年轻网民，有时为了提高点击率，或者只是为了好玩、起哄，便不顾事实真伪，造谣传谣。“山西地震”谣言散布者便是如此。在太原打工的韩某某出于玩笑，以 10086 的名义发送了“地震局公告：今晚 8 时太原要地震，请大家不要传阅，做好预防工作，尽量减少人员伤亡”的信息；在北京打工的张某为了提高网上点击率，先后在百度贴吧等多地发布《最新山西地震消息》①。

（二）“真实性”原则淡漠，主观臆断。

能够辨别信息真伪、合理解读信息，是网民最基本的媒介素养之一。然而，有些网民在很多时候习惯于合理想象或主观臆断，导致无事生非、以讹传讹。如上面提到的“针刺”谣言，造谣者并非故意造谣，但他仅凭母亲的电话，便断定“针刺”已经蔓延到重庆，是没有事实根据的臆断。既使他妈妈所说之事为实，但毕竟永川发生的事，未必就一定在重庆发生。显然，造谣者是把自己认为可能发生的事当作一定发生的事实进行了传播。当然，他的主观愿望是提醒同学注意安全。响水县“爆炸谣言”也是如此，江苏盐城市响水县刘某在给响水生态化工园区新建绿利来化工厂送土过程中，发现厂区一车间冒热气，在未核实真相的情况下，即打电话告诉其正在打牌的朋友桑某，称绿利来厂区有氯气泄露，告知快跑，谣言最终导致万人大逃亡。

在信息转播中，有意无意地改变事实原貌，或夸大其词，或添枝加叶，也是“真实性”原则淡漠的表现。上面提到的

①参见黄庆畅、张洋：《网络谣言害人害己 社会公众勿信勿传——近年来在社会上产生严重后果的十起网络谣言案例》，《人民日报》2012 年 04 月 16 日。

“山西地震”谣言的传播即如此。有关山西地震的帖子在网上流传发酵了将近 4 个月，从开始的“太原”将地震，逐渐扩展为山西太原、左权、晋中、大同、长治地震，其中，还不断加入一些数字和细节。

（三）口无遮拦，情绪化问题突出。

情绪，是伴随认知与意志活动的各种心理体验，包括喜、怒、哀、惧四种。根据情绪强度的大小和持续时间的长短，情绪分为心境、激情和应激三种状态。心境，是一种微弱、平静和持久的情绪状态，是生活的一种常态，如，愉快、担心、盼望等。激情，是一种强烈、持续时间短的情绪状态，如狂喜、愤怒、震惊等。激情之下，人往往表现出勇敢、忘我、效率，但也可能表现为攻击、暴力、凶残等。应激，是出乎意料的紧急和危险情况引起的情绪状态。如突然降临的灾害和灾难事件，使人们心理上高度警醒和紧张，并产生相应的反应，就是应激状态。积极的应激反应表现为沉着冷静、急中生智、集中精力去排除困难或危险，消极应激反应表现为惊慌失措、一筹莫展甚至采取错误的行动。

情绪化，指个体或群体思维、言行经常地或长时间地受情绪的控制而不能自拔。网民的情绪化则是指在网络这个特定场所，网民常常表现为激情、应激状态下的言行。最典型的表现就是，只要看到自己不满意的事情，不问青红皂白就用垃圾语言进行攻击谩骂。诸如“脑残”“走狗”“奴才”“败类”“你去死吧”“灭了他”等等。

（四）自律意识差，言行失德失范。

一些网民在网上恣意妄为，为到达个人目的不择手段，不顾廉耻，目无法律。据媒体报道，因网络造谣、诽谤或扰乱公共秩序罪被刑拘的案例屡屡发生。温州就有一青年因为在网上造谣散布“温州老板澳门豪赌狂输13亿”而被抓；还有一网名为“一元拍卖”的网民在网上发布所谓“爆料”帖，自称该消息是从该国家机关内部工作的一位朋友处得来，实际是无中生有，丑化国家机关及其工作人员的形象。这名网友被警方抓捕后交代，因其本人前阶段受到政府有关部门的管理，心生不满，为泄私愤，即在论坛发布此虚假消息。在一家论坛上发布一篇“爆料……”的信息。警方遂以“虚构事实扰乱公共秩序”罪依法对其处以治安拘留10天，并删除该帖内容。

一些网民还将他人的个人信息擅自在网上发布，侵害他人名誉或隐私。有一网友把原来同事的手机号发布在“一夜情”网页上，给同事的家庭和身心造成极大的伤害，最后被告上法庭还赔了10万元。问他为什么这么做，竟然是“无聊、找开心”。

“人肉搜索”把网络的搜索功能用到极致，一方面起到维护正义、良知的作用，但另一方面也使公民的隐私、名誉受到侵害。“人肉搜索”的对象，几乎都是引起广大网友愤怒，违背社会道德的事件或人物，很多网民便以“人肉”作为惩罚他们的方式，或者认为这些人就应该被暴露在光天化日之下，受到人们的唾弃。很多网民在以正义的名义人肉他人的时候，却忽视了“人肉”的合法性以及“人肉”给人肉对象及相关的人造成的伤害。5·12汶川大地震后，重庆某学院旅游系大三学生“Die豹”（网名）因为在网上发表伤害人们感情、不合时宜的言论而成为网友们人肉搜索的对象，很快“Die豹”的真实姓名、身高、通讯地址、电话、QQ等真实资料，全部被公布在网上。随之而来的是她本人及其家人不断受到骚扰与威胁，她的现实生活完全被打乱，她不得不休学一年。《中国青年报》（2010）的一个调查显示，近三分之二（64.6%）的公众认为，人肉搜索侵犯了个人隐私，让人丧失了基本的安全感。近两年，我国法律出台了规范包括人肉搜索在内的网络侵权的相关规定，大规模的“人肉搜索”得到了一定的控制，但过度的“人肉搜索”还是时有发生。

（五）独立批判性差，盲目从众。

由于网络的自由性、虚拟性以及网民年龄结构偏年轻化，我国网民显示出一定的个性化特征。如本次调查中显示，网民进入论坛最喜欢看的帖子是“自己感兴趣的帖子”，其次才是“热帖”和“被置顶”的帖子；网民使用博客的主要目的是自娱自乐，微博关注的最多的是草根微博、朋友和媒体，名人明星、专家学者和官员被置于次要的位置。这都说明网民追求自我和个性的倾向。但是，对自我和个性的追求并没有从根本上改变网民从众的心理。本次调查显示，有将近7成的被调查者认同网上发言属于“随大流”。

很多方面和个案都表现出网民的盲目从众。有学者分析“小月月事件”，认为其中存在着明显的从众行为。如果有人说不知道“小月月”，会被认为与时尚脱轨，有人甚至相互攀比炫耀所收集的“小月月”资料。于是越来越多的人去关注讨论，越来越多的人加入这股网络盲流中，形成所谓的拜月神教①。有文章经过对一些微博事件的分析发现，微博转发中存在着较多的从众行为。“先是媒体在微博上爆料，意见领袖们跟上来表态讨论，然后群众围观学习，最后民意或多或少影响决策和游戏规则。”② 显然，在这样一个微博模式中，“群众的

①汪青云、付沛沛：《从“小月月”事件看网民的从众心理》，《新闻爱好者》2011年第19期。

②高涵：《微博转发的从众心理研究》，《中州大学学报》2012年第3期。

围观学习”从众心理不容忽视。有些研究证明网络团购中从众心理发挥着重要作用，甚至一些网络用语的流行也借助于从众心理。

三、网民媒介素养问题的成因

（一）对新媒体的认知偏差

认知在很大程度上决定态度和行为。要合理而有效地使用新媒体、解读与制作新媒体信息、参与新媒体事务，形成对新媒体的正确认知是必要的前提，也是网民最基本的媒介素养。互联网出现的很多问题与网民的媒介素养有很大关系，如网络谣言、网络暴力、网络沉溺、网络诈骗等，而造成这些问题的首要因素是网民对新媒体的认识问题。

1. 误读网络的“自由性”

网络与网络的使用是两个概念，既有联系，又有区别。网络是自由的，而网络行为并非毫无限制。从媒介或媒介技术的角度看，网络是自由的，即上网的自由性、获取信息的自由性、发布信息或发言的自由性、网络交往的自由性，而网络的使用在享有这些自由时，并不意味着不受法律的限制，也就是说网络不是法外之地，所发信息和言论不能超出法律允许的范畴，比如，不能泄露国家秘密、侵犯他人隐私、伤害他人（包括法人）名誉。

然而，许多网民把网络当作法外之地或“世外桃源”，无所顾忌地自曝隐私、挖掘他人隐私、宣泄个人情绪、攻击辱骂任何对象等。由于网络的规范管理还处在初创阶段，这些不法行为一时还难以管控，很多人就误以为网络真的是“法外之地”。近年来，世界各国都在加快对互联网的法律与制度建设，必将使网络行为日趋规范。

2. 对网络“虚拟性”的误读

网络具有虚拟性，因为网络是一个符号的世界，每一个网民也都以自拟的符号出现，因此这样一句话曾经非常流行：“在网上与你聊天的即便是条狗，你也无法知道。”网络作为一种技术形态具有虚拟性，网民作为虚拟的符号出现在网络中，但并不意味着网络行为是虚无的，恰恰相反，由网络行为（信息与意见的发布、人际与群体交流、网络游戏、网络商务等）构成的网络世界对现实世界的影响却是实实在在、甚至是举足轻重的。

然而，很多网民误以为不管自己在网上说了什么、做了什么，只要关闭了电脑，一切都归零了，即便产生了什么后果也与自己无关了。所以，他们不断在网上“换马甲”，有时像顽劣的儿童那样恶作剧（编瞎话、造谣），有时像绿林好汉那样行侠仗义，有时像法官那样审判这审判那，有时又如不法分子那样干着违法的勾当（盗取个人信息或国家机密、侮辱诽谤他人等）。实际上，每个人在网上的言行都是有记录的，每个人的 IP（网络账户）都是可查找的，网络管理部门或网络警察可以几分钟内锁定并找到 IP 的实地地址。近来一些网络犯罪分子纷纷落马已经证明了这一点。

3. 对网络媒体的信任取向偏差

本次问卷调查显示，网民对网络媒体的信任超过对传统媒体的信任，对网友的信任也超过对媒体（包括传统媒体和新媒体）的信任。这种信任取向是有偏差的。从信息或新闻的可信性来看，传统媒体的可信度要高于网络媒体的可信度，因为传统媒体是专业的新闻采集和发布机构，无论从新闻来源看，还是从新闻采集制作人员看，新闻的真实性都是有保证的。而网络媒体的新闻多从传统媒体转载而来，在转变过程中，由于网络新闻编辑普遍年轻、缺乏新闻专业培训，存在一定程度的新闻变形或失真。一些网络媒体除了从传统媒体转载新闻，还会从博客、微博、论坛等网络空间搜集、编发所谓的“新闻”，这些新闻可能具有很多吸引眼球的特征，但一般可信度不高。

至于对网友的信任超过对媒体信任，也存在误区。我们往往出于人际关系的原因，选择信任自己熟悉的人，而不愿意相信陌生人。但是，作为信息提供者个体，对信息真实性的保障都无法与媒体特别是传统媒体相比，即使个体是事件的参与者、亲历者或目击者，他所掌握的信息也是有局限性的。因此，一般来说还是更应该相信媒体特别是传统媒体，而不是网友。

（二）有关媒体的理念偏差

网络流行语繁多，是网民各种观念的集中体现。“有图有真相”这句话可谓是网民的口头禅，意思是“有图像，就证明是真实的”，反映了网民“眼见为实”的观念。而实际上，有图不一定有真相。“眼见”都不一定为实，何况由人制作的“图”？特别是数字技术广泛应用的今天，在照片上做手脚是太容易了。“华南虎事件”不就是很典型的例证吗？当然，“华南虎照”的PS效果很快被具有专业素养的网民看穿，但有些“假照”单从照片本身是很难看出问题的。请看下图8－1：

图8－1　深圳街头90后女孩给残疾乞丐老人喂饭

这幅照片最初出现在微博

上，并迅速在微博中被大量转发，照片中的90后女孩“文芳”随即爆红网络。多家媒体也转载了这幅照片，女孩被称作“最美女孩”。然而幸有细心的深圳网民发现了照片的一个小小的纰漏，照片的背景，也就是事情发生地并非如照片发布者所言的“欢乐海岸”，而是“东门”。记者由此展开调查，经多方求证证实：这是一幅出于商业炒作而“摆拍”的照片。据当事者——那位乞讨老人和周围目击者说，这个女孩只喂了两口饭、由一个“瘦小”的男子拍了照就走人了。试想，如果没有这点纰漏，真相可能永远不会浮出水面。

“打酱油的”也是一句网络流行语，在论坛回帖或新闻跟帖中经常出现“打酱油的”或“从此路过”这样的回帖或更帖。“打酱油的”意为“路过而已，不发表看法。”表露的是“无奈”心态，之所以“无奈”，是因为觉得“自己人微言轻，说而无用，不如不说”。本次调查也表明，网民有自轻的心态。38.9%的网友认为只有那些受到很多人关注的言论才会有影响力，25.6%的网友认为影响力是看不见说不清的，20.9%的网友认为许多言论都是过眼烟云影响不了谁；11.1%的网友认为只要发言了就有影响力，3.7%的网友认为说了跟没说一样。而实际上，“只要发言了，就有影响力”是对的，但选此项的只有11.1%，近九成的网民认为自己的发言是无足轻重的。

（三）网民网络使用的不足

认知、理念上的偏差必然反映在行为上。网络媒体被称为自媒体，也被称为草根媒体。网络的出现，意味着一场传播的革命。其革命的意义就在于，网络媒体把大众传播的权利赋予每一个人，而大众传媒时代只是少数人真正拥有向大众传播的权利。大众传播的权利，意味着拥有向大众传播的机会或媒介。网络是自媒体，意味着每一个个体都可以运用网络向很多人或大众讲话（自己想说的话）。大众传播的权利，首先是一种政治权利，其次才是获得信息与知识的权利、交流的权利和娱乐的权利。政治权利，指就公共事务表达个人诉求、愿望、意见等。本次调查显示，网民发言的主要动机依次为“有感而发”（83.9%）、“为了发泄”（49.8%）、“为了显示自己的才华”（33.5%）、“影响舆论”（33.3%）、“为了警醒社会”（25.2%）、“为了一鸣惊人”（19.6%），“为了示范、引导别人”（13.7%）。其中反映网民把网络当作政治权利来使用的选项为“影响舆论”（33.3%）、“为了警醒社会”（25.2%）和“为了示范、引导别人”（13.7%），被选比重都不算高。绝大多数网民主要还是把网络当作娱乐、获取信息、交友的工具。

网民的网络行为所表现出的宣泄、情绪化、暴力倾向等不理性特征，与他们对网络的政治功能不够重视，或者并不觉得自己的言论会产生什么影响不无关系，也与他们误读网络的自由与匿名有很多关系。

一些网民特别是青少年过度沉溺网络不能自拔即网瘾，也是一个比较严重的问题。网瘾，主要表现为上网时间过长，心理上对网络产生依赖。网瘾，不仅消耗了大量时间和精力，也损害人的身心健康。

第三节　网络媒介素养教育的实施

我国网民已有5亿之多，网民中的青少年群体、学生群体占了绝大多数；而网民使用网络之频繁、网络问题之多以及网络对社会与个人影响之大，都迫切需要对公众进行网络媒介素养教育。然而，网络媒介素养教育在我国还刚刚起步，与国外、港台相比，有一定的距离。国外的媒介素养教育起步较早，目前已经形成了相对完善的理论体系，从理念到具体实施，都有值得借鉴之处。

一、网络媒介素养教育理念

实施网络媒介素养教育的首要任务，就是确立正确的教育理念。教育理念要符合时代的要求，适应教育对象的特点，以培养网络主体、建设和谐网络为目标。

（一）超越保护主义

英国当代著名媒介教育思想家大卫.帕金翰，基于历史事实和时代发展状况的分析，对英国媒介教育中的传统保护主义进行了诊断，指出“童年之死”是传统保护主义的最大恶果，并就此提出了“超越保护主义”的思想观点。长期以来，英国传统的媒介素养教育盛行一种保护主义，但事实上未能使儿童形成自我保护的能力，媒介素养教育也未能发挥出保护的中介性作用。因此，传统的保护主义不仅不能使学生获得相应的发展，而且使得媒介素养教育身陷囹圄，甚至成为一直困扰英国媒介素养教育的“传统病”。从结果来看，这种“传统病”不仅在价值取向上影响了人们的正常判断，也一直给实践带来困难①。

帕金翰提出的“超越保护主义”的理念包含三个方面的内涵：（1）应为学生在社会中生存准备相应的媒介素养，是要怀着过程性的目的，而不是围绕某种功利目的来进行；

①刘津池、都月：《对英国媒介教育“保护主义”的诊断与超越——大卫·帕金翰的媒介教育思想及其启示》，《外国教育研究》2011年第12期。

（2）应当关注媒介主体的体验和参与，而不再局限于传统的“文化保护”、“政治防御”和“道德免疫”；（3）媒介素养教育不仅只是技能的获得（例如抵制不良影响的能力），还包括着知识、道德的培养过程，“超越保护主义”的媒介素养教育还应当被视作学生自我发展的条件①。

显然，“超越保护主义”怀有浓郁的人本情怀，其实质是冲破“家长制”教育，走向“赋权制”教育，其核心是尊重并实现教育对象的自主能力，通过参与体现媒体实现自我教育、自我成长。

（二）“人—媒”共生的理念

如何看待或如何对人与媒介的关系定性，也属于网络媒介素养教育的观念系统，因为在这一问题上所持有的观念对网络媒介素养教育具有决定性影响。在传播学范畴，把“人——媒”关系定义为“传与被传”的关系。在传播学研究的早期阶段，即上个世纪40、50年代，人也即受众，被看作是完全被动的“靶子”，而媒介就像“魔弹”，受众被媒介影响与操控。60年代以后，有关媒介效果的研究一再证明媒介在改变受众态度方面的效果“微乎其微”，而受众则是有选择地使用媒介、有选择地理解媒介内容和有选择地记忆媒介信息，受众的主体地位逐渐地得以确立。然而，随着媒介商业化的加剧，信息污染、媒介暴力等问题的突出，媒介与社会、媒介与人的关系日益紧张起来，媒介经常被指为社会不良现象甚至社会犯罪的根源之一。

在后大众传播时代，由于电子媒体的全面普及，媒体的影

---

①刘津池、都月：《对英国媒介教育“保护主义”的诊断与超越——大卫·帕金翰的媒介教育思想及其启示》，《外国教育研究》2011年第12期。

响力深入到生活的方方面面，大众传媒已经成为人们生活中不可缺少的角色。进入网络时代，网络无孔不入，就像空气与水，它已经不是我们生活中的一个角色，而是我们赖以生存的环境，人与网络的关系就是人与环境的关系——共生关系。为了人类的生存与发展，我们要保护好环境、建设好环境。人与媒介是共生关系，就要求我们像对待自己的家园一样对待网络，不能只知道用它，还要维护它，建设它。

（三）全民媒介素养教育理念

既然网络是我们的生存环境，是我们的另一个“家园”，那么，生活其中的每一个人对它都负有一份责任，维护网络环境的健康、文明是每个网民的责任。因此，网络媒介素养教育应面向全民。我国网民目前已超过5亿，随着网络普及度的不断提高和人民生活水平的提高，网民的数量还会持续增长。

全民媒介素养教育的理念不仅意味着面向全民，更重要的是群众的自我教育，也就是全民媒介素养教育的主体是民众自己。在全民媒介素养教育中，政府、媒体、学校的主要功能在于动员、组织各种群众性的媒介素养教育活动，要充分发挥社区、公益组织、民间群众组织的作用，开展形式多样的媒介素养教育活动。

二、网络媒介素养的正规课程教育

所谓的正规课程方式是指把媒介素养教育课程作为官方认定的课程列入学校课程体系中，确立明确的课程目标、设定相应的考核标准，政府为课程的开设提供必要的保障。[①] 随着官

①白传之、闫欢：《媒介教育论：起源、理论与应用》，中国传媒大学出版社2008年8月出版，第226页。

方和联合国教科文组织的介入，到20世纪70—80年代，学校的媒介素养教育在世界上形成规模，很多国家都将媒介素养教育纳入了学校的课程，教学模式以及课程教材也在不断完善与发展。[①] 目前，英国、德国、法国、澳大利亚、加拿大、挪威等多个国家已将媒介素养教育设为全国或国内部分地区中小学的正规课程内容。到20世纪90年代，印度等第三世界国家也已经开始试行正规课程的媒介素养教育。

正规课程的媒介素养教育以学校为主，教育对象为青少年。学校的媒介素养教育就我国目前的情况看显得十分重要。根据CNNIC发布的第30次中国互联网络发展状况统计报告，截止到2012年6月底，我国网民的年龄结构特点为："10岁以下"群体占1.2%，"10—19岁"群体占25.4%，"20—29岁"群体占30.2%%，三个年龄段人群共占总人数的56.8%。这三个年龄段的人群多为学生。而学生网民的网络问题相对比较突出，"网络依赖症"即"网瘾"主要出现在学生网民中。

在学校的正规课程教育中，应注意针对不同年龄段不同的心理特征有针对性地实施媒介素养教育。比如幼儿阶段的学生对于声音和图像较为敏感，网络媒介素养教育内容通过视频来实施，应该可以收到较好的效果；小学生阶段智力和思维能力迅速发展，可塑性较强，是人一生中道德品质发展最为关键的阶段，因此本阶段应该加强网络道德的教育；对于处于青春期发展阶段的中学生来说，他们往往会把媒介作为实现自我社会化的途径，借助网络实现自我认同，因此，在这一时期可以增

①宫淑红、张洁：《媒介素养教育理论与实践》，山东人民出版社2010年7月出版，第2页。

强对中学生自律意识的培养，使他们能够理性利用媒介；大学生的心理发展已经趋于成熟，智力发展也达到了全盛时期，因此在这一时期可以加强对其相关法律知识的教育。

三、网络媒介素养的非正规课程教育

所谓的非正规课程教育是指未纳入普通学校的法定课程体系的其他教育方式。单靠学校的正规课程教育无法支撑整个网络媒介教育，需要多种方式共同作用。加拿大安大略省作为全加媒介教育的核心地域，其模式被各省复制和借鉴，从而使加拿大成为媒介教育领先于世界的少数国家之一。[①] 加拿大媒介教育的成功正是多种力量互相影响、共同作用的结果，这对我国的网络媒介素养的实施有很大启发，因此，笔者认为我国网络媒介素养的非正规课程教育可从以下方面实施：

1. 家庭教育

家庭就是一所学校，父母是孩子的第一任老师。家庭教育对孩子的一生至关重要，许多基本理念、行为方式都是家庭教育的结果。家庭教育的主要方式是家庭成员之间的言传身教。作为家庭中的长者主要是父母，一定要把媒介素养教育纳入家庭教育中。教育方式以引导为主，切忌简单粗暴。首先，父母应成为理性上网的表率；其次，在网上与孩子建立网友关系，以网友的身份沟通交流；第三，在家庭生活中，利用吃饭、闲聊、外出旅行的机会，与孩子交流网上见闻与心得。通过这些方式，一方面了解孩子的上网情况，另一方面在潜移默化中，对孩子灌输正确的网络理念和网络行为。

---

①白传之、闫欢：《媒介教育论：起源、理论与应用》，中国传媒大学出版社 2008 年 8 月出版，第 229 页。

2. 媒介教育

媒体在传媒素养教育中扮演着双重角色，既是需要被大众所认知的对象，也是传媒素养教育的实施者。媒体具有教育功能，肩负着普及知识、建立与维护社会规范的责任。一个具备一定媒体知识的人与一个不具备媒体知识的人更有可能成为媒体的受众、媒体的参与者，对媒体而言，这无疑是件好事。因此，无论出于社会责任，还是出于媒体利益，媒体都应该成为媒介素养加教育机构。在网络媒介素养教育中，传统媒体应发挥更大的作用。

媒介教育的独特性在于，媒介通过自我反省，在净化自身的同时，起到对受众或网民的媒介素养教育作用。媒体自办或与一些学术机构合办的一些刊物，尽管大多定位于专业性刊物，但的确具备了对公众进行媒介素养教育的潜质。我国这方面的刊物为数不算少，比较有代表性的有《新闻战线》（人民日报社主办）、中国记者（新华社主办）、《新闻记者》（文汇新民报业集团）、《当代传播》（由新疆日报社、深圳报业集团、新疆新闻工作者协会、新疆大学新闻与传播学院联合主办）。这些刊物实践性强，注重反映和剖析媒体实际，媒介批评是其中重要的内容。一些网络媒体也设有以反映媒体动态、探讨媒体理论和问题为要旨的频道，如人民网、新华网开设的“传媒”频道。今天的新华网（2013－4－8）便转载了《长沙晚报》的一篇报道《〈亮剑〉作者谈国产抗日剧：穿帮太多看不下去》，批评某些电视剧粗制滥造、胡编乱造的现象。不过，这类媒介批评类的内容相对不多，总结经验或规律、寻求媒介发展策略的内容是主要内容。

这些媒体主办的学术性刊物或频道，如果具备了明确的媒介素养教育的意识，相信会办得更好，其发展空间也会大为拓展。

此外，非正规课程教育中还有几方面因素需要考虑：

1. 网民是网民媒介素养教育的主角

网民是媒介素养教育的对象，也是网络媒介素养教育的主角。网民集传者和受者于一体，在网络活动中，网民时常处在传受身份不断转换中。正是由于网民的这种双重身份，使网民能够进行有效的自我教育。

网民的自我教育指网民通过网络的互动行为，达成相互学习、相互监督、相互提高的效果。百度贴吧，就是典型的网民相互学习的平台，在那里，经常是一问百应，没有解不开的难题。而在一些社交网站、微博、博客，在很多问题上，都会有专家、资深人士站出来，做专业性的指点迷津，包括解读新闻热点；一些网民的不良行为也会受到网民们的唾弃，如果你是这些不良行为的受害者，你便更是认清了这些不良行为的危害，你也知道了应该引以为戒。

2. 政府是网民媒介素养教育的主导

对网民的媒介素养教育属于庞大的社会工程，需要社会各方面共同努力与相互配合才能完成。要完成这项社会系统工程，没有政府发挥主导作用，是不可想象的。

政府在实施网民媒介素养教育中的主导作用体现在：制定相关的法律政策，给网络媒介素养教育以法律支持和保障，比如《关于创造良好的社会教育环境保护中小学生健康成长的若干意见的通知》、《中共中央国务院关于进一步加强和改进未成年人思想道德建设的若干意见》、《音像制品内容审查办法》等法规对于开展媒介素养教育是非常有利的；合理配置网络媒介素养教育资源，使有限的教育资源发挥其应有的作用；倡导与扶持网络文化，为网络媒介素养教育营造相应的文化氛围，使网络媒介素养教育真正成为一种持久的全民教育。

本章小结

网民的素养特别是媒介素养关系到网络舆论的质量和走向。我国网民的媒介素养存在诸多问题，比较突出的问题是：责任意识淡薄，“真实性”原则淡漠、情绪化、自律意识差、独立批判性差。这些问题的根源在于网民对媒介的认知偏差和理念偏差。错误地认为网络是法外之地，可以为所欲为；误以为匿名行为可以不负责任。

实施全民的网络媒介素养教育是一项系统的社会工程。在这项体统工程中，需要政府发挥主导作用，学校、家庭、媒体、社区、民间组织等社会力量共同参与，充分发挥网民自我教育的作用，使网民成为网络媒介教育中真正的主角。

参考文献

专著类：

[1] 谢地坤著：《走向精神科学之路——狄尔泰哲学思想研究》，江苏人民出版社 2003 年版。

[2] 威廉·狄尔泰著，童奇志、王海鸥译：《精神科学引论》（第一卷），中国城市出版社 2002 年版。

[3] 岳晓东著：《少年我心——一个心理学者对自我成长的回顾与分析》，上海人民出版社 2007 年版。

[4] 缪尔·埃利奥特·莫里森著：《美利坚合众国的成长》，天津人民出版社 1980 年版。

[5]【美】E·M·罗杰斯著，殷晓蓉译：《传播学史——一种传记式的方法》，上海译文出版社 2002 年版。

[6] 斯坦利·巴兰、丹尼斯·戴维斯著：《大众传播理论：基础、争鸣与未来》，清华大学出版社 2004 年版。

[7] 许正林著：《欧洲传播思想史》，上海三联书店 2005 年版。

[8]【法】古斯塔夫·勒庞著，冯克利译：《乌合之众：大众心理研究》，中央编译出版社 2004 年版。

[9] 杜俊飞主编：《沸腾的冰点——2009 中国网络舆情报告》，浙江大学出版社 2010 年版。

[10] 叔本华著：《作为意志和表象的世界》，商务印书馆 1982 年版。

[11] Jess Feist Gregory J. Feist 著，李茹、傅文青主译：《人格理论》，人民卫生出版社 2005 年版。

[12]【英】米尔顿著，吴之椿译：《论出版自由》，商务印书馆 1989 年版。

[13]【美】S. E. Taylor L. A. . Peplau D. O. Sears 著，谢晓非等译：《社会

心理学》，北京大学出版社 2004 年版。

[14]【法】卢梭：《社会契约论》，商务印书馆 2003 年版。

[15] 刘建明等著：《舆论学概论》，中国传媒大学出版社 2009 年版。

[16]【法】托克维尔：《论美国的民主》，商务印书馆 1996 年版。

[17]【英】约翰·斯图尔特·密尔著，程崇华译：《论自由》，商务印书馆 1982 年版。

[18] 李普曼著，阎克文、江红译：《公共舆论》，上海人民出版社 2009 年版。

[19] 许正林著：《西方传播思想史》，上海三联书店 2005 年版。

[20]【德】哈贝马斯著，曹卫东等译：《公共领域的结构转型》，学林出版社 1999 年版。

[21] 张春兴著：《现代心理学》，上海人民出版社 2003 年版。

[22]【美】安德森：《认知心理学》，吉林教育出版社 1989 年版。

[23] 皮亚杰著：《生物学与认识》，上海三联书店 1989 年版。

[24] 彭耽玲著：《普通心理学》，北京大学出版集团 2004 年版。

[25] 沃纳·赛弗林、小詹姆斯·坦卡德：《传播理论：起源、方法与应用》，华夏出版社 2002 年版。

[26] 侯玉波编著：《社会心理学》，北京大学出版社 2004 年版。

[27] 沙莲香主编：《社会心理学》，中国人民大学出版社 2002 年版。

[28] 周晓虹著：《现代社会心理学史》，中国人民大学出版社 1993 年版。

[29] 威廉·S·萨哈金著：《社会心理学的历史与体系》，贵州人民出版社 1991 年版。

[30] 横山宁夫著：《社会学概论》，上海译文出版社 1985 年版。

[31] 查普林等著：《心理学的体系和理论》（下册），商务印书馆 1984 年版。

[32]【法】赛奇·莫斯科维奇著，许列民、薛丹云、李继红译：《群氓的时代》，江苏人民出版社 2003 年版。

[33] 李汉松编著：《西方心理学史》，北京师范大学出版社 1988 年版。

[34]【美】E. G. 波林著：《实验心理学史》（下册），商务印书馆 2009 年版。

[35]【日】见天宗介等著：《社会学事典》，弘文堂 1988 年版。

[36] 屠忠俊、吴廷俊著：《网络新闻传播导论》，华中科技大学出版社 2002 年版。

[37] 刘毅：《网络舆情研究概论》，天津人民出版社 2007 年版。

[38] 陈卫星：《以传播的名义——陈卫星自选集》，北京广播学院出版社 2004 年版。

[39]【美】韦尔伯·斯拉姆：《报刊的四种理论》，新华出版社 1980 年版。

[40]【美】本·H·贝格蒂克安著，吴靖译：《媒体垄断》（第六版），河北教育出版社 2004 年版。

[41] 陈卫星：《传播的观念》，人民出版社 2004 年版。

[42] 凯斯·桑斯坦：《网络共和国——网络社会中的民主问题》，上海出版集团 2003 年版。

[43] 王秋菊、师静：《网络舆论生成机制与引导规律研究》，河北大学出版社 2012 年版。

[44] 冯平著：《评价论》，东方出版社 1997 年版。

[45] 哈罗德·伊尼斯著，何道宽译：《传播的偏向》，中国人民大学出版社 2003 年版。

期刊论文类：

[1] 赵荣、张宏莉：《"民族性格"及其特点的辩证解析》，《黑龙江民族丛刊》2010 年第 2 期。

[2] 赵晓兰：《移民与美利坚民族性格》，《天津师范大学学报（社会科学版）》2002 年第 2 期。

[3] 荣洁：《俄罗斯民族性格与文化》，《俄罗斯中亚东欧研究》2005 年第 1 期。

[4] 刘京林：《我国传播心理学研究十年回顾与思考》，第七届全国新闻与传播心理研讨会暨中国社会心理学传播心理专业委员会第四届年

会论文。

[5] 曹茹、白树亮：《试论现阶段我国网络舆论的特点》，《河北大学学报（哲学社会科学版）》2011 年第 4 期。

[6] 穆建刚、刘立红、连水仙：《近年来我国网络舆论研究的历史性回顾》，《宁波广播电视大学学报》2008 年第 4 期。

[7] 孙凤、郑欣：《理性与非理性之辩：网络集群行为的产生及其演变》，《南京邮电大学学报》2009 年第 3 期。

[8] 刘京林：《中国网络心理研究综述》，《湖南大众传媒职业技术学院学报》2009 年第 5 期。

[9] 郭晶：《网络非理性舆论中的网民心理探析》，《河南工业大学学报（社会科学版）》2011 年第 4 期。

[10] 谢怎素、詹世友：《社会发展的非理性限度及其引导》，《湖南大学学报（社会科学版）》2010 年第 2 期。

[11] 彭晓琳：《健康人格的理性与非理性统一》，《成都大学学报（社科版）》2011 年第 5 期。

[12] 何植民、王珂：《国内学界关于非理性研究综述》，《前沿》2009 年第 12 期。

[13] 何颖：《论理性与非理性的原始统一》，《求是学刊》2005 年第 3 期。

[14] 刘正荣：《从非理性网络舆论看网民群体心理》，《现代传播》2007 年第 3 期。

[15] 欧阳小婷：《网民群体极化倾向与网络舆论的非理性》，《现代视听》2009 年第 1 期。

[16] 李景春、刘芳：《论民心情绪化问题的成因与调适》，《学术交流》2007 年第 9 期。

[17] 李海萍：《米德与庄子自我理论的现时代意义》，《太原城市职业技术学院学报》2011 年第 2 期。

[18] 张国华、雷厉、邹泓：《青少年的自我认同与“网络成瘾”的关系》，《中国临床心理学杂志》2008 年第 1 期。

[19] 廉军政：《论理性与非理性之争》，《商丘师范学院学报》2007 年第 5 期。
[20] 胡军良：《哈贝马斯的交往理性观》，《内蒙古社会科学》2010 年第 2 期。
[21] 李明华：《社会心理及其特点》，《江淮论坛》1989 年第 5 期。
[22] 邢占军、黄立清：《新时期国内社会心理研究的清理》，《五邑大学学报（社会科学版）》2002 年第 2 期。
[23] 李荫榕、温皓：《当代中国社会发展对社会心理的影响》，《学术交流》2004 年第 6 期。
[24] 何妍玺：《中国贫富差距现状分析》，《现代经济信息》2011 年第 16 期。
[25] 梁萱：《拿破仑战时宣传的思想与实践》，《新闻爱好者》2011 年第 8 期。
[26] 素雄飞、甘日栋：《“社会浮躁病”的症状、特点、成因及其矫正》，《胜利油田党校党报》2010 年第 4 期。
[27] 罗昕：《网络舆论暴力的形成机制探究》，《当代传播》2008 年第 4 期。
[28] 史清敏、赵海：《自我表现理论概述》，《心理科学进展》2002 年第 4 期。
[29] 张莹瑞、佐斌：《社会认同理论及其发展》，《心理科学进展》2006 年第 1 期。
[30] 郑来春：《当前我国社会信仰危机及重建之路》，《长春理工大学学报（社会科学版）》2006 年第 6 期。
[31] 李欣人：《西方舆论观演化的现代性理路》，《山东大学学报》2012 年第 2 期。
[32] 任家高：《理性与非理性辨析》，《赤峰学院学报》（汉文哲学社会科学版）2011 年第 7 期。
[33] 袁丽媛：《刍议我国“网络暴民”典型事件及其特征》，《阴山学刊》2010 年第 6 期。

［34］徐艳艳:《论美国隐私权宪法保护及其启示》，山东大学硕士学位论文 2009 年。

［35］严义娟、佐斌:《外群体偏爱研究进展》，《心理科学》2008 年第 3 期。

［36］桂守才、王道阳、姚本先:《论心理问题》，《神经疾病与精神卫生》2007 年第 7 卷第 2 期。

［37］任国华:《自我图式、他人评价与人格发展的关系》，《心理科学》2003 年第 26 卷第 5 期。

［38］易法建:《道德图式初论》，《武陵学刊》1998 年第 4 期。

［39］Wittenbaum G M，Moreland R L. Small—group Research in Social Psychology：Topics and Trends over Time［J］. Social and Personality Psychology Compass，2008，2（1）.

［40］韦庆旺、谢天:《群体心理研究——群际关系为核心的变革》，《黑龙江社会科学》2012 年第 3 期。

［41］严磊、胡修银:《集群行为的西方社会心理学理论述评》，《贵州师范学院学报》2012 年第 3 期。

［42］刘宏宇:《勒温的社会心理学理论评述》，《社会心理科学》1998 年第 1 期。

［43］陈力丹:《推敲“舆论”概念》，《采写编》2003 年第 3 期。

［44］黄靖逢:《网络舆情的群体传播语境解析》，《新闻爱好者》2012 年第 2 期。

［45］吴宁:《论非理性与社会的稳定和发展》，《淄博学院学报（社会科学版)》2000 年第 3 期。

［46］陈莹雪:《从“华南虎事件”看网络舆论监督》，《电影评介》2008 年第 18 期。

［47］易顶强:《网络民意表达与当代中国新型公民》，《沈阳工业大学学报（社会科学版)》2010 年第 3 期。

［48］韩立新、甄巍然:《网络环境下释义“热舆论”与“强舆论”——舆论“聚能”与监督“释能”两大能量转化定律》，《河北大学学

报（哲学社会科学版）》2008 年第 1 期。

[49] 乐安国：《图式理论对社会心理学研究的影响》，《江西师范大学学报（哲学社会科学版）》2004 年第 1 期。

[50] 程岩：《群体极化、二阶多样性与制度安排——读桑斯坦〈极端的人群：群体行为的心理学〉》，《环球法律评论》2011 年第 6 期。

[51] 白贵、王秋菊：《论微博意见领袖影响力与其构成要素间的关系》，《河北学刊》2013 年第 1 期。

[52] 朱峰、马立平、王秋菊：《新媒体视域中的公共舆论引领者》，《山东青年政治学院报》2012 年第 3 期。

[53] 南方人物周刊：《谁是公共知识分子?》，《南方人物周刊杂志》2004 年第 7 期。

[54] 宋好：《微博时代意见领袖特点探析》，《今传媒》2010 年第 11 期。

[55] 王秋菊、师静：《从“7. 23 动车追尾”看微博舆论波成因》，《新闻界》2011 年第 9 期。

[56] 陶文昭：《重视互联网的意见领袖》，《中国党政干部论坛》2007 年第 10 期。

[57] 罗艳红、蔡太生、张斌：《积极人格的研究进展》，《医学心理学》2011 年第 1 期。

[58] 江雪华、申荷水：《积极心理学在心理评估与干预中的运用》，《中国临床心理学杂志》2007 年第 1 期。

[59] 崔丽娟、张高产：《积极心理学研究综述——心理学研究的一个新思潮》，《心理科学》2005 年第 2 期。

[60] 李金珍、王文忠、施建农：《积极心理学　一种新的研究方向》，《心理科学进展》2003 年第 3 期。

[61] 陈浩彬、苗元江：《积极人格研究概述》，《北京教育学院学报（自然科学版）》2008 年第 2 期。

[62] 叶浩生：《社会建构论与心理学理论的未来发展》，《心理学报》2009 年第 6 期。

[63] 杨莉萍：《析社会建构论心理学思想的四个层面》，《心理科学进

展》2004 年第 6 期。

[64] 解丽君、郝学武、韩忠治、王岩：《运用心理疏导方法增强高校思想政治工作的实效性》，《学校党建与思想教育》2010 年第 4 期。

[65] 黄奕杜：《转型期社会心理失衡及其矫正排解》，《厦门理工学院学报》2007 年第 2 期。

[66] 许婵贞：《认知疗法的整合性发展》，《社会心理科学》2008 年第 5 期。

[67] 王甫勤：《转型期社会不公平感的产生与调适》，《西安电子科技大学学报（社会科学版）》2007 年第 5 期。

[68] 马永翔：《我们应该如何进行道德评价》，《学习月刊》2008 年第 8 期。

[69] 赵中源：《弱势心理蔓延：社会管理创新需要面对的新课题》，《马克思主义与现实》2011 年第 5 期。

[70] 张居永、陈烯：《近五年来我国弱势群体心理问题研究述评》，《资料通讯》2007 年第 6 期。

[71] 佐斌等：《刻板印象内容模型：理论假设及研究》，《心理科学进展》2006 年第 1 期。

[72] 李萍：《地方政府网络舆情应对机制研究》，《山西行政学院学报》2010 年第 2 期。

[73]【苏】安季平娜著，卢朝峰译：《小群体研究的社会学和社会心理学方法》，《现代外国哲学社会科学文摘》1988 年第 4 期。

[74] 金霞：《读图时代的视觉文化转向》，《湖北民族学院学报》2009 年第 3 期。

后 记

从舆论到心理，从心理到舆论——这便是近三年多的时间里的思维轨迹；从混沌到清晰，从迷茫到坚定——是近三年多的时间里的心路历程。舆论，本是复杂的社会现象和传播现象，理清网络舆论的脉搏就不是件轻松的事，还要对舆论进行心理透视，的确是一个富有挑战性的课题。今天，三年多的思考、研究终得付梓，不禁欣喜之至。欣喜之余，要对课题组成员送上真挚的谢意，没有他们的支持与努力，不可能如此顺利。特别是王秋菊老师，在问卷发放中不辞劳苦，做了大量的工作。

曹茹教授负责总策划、统稿与定稿，并设计了主要用于第二章的调查问卷；刘京林教授对课题的研究予以关心和指导，研究生徐扬、段慧泉、范海刚、焦桂春、王韶、李勇等协助课题组查找资料、统计数据，研究生元开放、梁玉等帮助老师校对书稿。以下是课题组成员承担书稿写作的情况：

第一章　绪论　曹茹

第二章　网民的行为与心理　王秋菊　曹茹（问卷设计）

第三章　网络舆论形成的心理机制　曹茹

第四章　网络舆论偏差的心理动因　曹茹

第五章　群体心理与网络舆论　甄巍然

第六章　网络舆论中的意见领袖　王秋菊（第一、二节）段慧泉（第三节）

第七章　网络舆论引导与网民心理　曹茹

第八章　网络舆论与网民的媒介素养　曹茹（第二节）徐扬（第一、三节）

王秋菊、甄巍然为河北大学新闻传播学院副教授，徐扬、段慧泉分别为河北大学新闻传播学院 2010 级、2011 级研究生。

作者　曹茹
2013－5－15

附录

网民使用网络情况调查表

尊敬的各界朋友：

您好！我们受河北大学“基于网民心理的网络舆论研究”课题组的委托，向您了解您使用网络的一些情况，以便研究之用。希望您在百忙中抽出一点时间，认真填答下列问题。有的题目是单选，有的题目可多选，请按照题目要求在您选定的选项前的序号下打“√”。我们承诺：您的回答是完全匿名的，不会给您带来任何影响。谢谢您的合作与支持！

一、您的媒体接触行为

（一）平均每天用于媒体的时间（单选，共5个小题，每小题选一项）

时间 / 媒体	0小时	1小时以下	1—2小时	2—3小时	3—4小时	4小时以上
Q1_ 1. 上网时间	6分	5分	4分	3分	2分	1分
Q1_ 2. 看电视的时间	6分	5分	4分	3分	2分	1分
Q1_ 3. 读报时间	6分	5分	4分	3分	2分	1分
Q1_ 4. 听广播的时间	6分	5分	4分	3分	2分	1分
Q1_ 5. 读书的时间	6分	5分	4分	3分	2分	1分

（二）您的博客

Q1_ 6. 你是否有博客

①有（1分）　②没有（2分）

Q1_ 7. 您使用博客的情况（单选）

①经常（1 分） ②不经常（2 分） ③偶尔用（3 分） ④几乎不用（4 分）

Q1_ 8. 你对自己博客点击率的态度（单选）

①很在意（1 分） ②比较在意（2 分） ③一般（3 分） ④不太在意（4 分） ⑤一点不在意（5 分）

Q1_ 9. 您写博客的主要目的（可多选）

①为了与更多的人分享 ②表达自己，影响别人 ③显示自己的才华，让更多的人认识、欣赏自己 ④作为一个公民向政府、社会谏言 ⑤自娱自乐 ⑥宣泄一下

（三）您的微博

Q1_ 10. 您是否有微博

①有（1 分） ②没有（2 分）

Q1_ 11. 您开博的时间（单选）

①2009 年（1 分） ②2010 年（2 分） ③2011（3 分） ④2012（4 分）

Q1_ 12. 您的微博更新的频率（单选）

①一天数次（1 分） ②一天一次（2 分） ③两三天一次（3 分） ④四五天一次（4 分） ⑤一周一次（5 分） ⑥十天一次（6 分） ⑦半个月一次（7 分） ⑧一个月一次（8 分）

Q1_ 13. 您的粉丝量（单选）

①100 名以下（5 分） ②101—1000（4 分） ③1001—5000（3 分） ④5001—10000（2 分） ⑤10000 以上（1 分）

Q1_ 14. 您的关注量（单选）

①100 以下（6 分） ②101—200（5 分） ③201—300（4 分） ④301—400（3 分） ⑤401—500（2 分） ⑥500

以上（1 分）

Q1_ 15. 您的关注（可多选）

①名人明星　②学者　③媒体　④记者　⑤官员　⑥同学　⑦朋友　⑧自己的老师　⑨草根用户

Q1_ 16. 您在乎您的粉丝的多少吗（单选）

①很在乎（1 分）　②比较太在乎（2 分）　③一般（3 分）　④不太在乎（4 分）　⑤不在乎（5 分）

Q1_ 17. 您使用微博的目的（可多选）

①增长见闻　②发布信息　③思想交流　④提高知名度　⑤打发时间　⑥排解寂寞　⑦交友

（五）您使用论坛的情况

Q1_ 18. 您去论坛的频率（单选）

①每天都去（1 分）　②有时去（2 分）　③偶尔去（3 分）　④很少去（4 分）　⑤基本不去（5 分）

Q1_ 19. 近半年您经常去的论坛有（可多选）

①新浪论坛　②强国论坛　③搜狐社区　④新华网论坛　⑤猫扑　⑥百度贴吧　⑦天涯论坛　⑧凯迪社区　⑨其它

Q1_ 20. 您进入论坛的主要目的（可多选）

①发表自己的看法　②看大家说什么　③和大家交流意见和情感　④寻求解决问题的办法　⑤结交朋友　⑥其它

Q1_ 21. 进入论坛看帖子，您看得最多的帖子（多选）

①被置顶的帖子　②人气旺的帖子　③自己感兴趣的帖子　④说不清

Q1_ 22. 看帖子时必看该帖的跟帖吗（单选）

①必看（1 分）　②多数看（2 分）　③时看时不看（3 分）　④很少看（4 分）　⑤基本不看（5 分）

Q1_ 23. 您如何评价您在论坛的表现（单选）

①是论坛的积极参与者（1分） ②在论坛中经常能够影响他人（2分） ③在论坛中有一定人气（3分） ④是论坛中的过客（4分） ⑤在论坛中是微不足道的（5分）

二、您进行网络发言的情况

Q2_ 1. 您在网上发表自己的意见或看法主要通过哪些渠道（可多选）

①论坛 ②新闻跟帖 ③博客 ④微博 ⑤SNS社交网络（人人网、开心网等）

Q2_ 2. 近半年来您在网上发言的数量（单选）

①很多（1分） ②比较多（2分） ③一般（3分） ④比较少（4分） ⑤很少（5分） ⑥没有（6分）

Q2_ 3. 多数情况下您发言的态度（单选）

①谨慎，深思熟虑（1分） ②有感而发，不想那么多（2分） ③没必要认真，凑个热闹（3分）

Q2_ 4. 您喜欢哪类发言（单选）

①乐观型（1分） ②客观冷静型（2分） ③愤世嫉俗型（3分） ④其它（4分）

三、您对网民网络言论的看法

Q3_ 1. 您认为网上舆论能反映民意吗？（单选）

①能（1分） ②多数能（2分） ③一般能（3分） ④少数能（4分） ⑤不能（5分）

Q3_ 2. 您认为网民的言论是负责的吗？（单选）

①都是负责的（1分） ②多数是负责任的（2分） ③一般是负责的（3分） ④少数是负责的（4分） ⑤没有是负责的（5分）

Q3_ 3. 有人说，人们在网上也是“随大流”，你同意这种说法吗？（单选）

①很同意（5 分）　②比较同意（4 分）　③一般（3 分）　④不太同意（2 分）　⑤不同意（1 分）

Q3_ 4. 您认为网民发表言论都能站在客观、公正的立场吗（单选）

①都能（1 分）　②多数能（2 分）　③一般能（3 分）④少数能（4 分）　⑤没人能（5 分）

Q3_ 5. 您认为网民们为什么在网上写博客、发帖子、跟帖子？（可多选）

①发泄　②有感而发　③显示自己的才华　④想一鸣惊人⑤示范、引导别人　⑥影响舆论　⑦警醒社会

Q3_ 6. 您如何看待网民网络发言有没有影响力（单选）

①只要发言了，就有影响力；（1 分）②只有那些受到很多人关注的言论才会有影响力；（2 分）

③影响力是看不见，说不清的；（3 分）④许多言论都是过眼烟云，影响不了谁；（4 分）

⑤说了跟没说一样（5 分）

Q3_ 7. 您认为在网络中哪种发言渠道影响力大（可多选）

①论坛　②新闻跟帖　③博客　④微博　⑤SNS 社交网络（人人网、开心网等）

四、您的信任取向

Q4_ 1. 在下列媒体中，您认为哪些更能够反映社会的真实情况（限选 4 项）

①报纸　②广播　③电视　④网络媒体　⑤论坛　⑥博客⑦播客　⑧微博　⑨政府网站　⑩国外媒体（外国的报纸、

广播、电视、网络等）

Q4_ 2. 当媒体与网民的观点有根本矛盾时，您更信任哪一方（单选）

①当然是媒体（1分） ②多数是媒体（2分） ③不一定（3分） ④当然是网民（4分） ⑤多数是网民（5分）

Q4_ 3. 当专家与媒体的观点矛盾，您更信任（单选）

①当然是专家（1分） ②多数是专家（2分） ③不一定（3分） ④当然是媒体（4分） ⑤多数是媒体（5分）

Q4_ 4. 当您的观点与多数网民的观点不一致，您更愿意相信（单选）

①当然是我自己（1分） ②多半是我自己（2分） ③不一定（3分） ④当然是网民（4分） ⑤多半是网民（5分）

5. 对于下列表述，您多大程度上赞同或者反对？（单选）

	非常赞同	比较赞同	一般	比较反对	非常反对
Q4_ 5. 在一些有争议的公共事务或社会问题上，媒体的意见对很多人还是很有影响力的。	1分	2分	3分	4分	5分
Q4_ 6. 网络中论坛的影响力在下降	5分	4分	3分	2分	1分
Q4_ 7. 粉丝量大的微博用户影响力不一定大	5分	4分	3分	2分	1分
Q4_ 8. 网络中，多数网友还是看重专家学者的意见	1分	2分	3分	4分	5分
Q4_ 9 网络中无论是谁，只要你有真知灼见就能受到网友的推崇	1分	2分	3分	4分	5分
Q4_ 10. 无论是在什么问题上，我还是最看重亲人、朋友的意见。	5分	4分	3分	2分	1分

五、您的社会印象（单选）

Q5_ 1. 您认为中国的贫富差距

①很大（5 分）　② 比较大（4 分）　③一般（3 分）　④不太大（2 分）　⑤基本在合理的范畴（1 分）

Q5_ 2. 您关注中央电视台“感动中国”评选活动吗

①很关注（1 分）　②比较关注（2 分）　③有一定关注（3 分）　④没怎么关注（4 分）　⑤没关注（5 分）

Q5_ 3. 您相信“感动中国”的人和事吗？

①相信（1 分）　②基本相信（2 分）　③将信将疑（3 分）　④不太相信（4 分）　⑤不相信（5 分）

Q5_ 4. 公安部副部长刘金国被评为 2011 年感动中国十大人物之一，他一身正气，勤政爱民，两袖清风，对此您的看法是：

①像他这样的好干部还有很多，只是报道得少（1 分）②像他这样的干部能有一半就不错了，他的水准太高了，很难做到（2 分）　③能够做到他的一半就算不错的干部了（3 分）　④ 能够做到他的三人之一也算不错的干部了（4 分）⑤像他这样的干部才是真正的共产党的干部，但是为数太少了（5 分）

Q5_ 5. 媒体曾经报道一些文明执法、热情帮助群众的城管人员，您认为：

①这样好的城管干部还有很多（1 分）　②像这样的好的城管干部比较多（2 分）　③像这样好的城管干部能有一半就算不错了（3 分）　④像这样好的城管干部能有三分之一就算不错了（4 分）　⑤这样的城管干部为数太少了（5 分）

Q5_ 6. 您觉得“富二代”这个词怎样？

①褒义词，家庭富有当然令人羡慕（1 分） ②应该是个褒义词，但被曲解了（2 分） ③是个中性词（3 分） ④应该是个中性词，但因某些“富二代”的不良表现，变成了贬义词（4 分） ⑤贬义词，是危害社会、奢侈堕落的代表（5 分）

Q5_ 7. 您对医生的总体印象

①医生是白衣天使，生命的守护神，我对他们的尊敬是永远不会改变的（1 分） ②尽管一些医生有些不道德的行为，但是多数医生还是好的（2 分） ③医生就是一个普通的职业，无所谓高尚不高尚（3 分） ④医生的名誉已经被一些医生的不良行为玷污了（4 分） ⑤医生这个职业已经不是那么受尊重了（5 分）

Q5_ 8. 您对国企高管的总体印象

①国企高管都是国家的精英，为国家创造了巨大财富，值得尊敬（1 分） ②尽管有些高管贪污受贿，中饱私囊，但他们中多数还是好的（2 分） ③高管们工作很辛苦，压力很大，收入应该高（3 分） ④高管的收入高得离谱，远高于他们的付出（4 分） ⑤高管已经成为侵蚀国家财产的蛀虫（5 分）

Q5_ 9. 你对“农民工”的总体印象

①农民工为城市发展做出了很多贡献，值得尊重（1 分） ②农民工的待遇偏低，值得同情（2 分） ③没什么印象（3 分） ④农民工是一个社会问题，值得关注（4 分） ⑤农民工亟需提高文明程度和自身素养（5 分）

Q5_ 10. 您对当前的社会发展状况满意吗？

①非常满意（1 分） ②比较满意（2 分） ③一般（3 分） ④不满意（4 分） ⑤非常不满（5 分）

Q5_ 11. 您发现网民意见表达主要集中在（可多选）

①医疗保健　②房价　③就业　④教育公平　⑤财富分配　⑥法律制度　⑦交通　⑧食品安全　⑨户籍制度　⑩官员腐败

六、您的个人情况（单选）

Q6_ 1. 性别：

①男（1 分）　②女（2 分）

Q6_ 2. 职业：

①学生（1 分）　②党政事业单位领导（2 分）　③党政事业单位一般职员（3 分）　④企业、公司管理人员（4 分）　⑤企业、公司一般职员（5 分）　⑥专业技术人员（6 分）　⑦工人（7 分）　⑧个体户、自由职业（8 分）　⑨商业服务人员（9 分）　⑩无业、失业者（10 分）　⑪其它（11 分）

Q6_ 3. 文化程度：

①小学（1 分）　②中学（2 分）　③高中（3 分）　④大专（4 分）　⑤大学本科（5 分）　⑥研究生及以上（6 分）

Q6_ 4. 您的年龄：①20 岁以下（1 分）　②20—25（2 分）　③25—30（3 分）　④30—35（4 分）　⑤35—40（5 分）　⑥40 岁以上（6 分）